应用伦理学丛书

动物权利与人类义务

(第2版)

〔澳〕彼得·辛格 〔美〕汤姆·雷根 编
曾建平 代峰 译
张驰 校

Animal Rights &
Human Obligations

Second Edition

Peter Singer
Tom Regan

北京大学出版社
PEKING UNIVERSITY PRESS

著作权合同登记　图字:01-2007-4420
图书在版编目(CIP)数据

动物权利与人类义务(第2版)/(澳)辛格,(美)雷根主编;曾建平,代峰译.—北京:北京大学出版社,2010.1
(同文馆·应用伦理学丛书)
ISBN 978-7-301-15893-7

Ⅰ.动… Ⅱ.①辛…②雷…③曾…④代… Ⅲ.①动物-权利-研究②动物-保护-研究
Ⅳ.D912.6　Q95　Q96

中国版本图书馆CIP数据核字(2009)第173606号

版权声明:

Authorized translation from the English language edition, entitled ANIMAL RIGHTS AND HUMAN OBLIGATIONS, 2nd Edition, 0130368644 by Tom Regan, Peter Singer, published by Pearson Education, Inc, publishing as Prentice Hall, Copyright © 1989, 1976 by Prentice-Hall, Inc. Englewood Cliffs, New Jersey 07632.

All rights reserved. No part of this book may be reproduced or transmitted in any form or by any means, electronic or mechanical, including photocopying, recording or by any information storage retrieval system, without permission from Pearson Education, Inc.

CHINESE SIMPLIFIED language edition published by PEARSON EDUCATION ASIA LTD., and PEKING UNIVERSITY PRESS Copyright © 2009.

本书封面贴有Pearson Education(培生教育出版集团)激光防伪标签。无标签者不得销售。

书　　　名:	动物权利与人类义务(第2版)
著作责任者:	〔澳〕彼得·辛格　〔美〕汤姆·雷根 主编　曾建平　代峰 译　张驰 校
责 任 编 辑:	王立刚
标 准 书 号:	ISBN 978-7-301-15893-7/B·0832
出 版 发 行:	北京大学出版社
地　　　址:	北京市海淀区成府路205号　100871
网　　　址:	http://www.pup.cn　电子邮箱:pkuphilo@163.com
电　　　话:	邮购部 62752015　发行部 62750672　出版部 62754962
	编辑部 62752025
印　刷　者:	北京大学印刷厂
经　销　者:	新华书店
	787mm×1092mm　16开本　19.25印张　300千字
	2010年1月第1版　2010年1月第1次印刷
定　　　价:	40.00元

未经许可,不得以任何方式复制或抄袭本书之部分或全部内容。
版权所有,侵权必究
举报电话:010-62752024;电子邮箱:fd@pup.pku.edu.cn

目 录

前　言 /1

第一部分　西方思想史中的动物

《圣经》　片段 /3
亚里士多德　动物和奴隶 /5
圣托马斯·阿奎那　理性生物与无理性生物的差别 /7
　　　　　　　　　论杀生和关爱无理性生物的义务 /11
笛卡儿　动物是机器 /15
伏尔泰　对笛卡儿的一个回应 /22
康德　对于动物的责任 /25
边沁　功利主义的一个观点 /27
达尔文　人类和低等动物的心理能力比较 /29
阿尔伯特·施韦泽　敬畏生命的伦理 /34

第二部分　人类的本质和其他动物的本质

R.G.弗雷　为什么动物没有信念和欲望？/43
伯纳德·罗林　没有语言的思想 /47
唐纳德·R.格里芬　动物行为学与动物理智 /56
伯纳德·罗林　动物的疼痛 /64
艾里克·爱克荷蒙　非人灵长目动物的语言习得 /70

第三部分　平等关怀动物

彼得·辛格　一切动物皆平等 /79

劳伦斯·C.贝克　人类福利的优先性 /94

詹姆斯·里查尔斯　达尔文、物种和道德 /102

第四部分　动物权利

汤姆·雷根　动物权利研究 /115

R.G.弗雷　反对动物权利 /125

爱伦·怀特　为什么动物不能拥有权利 /129

詹姆斯·里查尔斯　为什么动物拥有自由的权利 /132

天主教辞典　动物没有权利 /143

安得鲁·林孜　动物的神权 /145

第五部分　宰杀和生命的价值

爱德华·约翰逊　生命、死亡和动物 /153

卢斯·西格曼　为什么死亡没有伤害动物 /166

汤姆·雷根　为什么死亡会伤害动物 /168

第六部分　对待养殖场动物的问题

彼得·辛格　反对工厂化养殖场 /175

斯坦利·E.柯蒂斯　食用动物的集约养殖问题 /184

巴特·格鲁泽斯基　反对为食物而饲养并宰杀动物的问题 /190

简·纳维森　为吃肉而辩护 /205

第七部分　在科学研究中的动物待遇

西德尼·简丁　在科学研究中的动物利用 /211

C.R.加尔里斯特　不限制利用动物研究的问题 /222

玛丽·米德格雷　限制利用动物研究的问题 /229

R.G.弗雷、希尔·威廉姆·帕顿　一个关于活体解剖、道德与医学的对话 /236

第八部分　对待野生动物

保罗和安·埃尔利希　灭绝 /251

霍尔姆斯·罗尔斯顿Ⅲ　物种的价值 /266

马迪·肯伊尔　自然与女性主义者的敏感性 /270

莉丽-马琳·鲁索　物种为什么重要？/280

第九部分　结　语

德斯蒙德·斯图尔特　图哥哈福特（Trooghaft）的局限 /289

译后记/297

前　言

筹备《动物权利与人类义务》的第二版使我们认识到,自我们开始准备这本书的初版的 14 年以来,不管怎样,关于非人类动物的伦理问题的讨论还是取得了进展。那时,哲学家们根本不讨论我们对待动物的伦理问题。没有人认为这是一个有益的话题或重要的问题。因此,较之于初版,我们的主要目标就是提醒我们的读者做一番思考——我们与动物的关系产生了许多重要的伦理问题。这是必要的第一步。

的确,从悠远的历史视野来看,这不是一个新鲜的问题。早期的思想家们已经较好地注意到公正地对待动物利用的必要性:在《创世记》和亚里士多德、阿奎那等哲学家的著作中,我们可以看到这种证明的尝试。还有些著名作家如普鲁塔克(Plutarch,46?—120?,古希腊传记作家、散文家,一生写有大量作品,其中最为著名的为《希腊罗马名人列传》——译者注)、边沁,以及一些被忽视的人物如亨利·塞尔特(Henry Salt)都针对我们对动物的所作所为提出了强烈的批评。

历史上存在的这些重要思想对我们来说具有双重的意义。首先,它有助于我们把尊重的问题确立为哲学思想的一个主题:在西方哲学的伟大传统中,重要人物很早就讨论了我们对待动物的伦理问题,这个事实使得在今天的哲学传统中某些保守派要反对尊重动物变得更加困难。其次,当代几乎没有出版过关于动物方面的伦理著作,如果没有丰富的历史材料,我们将巧妇难为无米之炊。

斗转星移,时过境迁!自 1974 年以来,关于对待动物的伦理问题,已经出版了数十部著作、数百篇文章。像《探索》(*Inquiry*)、《伦理学》(*Ethics*)、《哲学》(*Philosophy*)、《一元论者》(*The Monist*)等杂志,针对这个主题开辟了专题来讨论,而他们以前实际上无关于此。伦理和动物研究协会(Society for the Study of Ethics and Animals)已经成立,并且,他们还联合美国哲学学会(American Philosophical Association)定期举行会议。因此,在第二版的编辑过程中,为了使之成册(而其篇幅仍然受到限制),我们从这些丰富的材料中挑选了有关这个问题的文章,当然,这比第一版多了一些。为了达到这个目的,我们不得不很不情愿地削减那些历史材料(包括在第一版中的)的篇幅。尽管那些早期的思想家值得我们去回忆,并且我们为了提供一个历史视角也给他们保留了足够的篇幅,但为了平衡,我们更多选择了那些在当今社会面对当代问题的那些文献。

可以说,第一版已经达到或者有助于达到其最初目标。现在,哲学家和公众作为一个整体更多地认识到了我们如何对待非人动物的伦理意义。在使用伦理准则包括某些问题的覆盖中,本文集被最广泛地应用在讲授哲学课程上;在北美、英国、澳大利亚,只有少数哲学系没有讲授本主题。此外,哲学上所发生的东西也开始在其他学科中发生——例如,1984年一个按惯例举行的国际家教会议在伦敦召开,会议中严肃学问有了稳定的增加,研究对造物秩序的人类责任这个主题。

与学术水平大幅度提高同样重要的是,许多著名人物已经设立了专业组织致力于动物关怀。在过去的十年间,动物权利兽医协会(Veterinarians' Committee for Animals Medicine)、动物法权捍卫基金会(the Animal Legal Defense Fund)、负责任药物医生委员会(the Physicians' Committee for Responsible Medicine)、人道对待动物心理学家协会(Psychologists for the Ethical Treatment of Animals)均相继诞生;而在此之前,像这样的组织是不可想象的。这些组织,与他们正在关注的有关非人动物的权益和熟练技能等问题一样重要,值得注意的是,这些组织还促进了专业研究。塔夫特斯大学兽医学院(Tufts Unviersity, School of Veterinary Medicine)专门项目助理主任安德鲁·W.罗文(Andrew W. Rowan)评论道:"过去十年,哲学家关于动物权利一般主题的著述超过了他们前辈两千年所撰写的东西。"此言不谬;再过十年,类似的评论完全可能用于评论宗教、法律以及其他多少可以加以明确界定的人类活动领域的学术成就。

所有这些标志(当然,还有很多,包括媒体报道"动物解放"的稳步上升,以及承认动物解放是一个合法而严肃的政治问题)均表明:对这些问题进行深入透彻的再审视从未停止,其中之一就是要反问我们要感激动物什么,而不只是它们能给予我们什么。在这个问题上,数世纪以来,我们一直认为它们所给予我们的,没有所想象的给予那么多。到处都是死去的动物。我们用它们的毛皮来制作衣物,如鞋子、皮带、背心、手套、衬衣、表带等各类日用品；如棒球、足球、"真皮"手套等各类体育商品；如毛皮地毯、椅子、沙发、踏脚垫等各类家用品——即使是羚羊皮织物，人们也用来擦亮他们的汽车。动物还给我们提供了肉类，但即使是阅读了本书的大多数读者将依然习惯于吃肉。只是我们通常不把它叫做"肉"，我们通常把它叫做"汉堡包"、"热狗"、"牛排"或"猪肉"。

对这些问题及相关的习惯，我们应该思考什么？例如，科学研究一定要使用非人动物或者一定要用他们来作为商业表演的资源吗？我们能够证明我们在开发他们时的所作所为是合理的吗？一种更加开明、更加公正的伦理要求能够激烈地改变我们的行为习性吗？这些问题确实是我们从未停止的再审视的核心。现在要说这些再审视将如何改变我们——不管是改变个人还是改变集体，改变的效果怎样，还为时过早；如果会有任何改变的话，这个过程将取决于我们人类如何对待其他动物。并且，即使这个时间可以断言，那么，这个断言将超出我们的笔墨所限。如同本文集的第一版一样，在第二版中，我们还是把利害关系搁置一边：给对立派表达他们思想的机会，不管他们是支持还是反对动物权利，是支持还是反对素食主义，是支持还是反对活体解剖，等等。真理在公正的争论中获胜。或者，我们希望如此。

因而，我们的信念是我们允许这些争论是一种公正的争论。不过，我们希望本文集通过这种有教育意义的过程，将会有助于带来真理所需要的各种各样的变化。

彼得·辛格

汤姆·雷根

第一部分
西方思想史中的动物

《圣经》

片 段

20 神说："水要多多滋养有生命之物，要有鸟儿飞于地面之上，天空之中。"21 神就造出鱼和水中所滋生各样有生命的动物，各从其类；又造出各样飞鸟，各从其类。神看着是好的。22 神就赐福给这一切，说："滋生繁多，充满海中的水，鸟儿布满地上。"23 有晚上，有早晨，是第五日。

24 神说："地要生出活物来，各从其类；牲畜、昆虫、野兽，各从其类。"事就这样成了。25 于是，神造出野兽，各从其类；牲畜，各从其类；地上一切昆虫，各从其类。神看着是好的。

26 神说："我们要照着我们的形象，按着我们的样子造人，使他们管理海里的鱼、空中的鸟、地上牲畜和全地，并地上所爬的一切昆虫。"27 神就照着自己的形象造人，乃是照着他的形象造男造女。28 神就赐福给他们，又对他们说："要生养众多，遍满地面，治理这地；也要管理海里的鱼、空中的鸟和地上各样行动的活物。"29 神说："看哪，我将遍地上一切结种子的菜蔬和一切树上所结有核的果子，全赐给你们作食物。30 至于地上的走兽和空中的飞鸟，并各样爬在地上有生命的物，我将青草赐给它们作食物。"事就这样成了。神看着一切所造的都甚好。有晚上，有早晨，是第六日。

《创世记》1:20—31

神赐福给诺亚和他的儿子，对他们说："你们要生养众多，遍满这地。2 凡地上的走兽和空中的鸟，都必惊恐、惧怕你们；连地上一切的昆虫并海里的一切鱼，都交付你们的手。3 凡活着的动物，都可以做你们的食物，这一切我都赐给你们，如同菜蔬一样。"

《创世记》9:1—3

无论何事,你们愿意人怎样待你们,你们也要怎样待人,因为这就是法律和先知的道理。

《马太福音》7:12

你们所献的许多祭物与我何益呢？耶和华说:公绵羊的燔祭和肥畜的脂油,我已经够了。公牛的血,羊羔的血,公山羊的血,我都不喜悦……你们不要再献虚浮的供物……你们的月朔和节期,我心里憎恨,我都以为麻烦;我担当,便不耐烦。你们据守祷告,我必遮眼不看,就是你们多多地祈祷,我也不听:你们的手都满了杀人的血。

《以赛亚书》1:11—15

豺狼必与绵羊羔同居,豹子与山羊羔同卧,少壮狮子与牛犊并肥畜同群;小孩子要牵引它们……在我的圣山的遍处,这一切都不伤人、不害物,因为认识的知识要充满遍地,好像水充满洋海一般。

《以赛亚书》1:11—15

假冒为善的宰牛,好像杀人,献羔羊,好像打折狗项,献供物,好像献猪血,烧乳香,好像称颂偶像。这等人拣选自己的道路,心里喜悦行可憎恶的事。

《以赛亚书》1:11—15

3 义人顾惜他牲畜的命,恶人的怜悯也是残忍。

《箴言》12:10

你当为哑巴开口,为一切孤独的申冤。

《箴言》12:10

怜恤人的人有福了,因为他们必蒙怜恤。

《马太福音》5:8

地与海并树,你们不可伤害。

《启示录》7:3

亚里士多德*

动物和奴隶

(为使读者更容易理解选文,编辑在章首添加了观点辑要。下同)

- 灵魂应该统治肉体,理智应该统治情欲,动物只能使用身体,只服从本能,所以比拥有灵魂和理智的人类低贱,应该受人类统治。这是自然且公正的。

很显然,灵魂统治肉体,心灵和理智的因素统治情欲部分是自然而且有益的。相反,两者平起平坐或者低劣者居上总是有害的。对于动物和人之间的关系也是如此;因为驯养的动物比野生动物具有更为驯良的本性,所有被驯养的动物由于人的管理变得更为驯良,这样他们便受到了人类的保护(得以维持生存)。雄性天生更高贵,而雌性则低贱一些,一者统治,一者被统治,这一原则可以适用于所有人类。在存在着诸如灵与肉、人与兽这种差别的地方(对于那些其事务只在于使用身体的人来说,他们不可能做好任何事情),那些较低贱的天生就是奴隶。做奴隶对于他们来说更好,就像对于所有低贱的人来说,他们就应当接受主人的统治。那些要属于他人而且确实属于他人的人,那些能够感知到别人的理性而自己并没有理性的人,天生就是奴隶。而较低级的动物甚至不能理解到别人的理性,它们只服从自己的本能。使用奴隶和使用家畜的确没有什么很大的区别,因为两者都是使用身体提供生活必需品……

其他生活方式也同样按照人们生活必需品所要求的方式配合着。这类只是维持生计的财富,似乎自然已为所有动物准备好了,无论是在它们刚刚诞生之际,还是在它们已经成熟之后。因为有些动物刚一出世,就有足够的食物。它们的幼体连在一起,一直维持到它们能够自己获得食物为止;蛆虫或卵生动物就是如此,胎生动物则必须在某一段时间是自己给幼仔捕食,这就是所谓的奶。在这种方式中,我们可以指出的

---

* 亚里士多德(Aristotle,公元前384—前322):希腊最伟大的哲学家之一。他的著述遍及哲学的主要领域,并且具有持久的影响。

选自亚里士多德《政治学》第一卷,第5和第8章,本杰明·约韦特(Benjamin Jowett)译自 W. D. 罗斯(Ross)编《亚里士多德》牛津译本(The Oxford Translation)。重印经牛津大学出版社允许。

是,植物的存在就是为了动物的降生,其他一些动物又是为了人类而生存,驯养动物是为了给人们使用和作为人们的食品,野生动物,虽非全部,但其绝大部分都是作为人们的美味,为人们提供衣物以及各类器具而存在。如若自然不造残缺不全之物,不作徒劳无益之事,那么它必然是为着人类而创造了所有动物。所以,从某种观点来说,战争技术乃是一门关于获取的自然技术,作为包括狩猎在内的有关获取的技术,它是一门这样的技术,即我们应当用它来捕获野兽,并捉拿那些天生就应当由他人来管理而不愿臣服的人,这样的战争自然而公正。

圣托马斯·阿奎那[*]

理性生物与无理性生物的差别

- 无理性的生物不能主宰自己的行为,因而没有自由,应该受奴役;在宇宙的整体中,是次要的组成部分,并且不能领会整体的完善,它们的存在是为了理性生物的利益。但人不能残忍地对待动物,不过这不是因为它们自身的缘故,而是因为对动物残忍也会将这种思维转移到对待其他人的方式上。

- 动物是为人而存在的,它们没有理性,与人不是同类;取用动物是合法的,博爱不涉及动物。

首先,在主宰其行为方面,理性生物要求的真正条件,是那种远见(the care of providence)应该从其自身利益出发;然而,无理性生物不能主宰其行为,这表明,对它们的关心不是为了它们本身的利益,而是直接指向其他的理性生物。因为,那种仅仅由另一个行为所引发的行为,是一种手段;而那种由自身所引发的行为,是一种主施动者(a principle agent)。于是,我们需要的手段,不是为了手段本身的利益,而是那种主施动者可以使用的手段。因此,无论对这个手段的关心要做什么,都必须指向作为其目的的主施动者。然而,任何这种直接指向主施动者的行为,不管是由施动者本身引发的,还是由其他的行为引发的,都是从相同的主施动者的利益出发的。相应地,上帝所统治的理性生物,尽管上帝关心他们是从他们的利益出发的,但上帝关心其统治的其他无理性生物则是直接指向理性生物的。

第二,那些能主宰其自身行为的生物,其行为是自由的,他之所以自由,原因在于其自身;然而,从某些必要性来看,那些受到其他行为驱动的行为,是受奴役的生物。因此,每一种其他的无理性生物自然而然就处于被奴役的地位,而理性的生物是唯一自由而不受奴役的。于是,每一条管理的条款都是为了自由从其利益出发而制定的,但是,受奴役者对自由可能也有用处。相应地,神圣的旨意从理性生物的利益出发为其制定了法则,

---

[*] 圣托马斯·阿奎那(Saint Thomas Aquinas,1224—1274),一般被认为是最重要的基督教神学家。

选自圣托马斯·阿奎那《神学大全》,文字翻译来源于 English Dominican Fathers (Chicago: Benziger Brothers, 1928), Third Book, Part11, Chap. CXII.

而为其他的无理性生物制定的法则,却是为了理性生物的利益而制定的。

第三,无论何时,一定的生物总是指向某个确定的目的,如果任何生物不能使自己达到这个目的,他们必定就有必要指向那些能够达到这个目的的生物,他们是为了自己的利益而指向这个目的的。因而,军队的目的是胜利,士兵们要通过他们在战斗中的行动来达到这个目的,而且,军队中的每一个士兵都会被要求从军队自身的利益出发而行动;而所有其他的人都被分配了其自身的职责,如照顾马匹、准备武器,从军队全体士兵的利益出发,这都是必要的。于是,由上所述可以清楚知道的是:上帝是整个宇宙最终的目的,理性生物只有在上帝那里才能获得这个目的,也就是像之前所证明的那样,通过认识和热爱上帝才能获得。因此,理性生物自己在宇宙中为了其自身的利益是必要的,而所有其他的生物都是为了理性生物的利益而存在。

第四,在每一个整体当中,为了依靠自己使整体完整,主体部分是必要的,而其他部分是用来保存或者完善主体部分的。于是,在宇宙的各个部分中,理性生物处于最高的地位,因为他们最接近于神的样子。因此,神圣的旨意赋予理性生物从其自身的利益出发,而赋予其他生物为了理性生物这一目的而存在。

第五,非常明显,各个部分都指向整体的完善,因为整体不是因为各个部分而存在,而是各个部分由于整体而存在。于是,理性生物比其他生物更接近于整体,因为在某种意义上,理性生物就是一切事物,因为通过它的理性能够完全领会所有的事物;而其他每种生物只是存在的某个特定部分。因而,上帝关心其他生物是为了理性生物的利益而关心的。

第六,在自然的过程中,不管一个理性生物碰到什么事情,对他而言,都是自然而然发生的。于是,我们看到,在自然的过程中,理性生物为了其自身的利益;或为了理性的完善(这些理性把他们自身的真实看做是真实的反映);或为了执行某种权力、发展他们的认知(在同样的地方,发展其作为一种技能在有形物质方面的技艺观念);或为了保持其肉体与灵魂的统一,就像一个人那样统一,可以利用所有其他生物。因此,很显然,上帝关心所有的生物是为了理性生物的利益而关心的。

第七,如果一个人为了其自身的利益而寻求某种东西,就其本质来说,他**一直寻求的就是他永远寻求的**;而如果他所寻求的某种东西是为了别的什么而寻求的话,他就没有必要永远寻求它,除非他所寻求的东西是涉及到他的利益。于是,正如我们前面所证明的那样,理性生物是从神的意志那里获得其存在的。因此,不管什么总是为了理性生物的利益而受到神的意志支配;而那些并不总是受到神的意志支配的事物,都不是为了其自身的利益,而是为了理性生物的利益。因而,理性生物总是最为接近存在,因为他们是没有堕落的。而且,他们是不可能更改的,除非他们有别的选择。因此,如其所是,理性生物受制于为了其自身的利益;而其他生物又是为了理性生物的利益而存在的。

宇宙各个部分都指向整体的完善这个事实与前面的结论并不矛盾,因为只要这个部分服务于那个部分,各个部分就都指向整体的完善。于是,我们知道,在人体中,肺从属于其身体的完整性,而它们又服务于心脏:因此,肺是为了心脏的利益而存在,也是为了整个人体而存在,这并不矛盾。类似地,其他生物是因为理性生物而存在,也是为宇宙的完善而存在,二者并不矛盾:如果没有使理性生物完善的事物,宇宙就是不完善的。

个体是为物种利益而存在这个事实,与上面所说的也是不矛盾的。因为个体既为它们所属物种的存在,也为理性生物而存在。一种堕落的生物会指向人,原因不只是在指向某个个体的人,而是指向整个人类。然而,一种堕落的生物不能对整个人类发生作用,除非它是作为其整个物种本身而言的。因此,如果堕落的生物来作用于人,那就需要其个体先指向于其物种。

当我们宣称理性生物是为了其自身的利益而受到神圣旨意指使的,我们不是说,他们就不是为了宇宙的完善,不要受到上帝的指导。相应地,理性生物被认为是为了他们自身的利益而存在,而其他的生物是为了理性生物的利益而存在,因为神圣旨意授予他们福祉并且没有让他们作为其他无理性生物的利益;反倒是让其他无理性生物为理性生物来使用的。因此,可以说(《圣经·旧约》中《申命记》4:19):又恐怕你向天举目观看,见耶和华你的神为天下万民所摆列的日、月、星,就是天上的万象,自己便被勾引敬拜侍奉它;和(《圣经·旧约》中《诗篇》8:8)你派他管理你手所造的,使万物,就是一切的羊牛、田野的兽、空中的鸟、海里的鱼,凡经行海道的,都服在他的脚下;(《圣经·旧约》《智慧书》12:18):因此,接受管教的,必得安宁,必得尊荣。

因此,有人宰杀不能说话的动物是有罪的,这种说法是错误的,要受到驳斥;因为根据神圣的旨意,这些动物在自然秩序中是有意给人使用的。因此,人们利用动物——或者杀死它们,或者任意处置它们——没有过错。正是出于这样的原因,主对诺亚说(《圣经·旧约》《创世记》9:3):凡活着的动物,都可以作你们的食物,这一切我都赐给你们,如同菜蔬一样。

9　　但是,基督教的任何教义看起来都禁止我们去残忍地对待那些不能开口说话的动物,比如,禁止杀死幼鸟:这或者是因为人们会把这种思维转移到残忍地对待其他的人——既然会对动物残忍,也就会对他人残忍;或者是因为对动物的伤害会导致对他人的现世伤害——或是实施行为,或是其他暴行;或者是由于某些其他原因。因此,使徒宣布禁令:反对给践踏玉米的牛戴上嚼子。

圣托马斯·阿奎那[*]

论杀生和关爱无理性生物的义务

- 无理性的生物不能主宰自己的行为,因而没有自由,应该受奴役;在宇宙的整体中,是次要的组成部分,并且不能领会整体的完善,它们的存在是为了理性生物的利益。但人不能残忍地对待动物,不过这不是因为它们自身的缘故,而是因为对动物残忍也会将这种思维转移到对待其他人的方式上。
- 动物是为人而存在的,它们没有理性,与人不是同类;取用动物是合法的,博爱不涉及动物。

命题64,条目1:杀死任何生物是否不合法?

我们接前至此形成第一个条目:

反方1:杀死任何生物似乎是不合法的。因为使徒说过(《圣经·新约》中《罗马书》13:2),抗拒掌权的,就是抗拒神的命令;抗拒的必自取刑罚。于是,神圣的旨意宣布,所有的动物都应该受到保护,按照《圣经·旧约》中《诗篇卷三》8、9的说法:是神叫草长在山上……是神给动物以食物。因此,剥夺任何动物的生命看来都是非法的。

反方2:此外,谋杀是一种犯罪,因为它剥夺了一个人的生命。请注意,生命对于所有动物和植物都是一样的。因此,出于同样的理由,杀死那些不能说话的动物和植物,明显是一种罪恶。

反方3:而且,在神的法令中,一种特殊的惩罚不是被委派去拯救罪恶。请注意,按照神的法令,要把那种特殊的惩罚施加到一个杀死他人的牛或羊的人身上(《圣经·旧约》中《出埃及记》22:1)。因此,杀害不能开口说话的动物是一种罪恶。

正方:奥古斯丁(De Civ. Dei, I. 20)说,我们听说,"你们不要杀戮",这种禁杀并不涉及到树木,因为树木没有知觉,同样也不涉及到无理性的动物,因为他们和我们理性的人类不是同类。因此,它包含着以下含义:"你不要杀戮,指的是不要杀人。"

---

[*] 选自圣托马斯·阿奎那《神学大全》,文字翻译来源于 *English Dominican Fathers* (Chicago: Benziger Brothers, 1928), Part II, Question 64, Artice 1, and Question 25, Artice 3.

我的回答是，为了达到如其本来如此的目标而利用某种事物是无罪的。请注意，万物的秩序是从不完善到完善，正如自然产生的过程是从不完善到完善的过程一样。因此，这正像人的产生过程那样，最初是一种生物，后来是动物，最后是人，万物皆然，像植物，它们之所以有生命，完全是为了动物而活着，而所有的动物之所以有生命，完全是为了人而活着。因此，如果人利用植物去达到动物的利益，利用动物去达到人类的利益，都不是不合法的，有如先哲亚里士多德所言（《政治学》第一章第三节）。

于是，之所以需要"利用"，其最大的必要性似乎包含在这样的事实中：动物吃植物，人吃动物，都是为了食物，而且，除非这些生命被剥夺，否则他们就要这样做；因此，不管是剥夺植物的生命以满足动物的受用，还是剥夺动物的生命以满足人的受用，都是合法的。实际上这和上帝自己的圣训是一致的，因为他是这样说的（《圣经·旧约》中《创世记》1:29、1:30）："看啊，我将遍地上一切结种子的菜蔬，和一切树上所结有核的果子……并地上的走兽和空中的飞鸟，全赐给你们作食物。"又说（《圣经·旧约》中《创世纪》9:3）："凡活着的动物，都可以作你们的食物。"

回应反方1：依据神的旨意，动物和植物的生命应该受到保护，但不是为了它们自己，而是为了人类。因此，正如奥古斯丁（De Civ. Dei. i 20）说的："据于造物主最公正的旨意，动物和植物的生存和消亡都服从于我们的需要。"

回应反方2：那些不能开口说话的动物和植物缺乏据此可以在动机上确定它们本身的理性生命；它们要行动，只有通过他者，通过一种自然推动力，这标志着它们自然而然受到了剥夺，听命于其他理性生命的需要。

回应反方3：一个人杀了他人的牛，这种罪恶，不是由于杀死牛，而是由于侵犯他人的财产权。因此，这不属于谋杀罪，而是偷窃罪或者抢劫罪。

命题65，条目3：无理性生物是否也应该出于博爱而受到关爱

我们接前至此形成第三个条目：

反方1：看起来我们也应该出于博爱之心去关爱无理性生物。因为我们要与上帝相通主要是靠博爱。请注意，上帝出于博爱而关爱无理性生物，因为上帝爱万事万物（《圣经·旧约》《智慧书》11:25），并且不管他是爱什么，他通过他自己的博爱去爱一切。因此，我们也要出于博爱去关爱无理性生物。

反方 2：此外，博爱主要是指上帝，而且延伸到与上帝有关的其他生物。请注意，正如理性生物与上帝有关，在同样的程度上它具有类似的象征，无理性生物也与上帝有关，在同样的程度上也具有类似的痕迹。因此，博爱也要延伸到无理性生物那里。

反方 3：另外，正如博爱的对象是上帝，信任的对象也是上帝。因为我们相信，天空和大地都是上帝创造的，鱼和鸟都是从水中产生的，会行走的动物和植物都从大地上产生的。因此，博爱也应该延伸到无理性生物那里。

正方：博爱之爱除了延伸到上帝和我们的同胞之外，不应该延伸到任何地方去。但是，这里的同胞不包括无理性生物，因为在理性生活中，他们与人没有任何关系。因此，博爱不应该延伸到无理性生物那里。

我的回答是，根据之前的陈述（命题 13，条目 1），博爱是一种友谊。请注意，这种友爱是双重的：第一，这种爱是为了朋友给我们的友谊之爱；第二，这种爱是为了那些我们渴望的善事给我们的朋友之爱。关于第一点，出于博爱，不能关爱无理性生物，这有三个理由。其中两个理由在一般的意义上与友谊有关，这种友谊不能把无理性生物当作其对象，首先，友谊是指向那种我们渴望的善事的人。严格地讲，我们不能对一个无理性动物渴望善事。因为它没有资格拥有美好，这种资格只适合于理性生物，通过其自由意志，他是处置他所拥有的善的主人。因此，先哲亚里士多德说（《物理学》第二章第六），除了在比喻的意义上来说，当我们谈到善或恶的时候，诸如事物之类的东西是不适合的。其次，所有的友谊是建立在生活中某些同胞的基础上的，因为如果不生活在一起就没有适当的友谊，这有如先哲亚里士多德所说的（《尼各马可伦理学》第八章第五十）。于是，在由理性所指导的人类生活中，无理性生物是没有同胞的。因此，除了在比喻的意义上说，与无理性生物的友谊，是不可能的。再次，适当的博爱是无理性生物无法达到的，因为博爱是建立在长期维持的幸福关系的基础之上。因此，我们对一个无理性生物不会有博爱的友谊。

然而，我们可以出于博爱去关爱那些无理性生物，如果我们把它们看做是我们所欲求的其他好事，就如我们希望给它们保护是对上帝的敬意或人类的用处一样，因而上帝也是这样出于博爱去关爱它们的。

所以，回答反方 1 是再明显不过的了。

回答反方 2：其他生物在痕迹方面的相似性并不能赋予永生的能力，而理性生物具有与上帝形象的相似性；所以这两种比较是不成立的。

回答反方3：信任可以延伸到在任何真实存在的一切事物，但博爱的友谊只能延伸到具有永生的自然能力的生物上；因此，这两种比较不成立。

笛卡儿*

动物是机器

- 动物是机器，判定标准有二：1. 不能使用语言来表达思想；2. 只能胜任某件或某种事情。
- 所以动物和人类表面上相似，但本性上完全不同。人类和动物的灵魂是不同的，动物的灵魂只能驱动肉体和机械的活动，而人的灵魂是能思想的。

一

我在以前打算出版的论著中对这些问题作了一些具体的解释。此后，我又在那部书里指出：人身上的神经和肌肉一定要构造成什么样子，其中的元气才能够使肢体运动，就像我们见到的那样，脑袋砍下来之后不久，尽管不是活的，但还在动来动去，乱啃地面；大脑里一定要发生什么样的变化，才能使人清醒、睡眠和做梦；光亮、声音、香气、滋味、温度以及属于外界对象的性质，怎样能够在大脑里印上各种不同的观念；饥渴等内心感受又怎样能够把它们的观念送进大脑；"通觉"（common sense）怎样接纳这些观念，记忆怎样保存这些观念，幻想怎样能够把这些观念改头换面、张冠李戴拼成的新的观念，并且用这样的方法把元气布置在肌肉里，使这个身体上的肢体做出各式各样的动作，既有关于感官对象方面的，也有关于内心感受方面的，就像我们的肢体那样，没有意志指挥也能动作。在我们看来，这是一点也不奇怪的，我们知道，人是可以做出各种各样动作的自动机（automata），即自己动作的机器，用的只是几个零件，与动物身上大量的骨骼、肌肉、神经、动脉、静脉等等相比，实在很少很少，所以我们把这个身体看

---

* 笛卡儿（Rene Descartes，1596—1650）有时被称为是"现代哲学之父"，是在现代哲学方面最早的和最有影响的思想家之一。他的《沉思录》现在还是哲学经典之作。

第一部分选自于笛卡儿的《方法谈》，载《笛卡儿哲学著作选》，由 E. S. Haldane 和 G. R. T. Ross 翻译（London：Cambridge Unviersity Press）第 1 卷，115—118 页。

第二部分和第三部分选自笛卡儿的两封书信，一封是给纽卡斯尔的一个侯爵夫人的（1646 年 11 月 23 日），一封是给亨利·摩尔（Henry More）的（1649 年 2 月 5 日），载《笛卡儿：哲学通信》（Descartes：Philosophical Letters）由 Anthony Kenny 翻译和编辑，Oxford Unviersity Press 1970 版。重印经 The Clarendon Press，Oxford 许可。

第一部分翻译主要参照了王太庆译本，商务印书馆 2001 年版，第 44—47 页——译者注。

做是一台神造的机器,安排得十分巧妙,做出的动作十分惊人,人所发明的任何机器都不能与它相比。讲到这里,我要特意停下来指出:如果有那么一些机器,其部件的外形跟猴子或无理性的动物一模一样,我们是根本无法知道它们的本性与这些动物有什么不同;可是,如果有一些机器跟我们的身体一模一样,并且尽可能不走样地模仿着我们的动作,我们还是有两条非常可靠的标准可以用来判明他们并不就是真正的人。第一条是:他们决不能像我们这样使用语言,或者使用其他由语言构成的讯号,向别人表达自己的思想。因为我们完全可以设想一台机器,构造得能够吐出几个字来,甚至能够吐出几个字来回答我们扳动它的某些部件的身体动作,例如,在某处一按它就能说出我们要它说的要求,在另一处一按它就喊痛之类的东西。可是,它决不能把这些字排成别的样式恰当地回答人家向它说的意思,而这是最愚蠢的人都能办到的。第二条是:那些机器虽然可以做许多事情,做得跟我们每一个人一样好,甚至更好,却决不能做别的事情。从这一点可以看出,它们的活动所依靠的并不是认识,而只是它们的部件结构;因为理性是万能的工具,可以用于一切场合,那些部件则不然,一种特殊结构只能做一种特殊动作。由此可见,一台机器绝不可能有那么多的部件使它在生活上的各种场合全部应付裕如,就像跟我们依靠理性行事一样。

而且,依靠这两条标准,我们还可以认识人和禽兽的区别。因为我们不能不密切注意到:人,不管他多么鲁钝、多么愚蠢,连白痴也不例外,总能把不同的字眼排在一起编成一些话,用来向别人表达自己的思想;可是,其他的动物相反,不管它多么完满、多么得天独厚,全都不能这样做。这并不是由于它们缺少器官,因为我们知道,八哥和鹦鹉都能像我们这样吐字,却不能像我们这样说话,也就是说,不能证明它们说的是心里的意思;可是,先天聋哑的人则不然,他们缺少跟别人说话的器官,在这一点上他们跟禽兽一样,甚至不如禽兽,却总是创造一些手势把心里的意思传达给那些经常跟他们在一起并且有空学习他们这种语言的人。这就证明禽兽并非只是理性不如人,而是根本没有理性,因为学会说话是根本用不着多少理性的;我们虽然看到那些同种的动物也跟人一样彼此能力不齐,有比较容易训练的,有比较笨的,可是最完满的猴子或鹦鹉在学话方面却比不上最笨的小孩,连精神失常的小孩都比不上;如果不是动物的灵魂在本性上跟我们完全不同,这是不可想象的。我们决不能把语言与表现感情的自然动作混为一谈,那些动作,动物是可以模仿的,机器也同样可以模仿;我们也不能像某些古人那样认为,禽兽也有语言,只是我们听不懂。因为如果真是这样,禽兽既然有许多器官跟我们相似,它们就能够向我们表达思想,如同向它们的同类表达一样了。还有一件事非常值得注意,这就是:虽然有些动物在它们的某些活动上表现得比我们灵巧,可是我没看到,尽管如此,这些动物在许多别的事情上却并不灵巧:它们比我们做得好并不证明它们有思想。因为如果它们有思想的话就会比我们任何人都强,就会在一切其他事情上做得都好;可是它们并没有思想,是它们身上器官装配的本性在起作用:正如我们看到一架时钟是由齿轮和发条组成的,就能指示钟点、衡量时间,做得比我们这些非常审慎的人还要准确。

  这以后我还描述了理性灵魂,并且表明,它决不能来自物质的力量,跟我所说的其他事情一样,正好相反,它显然应当是神创造出来的;我们不能光说它住在人的身体里面,就像舵手住在船上似的,否则就不能使身体上的肢体运动,那是不够的,它必须与身体更加紧密地联成一气,才能在运动以外还有跟我们一样的感情和欲望,这才构成一个真正的人。然后,我在这里对灵魂问题稍多谈几句,因为这是一个最重要的问题。要知道,无神论的错误,我在上面大概已经驳斥得差不多了,可是,此外还有一种错误,最能使不坚定的人离开道德的正路,就是以为禽兽的灵魂跟我们的灵魂本性相同,因而以为我们跟苍蝇、蚂蚁一样,对身后的事情没有什么可畏惧的,也没有什么可希望的;反过来,知道我们的灵魂跟禽兽的灵魂大不相同,也就更加明白地了解,为什么我们的灵魂具有一种完全不依赖于身体的本性,因而决不会与身体同死;然后,既然看不到别的什么原因使它毁灭,也就很自然地得出结论,断定它是不会死的了。

二

  我并不赞同蒙田(Montaigne)和其他的人认为动物能够理解和思考的观点。我很高兴听到人们说,人类是一切其他动物的绝对主宰,因为我承认有些动物甚至比我们要更强,并且也相信有一些动物具有狡猾的本能,骗倒那些最精明的人。但是,我们知道,它们只是在我们那些不受思想指导的动作上能够模仿或者超过我们。我们经常会发生这样的情形,常常在走路或者吃饭的时候根本不思考我们正在做什么;同样,我们无需动用我们的理性就会抵制那些有害于我们的事物,避免把矛头指向我们。实际上,在我们摔倒的时候,即使我们不是有意识地用手去护住我们的头部,我们也会做出这种动作。我还认为，我们从来没有思考过我们如何吃饭（正如动物一样），也没有必要去学习；据说，那些在睡觉时梦游的人，有时候会游过小溪，但如果这时候他们清醒过来的话，就会淹死在小溪里。至于我们的情感活动，尽管在我们身上这些活动同时伴随着思考，因为我们具有思考的官能，但很显然，它们也并不依赖于我们的思考，因为它们经常出乎我们的意料。因而，这些情感活动同样可以发生在动物身上，甚至要比我们人类更为猛烈，但我们却不能由此得出动物具有思想的结论。

事实上，我们外在的行为不能表明，任何人都能证明我们的身体不仅是一台自我运动的机器，而且还具有思想的灵魂，具有语言的表达或者具有与不表达任何情感的特定主旨有关联的其他手势。我之所以说"语言"或者"其他手势"，是因为聋哑人使用手势就像我们使用语言说话一样；并且，我之所以说这些手势必定是有关联的，是因为要撇开鹦鹉能说话的情况，但不撇开疯子能表达的事实，尽管这些手势没有遵循理性，但却与具体的主旨是相关联的。我之所以还补充说这些语言或者手势一定没有表达任何情感，是因为这些手势不仅不包括喜乐哀怒等类似情感的叫喊，而且也不包括通过训练可以教会动物的任何东西。如果你教一只喜鹊看见它的女主人离开它的时候就向她说再见，这也只是教会了它通过对这个词的发声来表达它的一种情感。举个例子，如果在它说话的时候总是能得到少量精美的食物，它也会表达出想吃东西的愿望。与此类似，狗、马或猴子经过训练所表现出来的一切，无非是它们的恐惧，它们的愿望，它们的快乐；但结果仍然是，它们不用任何思考就可以表现你教会它们的那些东西。不过，令我非常惊奇的是，语言的运用，特别是对词汇做出定义，是我们人类特有的某种事情。蒙田和查荣（Charron）曾经说过，一个人和另一个人之间的差异比起一个人和一个动物之间的差异要大得多。但是，从来没有一只动物，不管它是多么地完满，能够使用手势让别的动物明白它不表达情感的那些东西的意思；但是，一个人，不管他是多么地不完满，却不可能做不到这些事情，因为即使是聋哑人也可以创造出一些特殊的手势来表达他们的思想。这对我来说似乎是一个很有力的证据，可以证明动物为什么不能像我们这样说话，其原因并不是因为它们缺少发声的器官，而是因为它们没有思想。不能说动物之间相互交流而我们只是不能理解它们所表达的意思，因为既然狗和其他一些动物可以向我们表达它们的情感，它们也就可以向我们表达它们的思想，假如它们有思想的话。

我知道动物在许多事情上可以比我们做得更好,我对此并不感到奇怪。这正是可以用来证明他们是本能地、机械地行动,就像闹钟可以指示时间,比我们的判断更准确。毋庸置疑,燕子在春天回归,也是像钟表一样的行为。蜜蜂的行为也是同样的本性,天鹅在高飞、猩猩在打斗也是同样的道理,它们遵守的原理都是相同的。动物本能地掩埋同类的死尸与猫狗挠抓泥土以掩埋其排泄物一样,都没有什么好惊奇的;它们几乎从不主动掩埋它,这表明它们行为是依据其本能,而不是思考。有人最有可能会说的是:虽然动物没有表现出向我们展示它们会思考的行为,但是,既然它们的身体器官与我们相差无几,由此就可以推测:附属在这些器官上会有某些像我们在我们自己身上所体验到思想,只不过这种思想还不是那么完美。对此,我无需赘言,只需指出:如果它们会像我们那样思考,它们就会有像我们一样的不朽灵魂。但这是不可能的,因为不相信所有动物具有灵魂,也就没有理由相信部分动物具有灵魂,它们中的许多动物,诸如牡蛎和海绵体之类不完满的动物,简直难以置信它们会拥有灵魂。当然,我并不想劳烦你讨论此类问题,我的初衷只是向你表达一下我的看法而已。

三

但是,认为"我们全体人类习惯于我们人类最古老的时代"这个说法与认为"动物会思考"这个信念一样都是偏见的。我们对这个信念的唯一借口是:许多动物的身体器官在外形上和行为上都与我们人类相差不大,这是我们见到的事实;既然我们相信在我们人类中存在一条朴素的原理,即驱使那些运动的因素——也就是灵魂,既使得我们身体运动起来也使得我们会思考——我们就不用怀疑一些这样的灵魂也同样会出现在动物的身上。不过,我曾认为,驱使人体运动有两种不同原因:其一是单纯的、机械的、肉体的运动,完全是依靠元气和我们身体器官的力量,这可以称之为肢体灵魂;其二是无形的理智,这种灵魂,我把它叫做一种会思考的物质。我进而做了更仔细的研究——动物的最初运动是来自于这两种动因,还是仅仅其中的一种。我很快就清楚地发现,动物最初的运动都是由于肉体的、机械的动因,我因此把这种运动看做是当然的,并进而提出了这样的观点:我们根本不能证明动物存在一种思想的灵魂。我没有被狗、狐狸的机敏和狡猾所迷惑;也没有被动物为了食物、性交和恐惧所表现出来的任何行为所迷惑;我可以轻松地断言,所有动物的最初行为都源于它们器官的结构。

尽管我以此为据提出了我们不能证明动物具有任何思想这样的主张,但是,我并不认为这个观点因而就证明了动物不存在思想,因为人类的理智没有掌握动物的心理。但是,当我研究在这个问题上最大的可能性是什么的时候,我发现,动物拥有像我们一样的眼睛、耳朵、舌头以及其他感觉器官,它们似乎也可能拥有像我们一样的感觉,除了这个事实之外,没有寻找到动物具有思想的证据;但既然思想包含在我们的感觉样式中,动物也似乎就具有类似的思想。这个论点很明显可以推论出,全体人类从人类最远古的时代就具有了理智。然而还有更为多数、更为强烈的主张不为人所知,它们都强烈地反对这种观点。其中一种就认为蠕虫、苍蝇和毛毛虫的机械运动与它们具有不朽的灵魂一样都是可能的。

的确,就像我们的肢体一样,在动物肢体内也有骨骼、神经、肌肉,动物的元气以及其他器官倾向于依靠它们自己、无需思想、无需我们观察到的驱使动物动作起来的动因就能够运动。这就很容易得出结论,在动物肢体这架机器没有灵魂驱动时的运动,有时候比起依靠意志来激发的运动更为激烈,在形式上更为多样。

再次,既然技艺是对自然的复制,而且人可以创造各种自动机无需思想也驱动起来,似乎就可以合理地认为,自然界应该生产它自己的自动机,比人工制造的更为精致。这些自然的自动机就是动物。这是极为可能的,因为我们没有理由相信思想总是伴随着我们在动物那里发现的器官分布而产生。在每个人的肢体中都应该发现理智与在每个动物肢体中都应该没有理智一样,都不令人惊奇。

19 但是,据我所见,认为禽兽没有思想的主要理由是:在一个单一的物种中,某些个体要比其他个体更完满一些,像人类也是这样。这在马或者狗那里也可以看到,它们中的一些成员在学习教给它们的东西时会比另一些学习得更好。然而,虽然所有的动物可以通过叫声、肢体移动,以及诸如愤怒、恐惧、饥饿之类的本能冲动与人类轻松地交流,但是从未发现任何无理性的动物达到了使用真正语言的水平,即使用那些纯粹属于思想的,而不是本能、冲动的语言和手势。真正的语言仅仅是在人体内部的某种思想符号。所有的人都会使用它,无论这个人是多么的愚蠢多么的无知,即使一个人没有了舌头或发声器官;但是没有任何一只动物可以这么做。因而,这可以看做是人与不会说话的动物之间真正的具体的差别。

为简明起见,我这里略去其他否认动物思想的理由。但请注意,我所说的是思想,不是生命或者感官。我不否认动物的生命,因为我把生命看成是动物心脏的热血在不停地流动,而且我同样不否定感官,只要感官依赖于身体的某个器官。因而,我似乎对动物的残忍与对人类的迁就并不完全一样——至少是对那些并不迷信毕达哥拉斯的人——因为迁就赦免了他们在食用或宰杀动物时的犯罪嫌疑。

　　也许,对于你敏锐的智慧来说,我在这里说得太多了,但我想表明的是,你是那种极少数向我表达反对意见的人,这些反对意见如你所见畅快淋漓。你的友善和真诚已经使你成为了所有寻求真正智慧者中最值得敬重的一个朋友。

伏尔泰*

对笛卡儿的一个回应

- 动物不是机器;它们的行为不是机械和重复的。
- 动物虽然没有语言,但它们有感情、记忆和知识。
- 人和动物的结构具有相似性,相似的结构自然会具有相似的功能。
- 动物有灵魂,上帝就是它们的灵魂。

说动物是机器,没有理解力,没有感情,永远用同样的姿势做它们的动作,什么也不学习,不求上进……这是多么可鄙、多么悲哀啊!

怎么!这只鸟在墙壁上筑巢时,就筑成半圆形;在墙角巢筑时,就筑成小半圆形;在树上筑巢时,就筑成圆形,鸟的行为总是同样的姿势吗?你对猎犬训练三个月,难道训练结束时,这只猎犬所学的东西不比训练之前知道得的更多一点吗?你教给那只金丝雀一个调子,它就能立刻唱出来吗?难道你不要花费相当的时间来训练它吗?难道你没有发现,它出错了,自己又去改正吗?

难道是因为我跟你说话,你才判断我有感情、有记忆、有想法吗?那好吧,我姑且不跟你说话;你看着我愁眉苦脸地走进家门,四处乱翻,心慌意乱地寻找一份文件,我记得把那份文件放在书桌里了,打开书桌,找到了,高兴地念起来。你会断定,刚刚我经受了忧愁和快乐的感情,判断我有记忆有知识。

对那条与主人离散的狗,可以做出同样的判断,它苦苦地吠叫着,满街寻找它的主人,失魂落魄,心神不定地走进家门,楼上楼下,房里房外,跳来串去,终于在书房里找到了它心爱的主人,高兴地叫喊着、跳跃着、磨蹭着,向它的主人表达快乐。

有些粗暴的人把这条远远比人友善的狗捉住,将它钉在一张桌子上,开肠剖肚,让

---

* 伏尔泰(Voltaire,1694—1778),法国哲学家和小说家,《哲学辞典》的作者,还著有许多其他的道德寓言故事。选自伏尔泰:《哲学词典》"动物"。

本处翻译参考了王燕生译本,商务印书馆1991年版,第222—224页——译者注。

你看看它肚皮的脉管。你发现,在狗的躯体里,所有感觉器官与在你自己体内的一模一样。说动物是机器的论者,请回答我:自然在这只动物体内安排了一切感觉器官,难道它会无知无觉吗?它既然有神经,难道还会麻木无知吗?万勿以为在自然界会有这种不合理的矛盾。

但是学校的教师们却要问一问动物的灵魂是什么?我不懂这个问题。一棵树有能力在它的纤维里吸收树液,有能力长出叶芽和果实;你们不是又会问我,这棵树的灵魂是什么呢?树的这些性能是天赋的;动物有感情、记忆和若干观念,也是天赋的性能。那么,是谁创造了这些天赋的性能呢?是谁赋予了这一切能力的呢?是那使田野的草生长起来的人,是那使地球绕日而行的人。

亚里士多德说,"动物的灵魂是物质的形式"。在他之后,持此说法的有阿拉伯学派,在阿拉伯学派之后又有天使学派,天使学派之后又有索尔邦神学院(the Sorbonne,巴黎大学的前身——译者注),索尔邦神学院之后就没有人这样说了。

其他的哲学家叫嚣道,"动物的灵魂是物质的"。这样说的人也许并不比别人更成功。人们枉费唇舌地问他们,什么是物质的灵魂;他们只好承认是有感觉的物质。但是,这种感觉又是谁赋予的呢?还是一种物质的灵魂,换句话说,还是物质把感觉赋予了物质。他们总是绕不出这个圈子。

再听一听其他关于野兽的野蛮推理吧。他们承认说,禽兽的灵魂是一种精神的灵魂,可这种灵魂却与肉体一同消逝;可是你们又有什么证据呢?你们所说的这种精神灵魂,实际上是有感情、有记忆、有对观念和才能的测量方法的;但是它又永远不明白一个六岁的孩子到底知道什么?你们根据什么来想象这种非肉体的东西是和身体一起消亡的呢?最大的傻瓜就是那些进而提出灵魂既非肉体又非精神的人。这倒是一个漂亮的学说。我们只能理解精神是一种非肉体的未知物。所以,这些先生们的学说颠来倒去又回到这里:动物的灵魂既非肉体也不是什么非肉体的东西。

这么多矛盾百出的错误又是从哪里来的呢?由于人总是有这么一种习惯:还不知道一种事物究竟存在与否,却先忙着探讨这种事物到底是什么。在法语里,人们把风箱上可以发声的活塞,吱吱作响的阀门,叫做"风箱的灵魂"。这又是一种什么灵魂呢?这是我给活塞的一个名称。我们拉动风箱时,它便落下,放进空气又再起来,然后把空气由一根管子推出去,运动时发出轰鸣声。我们把这样的东西叫做风箱的灵魂。

这里不存在跟机器里的灵魂的一种明显差别;然而,又是谁在推动动物的风箱呢?我已经告诉你们了,就是那个推动行星运动的人。哲学家说,"上帝就是动物的灵魂"(Deus est anima brutorium),他是对的;但是,他还应该做更深入的讨论。

康德*

对于动物的责任

- 人对动物只有间接的责任,对动物的责任实际上是为了人。
- 人对动物要友善,因为对动物残忍的人也会对他人残忍。

鲍姆加滕(Baumgarten)提到关于位我们之下的生物和位我们之上的生物的责任问题。但是就动物而言,我们没有直接的责任。动物没有自我意识,并且仅仅是作为一种目的的手段。这种目的是人。因此,我们可能会问"动物为什么而存在呢?",但如果问"人类为什么而存在呢?"就是一个毫无意义的问题。我们对于动物的责任仅仅是对于人类的间接责任。动物的本性和人类的本性具有某些相似之处,我们通过履行对动物的责任来表明人类的本性,我们就间接地履行了对于人的责任。因此,如果一条狗,长期忠实地服务于它的主人,它的服务类似于人的服务,也是值得回报的,而且当那条狗老了不能再为它的主人服务时,它的主人应该照顾它,直到它死去。这种行为有利于支持我们对于人类的责任,这是我们义不容辞的责任。如果动物的任何行为都可以和人类的行为相比拟,并且都来源于同一种原则的话,我们就有对动物的责任,因为这样我们能够培养对于人类的相应责任。如果一个人因为他的狗没有能力再为他服务而把它给杀了,他并非没有尽到对这条狗的责任,因为狗是没有判断力的,但他的行为是不人道的,对他自身的人性是有害的,这种人性是他表达对于人类的责任。如果他不想扼杀人的感情的话,他就必须学会对动物友善,因为对动物残忍的人在处理他的人际关系时也会对他人残忍。我们可以通过一个人对待动物的方式来判断他的心肠是好是坏。霍格思(William Hogarth,1697—1764,英国画家、雕刻家——译者注)在他的雕刻作品中描绘了这一点。他展示了残忍是如何发生、发展的。他指出了小孩

---

* 康德(Immanuel Kant,1724—1804)是一个具有伟大天才和独创力的德国哲学家。他在伦理学方面的重要著作包括《道德形而上学基础》和《伦理学讲演录》。

选自康德"对动物和神灵的责任",收录在《伦理学演讲录》(Lecture on Ethics),由 Louis Infield 翻译(New York:Harper and Row,1963),第239—241页。

对待动物的残忍——紧紧抓住一只狗或一只猫的尾巴；然后，他描绘了这个小孩成年之后开车碾压一个小孩；最后是残忍的谋杀。这样，他用一种恐怖的方式向我们活生生地揭示了残忍的报偿，给我们清醒，而且这对孩子们应该是一种令人难忘的教训。我们越和动物接触，越观察它们的行为，我们就越会喜欢它们，因为我们看到，它们精心照料它们的孩子是多么地伟大。因而，对我们来说，哪怕是一条狼，在思想中要对它残忍都很难。莱布尼茨想用一条小毛毛虫来做观察，他小心翼翼地把它连带树上的叶子都摘下来，以使它不会因为他的任何动作受到伤害。无缘无故地损伤这样一个生物，他一定会感到内疚——这对一个有人性的人来说是一种自然的情感。倍加温柔地对待不会说话的动物，这种感情会培育出对人类的人性感情。在英国，屠夫和医生不能坐在陪审席上，因为死亡和麻木对他们来说是习以为常的事。活体解剖者，即用活体动物做实验的人，他们的行为一定是残忍的，虽然他们的目的值得称道，而且他们能证明他们的残忍是合理的，因为动物一定是作为人类的工具；但是任何为了竞技而对动物实施的残忍行为都是不合理的。一个主人因为他的驴或狗不能再为他赚钱而把它们抛弃，这表明他心胸狭隘。在这方面，希腊人的思想是崇高的，正如我们从寓言故事中所看到的驴和忘恩负义的铃那样。因此，我们对于动物的责任就是我们对人类的间接责任。

边沁*

功利主义的一个观点

- 动物能感受疼痛,感知能力是动物不应被残忍对待的关键。

四,那么,那里的其他行为者有什么(同时是受到人类的主导影响的)可能会有幸福呢?它们可以分成两类:(1)其他的人,他们只是被叫做人。(2)其他的动物,由于冥顽不化的古代法学家忽视了它们的权益,它们被降格为物。

在印度教和伊斯兰教中,其他动物的权益似乎受到一些关注。考虑到它们在情感上的差异,为什么动物没有普遍像人那么多的权益呢?由于那些法则具有彼此顾虑的效果,那些缺少理性的动物的情感没有像人那样值得考量。那么,它们为什么不应该具有呢?没有理由可以解释。如果所有的动物就是为了被吃掉而存在,那么我们喜食动物就造成了它们的苦难:因为它们,我们才更好,而它们却糟糕到无以复加。动物没有人类所拥有的那些遥远未来的痛苦。比起它们在无可逃避的自然过程中等待的死亡,经我们之手而致它们死亡的速度普遍更快(而且可能总是更快),并且通过这种手段而死亡的痛苦更少。如果杀死所有动物就是它们所遭受的全部,那我们应嫌它们碍事而杀死它们就造成了它们的苦难:我们的生活可能因为它们活着而糟糕了一些,但它们却因为已经死亡而糟糕得无以复加。但是,为什么我们该去折磨它们,有什么理由吗?我没有找到任何理由。为什么我们不该去折磨它们,有什么理由吗?当然有,理由很多。这一天已经到了,但在许多地方我都悲哀地说这一天还没有过去,很大一部分物种的生活远在叫作奴隶的人之下,它们受到完全建立在同样基础之上的法则的对待,例如,在英国,那些低等动物仍然没有任何改变。其他动物可以获得那些被人残暴地从它们身上剥夺的权利,这一天迟早会来临的。法国人已经发现,一个人不能因为皮肤黑就要遭受任意的折磨而得不到救助。总有一天,人们会认识到,腿的数量、皮

---

* 边沁(Jeremy Bentham,1748—1832),英国哲学家,道德理论"功利主义"最著名的倡导者之一。
选自边沁《道德和立法原则概述》(*The Principles of Morals and Legislation*)(1789),第 17 章第 1 节。

肤绒毛的形式、骶骨终端的形状都不足以作为让一个有感知能力的生命遭受类似厄运的理由。还有什么其他的理由应该划分这条不可逾越的鸿沟？是推理能力,还是说话能力？但是,一匹完全发育成熟的马或狗比一个一天大、一个星期大、甚至一个月大的婴儿更加理性、更为健谈。然而,假设事情完全不是那样的话,又有什么用呢？问题不在于"它们能推理吗？",也不在于"它们能说话吗？",而在于"它们会感受到痛苦吗？"。

达尔文*

人类和低等动物的心理能力比较

- 从低等动物到高等动物在结构和能力上具有连续性。
- 人类和高等动物在心理能力上没有根本的区别。
- 动物也有情感、注意力、想象力。

在以上两章中,我们已经知道:人类在身体结构上带有一些起源于低等生物的清晰痕迹,但有人也可能会争辩道:由于人在心理能力上与其他动物有很大的不同,因此这个结论不一定是对的……

在本章中,我的目标就是要阐明:人类和高等动物在心理能力方面没有根本的区别。这一内容的每一种区分本来都可以扩展成一篇独立的论文,但我在这里一定不会进行繁琐的论述。由于还没有哪一类的心理能力被普遍接受,因此我将按照最有利于实现我的目标来安排我的评论;而且将选择那些最能打动我的事实,希望可以对读者产生一定的效果。

像人类一样,低等动物能明显感觉到快乐和痛苦、幸福和悲伤。从来没有什么比幼小动物诸如小狗、小猫、小羊等能更好地表现幸福了,他们在一起嬉耍,就像我们自己的孩子那样在嬉耍。即使是昆虫在一起,正如出色的观察家皮·哈勃(P. Huber)注意到的,蚂蚁相互追逐、假装彼此撕咬,就像许多小狗在一起嬉耍一样。

我们已经充分描绘了这样的情况,就像我们自己一样,低等动物也会由于同样的情感而受到刺激,这些情况没有必要事无巨细地再劳烦读者去阅读。相同方式的恐怖行为对它们的影响就像对我们的影响一样,会使肌肉颤抖、心跳加速、括约肌放松、头发竖起来。多疑是恐惧的后果,是大多数动物的突出特征。我认为,E. 滕纳特(E·Tennent)先生所描述的雌性大象的行为是用来做诱饵的,这是不可能为人所理

---

* 达尔文(Charles Darwin,1809—1882)是英国生物学家,他的进化论对科学、神学和哲学的观念具有深刻的影响。

选自达尔文:《人类的由来》(*The Descent of Man*),第三章和第四章。

解的,他不承认雌性大象会故意欺骗,但我知道雌性大象是在做什么。勇气和胆怯在同一物种的不同个体之间有着非常多变的特性,就像在小狗的情形中那样。一些狗和马的脾气不好,容易发怒;但另一些却比较好;这些特性一定是遗传的。每一个人都知道动物是如何易于狂怒的,并如何直接表现怒气。关于动物蓄谋已久、诡计多端的报复故事(也许是真的)已经出版了很多书籍。讲究精确的润格(Rengger)和布瑞姆(Brehm)陈述道,他们所驯服的美洲猴和非洲猴,一定会为它们自己报仇。动物学家安德鲁·史密斯(Andrew Smith)先生(其一丝不苟的求真精神为众人所知)把他目击的下述故事告诉了我:在好望角,一个官员经常让一只狒狒遭受折磨,一个星期天,这只狒狒看见这个官员走过来,就把水灌进一个洞里,迅速搅和成一些黏稠的泥团,当他经过的时候,狒狒就熟练地砸向他,许多过路人都大吃一惊。之后很长一段时间,无论狒狒什么时候看到这个倒霉的官员,都兴奋不已,有如胜利一般。

  众所周知,狗爱其主;正如一个老作家睿智地说:"狗是地球上唯一一种爱你胜过爱它自己的生物。"

  人们都知道狗在临死的痛苦中会爱抚它的主人,而且每个人都听说过正在遭受活体解剖的狗会舔动手术的人的手;这个动手术的人在它生命的最后一刻一定会感到很痛苦,除非他的手术完全促进了我们的知识,被证明是合理的,要么他是铁石心肠。

  正如韦维尔(Whewell)质问的:"母亲般的情感,通常与各个民族的妇女有关,也与各种雌性动物有关,只要是了解接触过这种事例的人,谁会怀疑在这两种情况下的行为准则不是一样的呢?"我们知道,母亲般的情感是在最微不足道的细节中表现出来的;润格观察到一只美洲卷尾猴(Cebus)小心谨慎地驱赶烦扰其婴儿的苍蝇,杜瓦塞尔(Duvaucel)看见一只长臂猿(Hylobate)在一条小溪里洗净其幼儿的脸。母猴失去了幼儿,其悲伤是那么地强烈,以致于一些猴子会因此而死亡,北非的布瑞姆(Brehm)不得不把这样的一些猴子关起来。

  大多数比较复杂的情感常见于我们自己和高等动物身上。每个人都知道:如果狗的主人宠爱其他动物的话,它会多么地嫉妒主人的情感;我在猴子身上也观察到这种情况。这表明动物不仅会爱,而且渴望被爱。动物明显会争强好胜。它们喜欢首肯或表扬,而且替主人提篮子的狗会表现出高度的自足和自豪。因此,我可以这么认为,当一只狗经常去乞讨食物,毫无疑问它会感到羞愧,这是一种不同于恐惧,但类似于谦逊的情感。一只大狗嘲笑一只小狗的吠声,这可被称为是宽宏大量的行为。几个观察者说,猴子一定不喜欢被嘲笑;而且有时候它们会创造一些富有想象力的冒犯行为。在动物园里,我看见一只狒狒,当饲养员拿出一封信或一本书向它大声朗读的时候,它总是会狂怒起来;我亲眼看见,它的怒气是那么的暴烈,非要咬破自己的腿让血流出来不可。与纯粹的嬉耍不同,狗会表现出一种可以叫做幽默感的东西:如果扔给它一根枝条或其它这样的东西的话,它通常会把这个东西挪开一点,然后又把它叼在嘴里蹲坐在紧靠主人的地上,等到它的主人走过来要把东西拿走时,它就会叼住枝条,胜利地冲出去,重复同样的伎俩,这明显是在享受这种玩笑的乐趣。

现在,我们将转向更理智的情感和能力,它们为高级心理能力的发展打下了基础,是很重要的。按照润格的说法,动物明显喜欢兴奋,讨厌沉闷,就像我们在狗或猴子身上所看到的那样。所有动物都会觉察到惊奇,而且许多动物都表现出好奇心。有时,它们还会因为好奇而受苦,例如猎人就是用滑稽怪诞的动作来吸引它们;我亲眼见到鹿是这样的,还有警觉的岩羚羊、某些类别的野鸭……

对人类的智力发展而言,几乎没有什么能力比"注意力"更重要了。动物也明显表现出这种能力,例如当猫注意到一个洞穴时,就会准备纵身扑向它的猎物。野生动物在做什么事情时,有时会全神贯注,以致于轻而易举就能靠近它们。巴特莱特(Bartlett)先生曾向我好奇地证明猴子身上的这种能力是如何变化多端的。驯猴表演的人过去常常从动物学协会(Zoological Society)那里以每只五英镑的价格购买普通种类的猴子;但是如果他可以把三、四只猴子喂养几天后再从中挑选一只的话,他会出双倍的价钱。当被问到怎么能够这么快就了解一只特别的猴子是否能训练成一个优异的表演者时,他回答道:全凭猴子的注意力。如果在他跟一只猴子谈话并解说什么事情的时候,这只猴子容易被墙上的飞虫或其他微不足道的东西所干扰,分散注意力,这只猴子就没有希望被选上。如果他试图以惩罚来迫使注意力不集中的猴子进行表演,猴子反倒会发怒起来。相反,仔细倾听他的猴子总是能容易训练成一个优秀的表演者。

说动物对人和地点具有出色的"记忆力",这几乎是多余的话。正如安德鲁·史密斯先生告诉我的那样,好望角的一只狒狒在与他分别九个月以后还兴奋地认出了他。我有一条狗,它对所有陌生人既凶猛又嫌恶,我与它分开五年零两天之后有目的地去测试它的记忆力。我走到它住的马厩附近，用我以前的口气朝它大喊；它没有表现出兴奋的样子，但却立刻跟着我出来一起走，并且乖乖地听从我的指挥，好像它和我不过是半个小时前才分开的。一连串蛰伏了五年的旧关联，就这样在它的头脑中瞬间被唤醒了。P.哈勃所明确指出，甚至是蚂蚁，在分别四个月之后还能辨认出它们的同伴是不是属于同一个蚁群。动物一定能够通过一些方法判断出一再发生的事情之间的时间间隔。

"想象力"是人类所具有的最突出的优点之一。通过这种能力，人们能把以前的印象和观念连贯起来，不靠意志，就能创造出精彩辉煌、独特新颖的成果。正如简·鲍尔·瑞彻（Jean Paul Richter）所评论的，一个诗人"必须对发生他身边的恶事充当一个'赞成'还是'反对'的角色作出反应；但他只是一个愚蠢的躯壳。"做梦是对想象力的最好看法；他继续说道："梦是一种不由自主的诗歌艺术。"我们想象的东西的价值，当然依赖于我们印象中的数字、准确性和清晰度，依赖于我们在选择或排斥非自主性关联时的判断和尝试，而且一定程度上依赖于我们自愿联合它们的能力。由于狗、猫、马和几乎所有的高等动物，甚至鸟都有逼真的梦，它们的梦是通过它们的行动和发出的声音来表现的，因此，我们必须承认它们拥有某种想象力。狗在夜晚，特别是在有月色的晚上狂吠，一定是由一些特别的东西引起的，令人吃惊、让人沮丧的行为都会引起狗吠。但不是所有的狗都会这样，根据豪兹奥（Houzeau）的看法，狗并不会去看月亮，而是看视野范围里的某些固定的地方。豪兹奥认为，它们的想象被周围物体模糊的轮廓给干扰了，它们会把眼前的这些事物设想出幻觉的影像；如果情况是这样的话，它们的情感几乎可以被称为盲目的恐惧（superstitions）。

我推测，在人类的所有理智能力中，"理性"（reason）会被认可为最高顶点。如今只有少数人反对动物拥有某种推理的能力。人们可能一直看到过，动物会停顿、思考并解决问题。自然学家对某种动物的习性研究得越多，就越会觉得它们更多地利用理性，而不是本能的习性，这是一个重要的事实。在后面的内容中，我们将会看到：一些动物在极其低下的标准上明显表现出了一定量的理性⋯⋯

我们只能通过行动在其间表现出来的环境来判断，动物是出于本能，还是出于理性，或者只是观念的联系而已；不过，后面这一条与理性密切联系在一起。麦比乌斯（Mobius）教授提供了一个让人好奇的案例：一条狗鱼与一个毗邻的、装满鱼的水草缸之间被一块玻璃隔开来,它经常非常粗鲁地冲向玻璃试图去抓获其他的鱼,以致有时都给完全震昏了。这条狗鱼连续这样冲撞了三个月,但最后它学会了谨慎,停止撞击。之后,当把这块玻璃移开时,这条狗鱼却再也不会去袭击这些特殊的鱼,尽管它会吞食那些后来被放进来的鱼;一种暴力撞击的观念在它微弱的智力中与它对以前的邻居所做的尝试是如此紧密地联系起来。如果一个从未见过大玻璃窗的野蛮人冲向它,即使是一次冲击,之后很长一段时间他都会把震荡和窗框联系在一起;但是与狗鱼非常不同的是,它可能会对障碍物的本性作出反应,而且在类似的环境下会小心谨慎。现在,就像我们当前所看到的,在猴子身上,一个由过去的行动而留下痛苦的或不快的印象,有时候足以阻止猴子重复这样的行为。如果我们把猴子和狗鱼之间的区别仅仅归因于在这种情况中比在那种情况中具有更强烈、更持久的关联观念,尽管狗鱼经常会受到许多更严重的伤害,但是,我们能够坚持说,在人类的这种情形中,那样一种相似的区别意味着拥有某种根本不同的智力吗?

阿尔伯特·施韦泽*

敬畏生命的伦理

- 敬畏生命的伦理是真正完整的伦理学,是包括了所有生物的生命意志的伦理学。
- 敬畏生命的伦理是出于人的内在必然性,即所有生命的统一性。

笛卡儿告诉我们,理性思考要基于这样的判断:"我思故我在。"从这个精心选择的贫乏而又武断的起点开始哲学思索,必然会步入抽象的胡同。它不能找到通往伦理王国的入口,却仍然会死死抓住死气沉沉的世界观和生活观不放。真正的哲学一定始于最直观、最全面的意识事实。因而,要形成如下判断:"我是要求生存的生命,而且我在要求生存的生命之中。"这不是想象出来的玄奥。一天又一天,一刻又一刻,我坚持不懈地探索这个问题。每一次的反思,这个问题本身又迫使我推陈出新。一种活生生的世界-生命观(a living world-and life-view),使所有的生命生气勃勃,从中不断倾泻而出,就像来自永恒的春天。一种神秘的道德统一体随之从中源源不断地产生出来。

在我的"生命意志"(will-to-live)中,存在着更丰富生命的渴望,存在着神秘莫测地提升生命意志的渴望(这可称之为快乐的渴望),也存在着消灭面临摧毁的恐怖和伤害生命意志的渴望(这可称之为避免痛苦的渴望);有如这样,在我周围的所有生命意志中同样也存在着这些渴望,不管它自己是否能表达我所理解的东西。

因而,伦理学必须在这样来构成,即我体会到必须像敬畏自己的生命意志一样敬畏所有的生命。在这里,我已经获得了道德的根本原则。那就是:善是保存生命、促进生命,恶是伤害生命、压制生命。

作为一个基本的事实,在人际关系的道德评价中,通常被视为善的一切事情均可追溯到在物质上和精神维护或强化了人的生命,均可追溯到对人的生命最高价值层次

---

* 阿尔伯特·施韦泽(Albert Schweitzer,1875 – 1965)1952 年获得诺贝尔和平奖,活跃在哲学、神学和音乐等领域。

选自阿尔伯特·施韦泽:《文化和伦理》(Civilization and Ethics)《文化哲学》[The Philosophy of Civilization] 第二部分,由 John Naish 翻译。重印经 A. and C. Black Ltd. And Macmillan Publishing Co. ,Inc.)许可。

的提升作用。反之,在人际关系中被视为恶的一切事情,归根结底是在物质上或精神上伤害了人的生命、压制了人的生命,减弱了对人的生命最高价值层次的提升作用。个人的善恶观虽然各有差异,但与适合于他人的共有部分、共同理解的地方、在这种普遍观念中所把握的重要性质明显没有关联。

然而,作为一种思想的必然性,我们所寻找的道德根本原则只是一个关于整理和深化当前善恶观的问题。只有当一个人自我约束、遵守帮助一切他能够救助的生命的原则,只有当他摆脱了伤害任何生命的方式,才是真正具有伦理观念的人。他不会去怀疑,这种生命或那种生命本身的价值是否值得同情,也不会去质问这种生命或那种生命是否具有感觉能力。对他来说,只要是生命就值得去奉献。他不会去毁坏阳光下闪闪发光、晶莹剔透的冰块,不会从树上摘下半片叶子,不会践踏美丽的花朵,并且会小心谨慎不踩死他路过地方的任何昆虫。如果他要在夏日的灯光下工作,他宁愿紧闭窗户,呼吸令人窒息的空气,也决不愿意看到断胳膊少腿的飞虫一只又一只掉落在他的桌子上。

如果他在一场暴风雨之后漫步在街道上,看见一只毛毛虫漂泊在那里,他会不忍心它不能钻入湿漉漉的泥土而必将在阳光下晒干,他会帮助它从危险重重的石头上回到葱翠的草丛中。当他路过一个地方看到一只昆虫掉进了水池,他会抽身摘片树叶,悄悄地垫在它下面,以便它能爬出来自救。

他不怕因为多愁善感受到嘲笑。每个真理在最初受到欢迎的时候都会成为被奚落的对象,这是它的命运。把有色人种当作真正的人来看,认为他们应该受到人的待遇,这曾经被认为是十分愚蠢的。但曾经很愚蠢的东西如今成了公认的真理。今天,大张旗鼓、坚定不移地宣称敬畏每一种形式的生命是一种理性伦理的强烈要求。当人们惊讶不已于长期以来,人们不认为伤害生命与真正的伦理学是自相矛盾的时候,这一天终将来临。不把责任延伸到每一个具有生命的生物,这样的伦理学是不合格的。

作为一种带有理智性特征的敬畏生命,其伦理学的一般观念或许并无魅力。但这种伦理学可能是唯一完整的思想。只有"同情"还太狭隘了,它不能作为伦理学的基本要素起到知识表达的作用。敬畏生命还指出,应该分享对生命意志的体验。但要成为伦理学,就要分享对所有生命意志的境遇和对全部体验的渴望,感受它的快乐、愿望、对完美的追求。

爱是含义宽泛的词汇，它包含着体验、快乐、努力等方面的情谊。但它只是在比喻的意义上才能作为伦理学的基本要素，不过这种比喻或许是自然的、深刻的。在两性的相互吸引之间，或者在两性及其后代之间，他们的身体表面由此形成了或多或少的相似性质，或者具有实现其命运的相似看法，伦理学于是便产生了休戚相关的爱。

思想必须努力找到一种表达伦理的重要本质的形式。如此，就是要使得伦理学具有为生命而奉献，受敬畏生命而激励的特征。虽然"敬畏生命"这个词汇听起来也许不太生动、不切实际，但它所表达的内容是那些曾经在某个地方思考过但却从未被人所掌握的某种思想。同情、爱，以及一般意义上的热烈情感、真实价值都涵盖在其中。它与在心理本质上骚动不安的生命共同作用，在这种作用中，它找到了要对活蹦乱跳的生命承担没有止境、永无宁静的责任行为。就像水中的螺旋桨推动着船前行一样，敬畏生命也这样驱动着人们前行。

敬畏生命的伦理，出于内在的必然性而产生，它并不依赖于在多大程度上能够成为一种令人满意的生命观这样的问题。它没有必要证明，一个道德的人的行为，当它指向保存生命、促进生命和提高生命时，对于世界进步的总体过程是不是具有重要意义。它也不会被这样的担忧而搅得心烦意乱，即由于自然的力量，破坏生命可能随时会发生，因而保护生命和促进生命的活动几乎没有什么意义。当它决定要行动的时候，当然不可能忽视由于行动而带来的各种各样的问题。在这个已经是道德的人身上，敬畏生命和为了这个世界上的生命存在而自我牺牲生成了一种意志，这个事实本身就对这个世界有价值。

在我个人的生命意志中，它本身体验到的普遍的生命意志是除了我个人生命意志之外的其他生命意志的现象。由于在这里它进入到了一个个体化的过程中，因此，就我能够集拢起来从外在性试图看待它来说，这种个体化只能努力存在于它本身之外，并且不是所有外在于我的生命意志都会具有外在于它自己的生命意志。在世界本身的千变万化中，世界确实是生命意志一出令人可怕的戏剧。一个生命的生存是以另一个生命甚至什么也不知晓的情况为代价的。但在我这里，我的生命意志已经认识到存在其他的生命意志。在这种生命意志中，产生了与其自身统一起来的向往，成为普遍一致的渴望。

为什么生命意志的这种体验只能在我这里呢？是由于我已经能够反思整体的存

在,还是由于生命意志的进化始于我这里?

这些问题无法回答。这仍然是一个痛苦的谜:我怎样根据敬畏生命的法则来生活根本上受制于创造生命的意志(creative will),但这种意志同时又是毁灭生命的意志(destructive will);受制于毁灭生命的意志,但这种意志同时又是创造生命的意志。

我只能抓住这样的事实,即生命意志在我这里出现,好像它准备与其他生命意志成为一个整体。这个事实有如一束光明,令我豁然开朗。我对客观世界的真实本质置之不理,它不再来烦扰我。我在这个世界获得了自由。通过敬畏生命,我把目光转向这个骚动不安的陌生世界。通过敬畏生命,我把自己置身于这个世界不能放弃的极乐之中。要通过我们这个客观世界而获得幸福,我和其他人就必须在理解和宽恕中都能够彼此互相帮助,不然的话,我们就会伤害其他的生命意志,如果这样的话,生命意志本身就不是丰富多彩的了。如果我拯救了一只落入水池中的昆虫,那么它就获得了重生,这个生命意志的自我冲突再次获得了化解。无论什么时候我的生命以任何方式给其他的生命获得重生,我的永恒生命意志就体验到了与其他永恒生命意志的统一性,因为所有的生命皆为一体。我便拥有了一种热诚,它使我免于在生命沙漠中产生死亡的渴望。

因此,我把敬畏生命看做是我自身那里所能发现的、体验命运所要顺从的生命意志的较高启示。我选择我的行为来改变生命意志的自我冲突,直到我自身存在的影响延伸开来。理解了我所做的事情是必要的,我便对这个客观世界和我自身存在之谜心满意足,无所它图了。

当思想把自己看做是对终极的思想,它便是宗教了。敬畏生命的伦理是犹太伦理对于哲学的表达,是直达宇宙的形式,被视为必要的理智。

对所有打上宗教烙印的人格的猜想和渴望,在敬畏生命伦理那里都能得到理解和包容。不过,这并不能建构一个完整体系的世界观,因为宗教本身就留下了像大教堂般的必然缺憾。它只能搭建唱诗班。在这种圣诗中庆贺一种活生生的、绵延不绝的神性礼拜……

关于人与非人动物之间的关系,敬畏生命给了我们什么教益呢?

无论何时,我伤害任何一种生命,我都必须弄清楚这种伤害是否有必要。我从来不应该跨越无可避免的界限,即使是在明显无关紧要的情况下。农民在牧场把成千上万的花朵收割下来作为奶牛的饲草,在回家的路上他应该小心那些长在路上的花朵,一朵也不要折断,因为既没人强迫他这样做,也无必要。

那些在动物身上做实验或做药物测试的人,或者那些用疫苗给动物注射的人,他们的目的也许是通过这种方式获得的结果来帮助人类,但应该从不以这样的一般理念来达到满意的结果,即他们这些可怕的做法追求的是功利的目的。在每种不同情况中,都要思考一下牺牲动物去拯救人类是不是真有必要,这是他们的责任。他们应该充分考虑到尽可能减轻动物所遭受的痛苦。在科学机构中,为了节省时间,减少麻烦通常对动物使用麻醉剂,他们用这种方法犯下了多少暴行!当动物遭受严刑拷打,备受折磨,却只是为了测试学生的众所周知的科学知识之时,又犯下了多少罪恶!作为科学研究的受害者,动物以其承受的痛苦对人类的体验提供了这样的服务,这种真实的情况本身就在动物和我们人类之间创造了一种新颖而独特的休戚与共的关系。因而,在各种各样的情况中,我们每一个人在做这些工作时就要尽可能对所有生物履行一种新颖的义务。当我帮助一只昆虫逃离苦海时,我所做的是试图消除那些对动物犯罪所产生的某些罪恶。

无论何地,任何被迫为人类服务的动物,它们由此而忍受的各种痛苦都值得我们每一个人去关心。任何人都不应该出于不负责的态度而使动物遭受痛苦,相反,他应该去阻止这种情况的发生。任何人都不应该轻易树立这样的思想,即当他行为时,他要使与之无关的利益最大化。任何人都无法逃避他的责任。当还存在恶待动物的情况时,当轨道卡车上的动物发出凄厉的惨叫声却无人留意时,当还存在如此之多低劣的屠宰场时,当我们的橱柜藏着那么多遭受生疏之手恐怖宰杀的动物时,当动物还忍受着没有良心的人所施加的闻所未闻的痛苦时,或者当把它递给孩子们做令人可怕的游戏时,我们所有的人都有罪,必定遭到谴责。

我们会为我们赤裸裸的表现而感到震惊,感到犯罪,我们也会为人类施加给动物的那么多痛苦而深深感动。我们总是反省其他生命比我们更加"理性",并且认为那些弄得我们心烦意乱的东西都是习惯或行为的某个问题而已。现在,它们突然之间把我们揭露出来,体现了它们也不满意于这种现状。迄今为止对于我们还是陌生的生命,它们才真正接近于我们的立场。我们套在自己每一个人身上使自己与其他生命区别开来的面具,现在滑落。我们现在才明白,我们不可能使自己与我们周围生生不息的恐怖王国断然分开!

敬畏生命的伦理迫使我们每一个人要从与我们同时代的沉默者即各种生命中得出结论,或者从它们的境况中停止认为除了我们人能感受之外一切都不能感受的看法。这有助于提高我们在体验和忍受痛苦的氛围中保持一种相互的警觉,并有助于我们没有恐慌地按照我们所感受的责任去言行。这激励着我们加入寻找能够帮助其他动物的机会的行列,减轻它们遭受我们所施加的巨大痛苦,使之可能脱离那些不可思议的恐怖的生存。

第二部分
人类的本质和其他动物的本质

R. G. 弗雷*

为什么动物没有信念和欲望?

- 动物没有欲求,因为动物没有信念。
- 动物不能区分信念的真与假,不能理解语言与世界的关连,不能在普遍的意义上对事物进行解释。由此,得出动物最重要的一种能力缺失——没有语言。

从欲求是能够或者不能够满足的意义上来说,动物是否具有权益呢?当然有。从此而言,拖拉机好像是不会拥有权益的,尽管加满油有助于发挥它们的性能。但拖拉机本身并没有某种加满油的权益,因为它们不可能去欲求加满油,事实上,也不可能拥有任何别的欲求。但是,农民却可以有欲求,他们当然拥有自己的拖拉机被加满油的权益。

那么,动物的情形如何?他们能有欲求吗?说起"欲求"(wants),我认为它是一个包括需要和欲望的术语,我要讨论的就是这两个方面。

如果问"动物有没有欲求"就是问"它们有没有需要(needs)",那么,动物肯定有欲求。狗需要水。但这里"欲求"并非必然产生兴趣(interest),因为它并没有从欲求主体那里排除任何东西。正如狗需要水来保持健康一样,拖拉机也需要油来维持正常运转;正如除非狗需要水的欲求能够满足,否则它们就会死亡一样,花草树木和各种各样的植被需要水的欲求没有得到满足,也会死亡。虽然我们不能过分强调这一事实,但人们在日常对话中会说,"拖拉机欲求加油"通常就是指"拖拉机需要加油",如果拖拉机没有脱离那些使拖拉机保持良好性能的标准的话。狗同样也需要水,如果狗也没有脱离那些使它们保持良好机能的标准的话。而且,正如拖拉机、树木、花草等例子所表明的,也许值得强调的是,"需要"并不要求构成需要的意识或知识而存在。总之,如果

---

* R. G. 弗雷(R. G. Frey)在博林格林州立大学教授哲学。他的著述包括《利益和权利:反对利用动物的问题》(*Interests and Rights: The Case against Animals*)(Oxford University,1980)
  选自 R. G. 弗雷:"权利、权益、欲望和信念"刊登于 *American Philosophy Quarterly*, Vol. 16, July 1979, pp. 233-239.

我们认为拖拉机、树林、花草等没有欲求,并因此也没有权益,那么,"欲求可以被解释为需要"的这种情况也就不可能了。

这样,还存在各种各样的"欲望",动物是否能拥有欲求,如欲望的问题。我可以立马回答,"动物没有欲望"。我的理由大部分来自于我对动物能够拥有信念的怀疑,而我对此的怀疑部分地(虽然在很多方面)建立在这种观点上,即没有语言和语言能力就没有信念。我知道,"动物不会拥有欲望"是一个颇具争议的问题;但我认为,能够支撑这一观点的事例虽然复杂但很有说服力……

假如我是一个珍本的收藏者,很渴望拥有一本《古登堡圣经》(Gutenberg Bible):我想拥有这本书的欲望源自于我的信念——我现在没有这样一本书,这会使我在这方面的珍本收藏不完整。这里说的"源自于",我所要表达的意思是这样的:如果有人问我"我的藏书中缺少了《古登堡圣经》"这个信念与"我欲拥有这样一本圣经"之间有何联系?那么,还有什么比这更好更直接的答案?——没有"缺少"这个信念,我不可能有"拥有"这个欲望。因为,如果我认为我的藏书确实已经有了这本圣经,并且从这点来看我的收藏已经完整了,那么,我就不可能会有要拥有《古登堡圣经》来弥补我的收藏缺陷这一欲望了(当然,我或许会想拥有多本这样的圣经,但这样的可能性不在此讨论范围之内)。

那么,我相信的是什么呢?我相信"我的藏书中缺少《古登堡圣经》",也就是说,我相信"我的藏书缺少《古登堡圣经》"是真实的。在"我相信……"这一构式中,"我相信"后面是一个陈述句,而我所相信的也是这一句子的真实性。同样的情况可以用于"他相信……"的结构:"他相信"后面的是一个陈述句,毫无疑问"他"所相信的是那个句子是真实的。但把这一例子用在动物身上,问题就很明显了。例如:如果有人说"这只猫相信门锁上了",那么正如我认为的:那个人认为猫相信"门锁上了"这一陈述句是真实的。但我找不到任何理由相信猫或者其他没有语言的生物(包括婴儿在内)知道陈述句,并且能认定某一陈述句的真实性。

更重要的是,为了避免诸如"门"和"锁着"这些在任何时候都会被认为超出猫的理解范围的复杂概念,人们用一些更基本的概念来替换它们,但这些改变对上文的解释不会有任何影响。因为上文解释的关键不在于这个或那个概念的相关复杂性上,而在于相信某事与认定某种陈述句的真实性之间的关系上。如果所相信的东西就是某个陈述句是真实的,那么,没有语言的生物都不会有信念;而没有信念,也就没有欲望。这是就动物而言的,或者我认为是这样。但是,如果我的观点是正确的,那么,在欲求(例如欲望)这个意义上,动物确实没有什么权益……

但是,我们所相信的东西是不是某种陈述句是真实的呢?我认为有三个合理的论据可以支持这一观点,即某种陈述句是真实的确实是人们所相信的。

首先,连真与假的信念都不能辨别的生物是不可能会有"信念"这一概念的。当我相信我的珍本收藏没有《古登堡圣经》时,我相信的是"我的藏书中缺少《古登堡圣经》"这句话是真实的;换句话说,我相信"我的藏书有这样一本圣经"是虚假的。我能区分也确实区分了"我的藏书中缺少《古登堡圣经》"与"我的藏书中有《古登堡圣经》"这两句话,而且,我认为只有前一句话是真实的。由此可知,在这种情形下,"我所相信的东西"就是"这个句子是真实的",因而,各种陈述句就是我们认定或认为是真实的各种事情。我们先把所有关于概念复杂性的问题搁置一边,就猫而言,我不知道猫怎么可能有"门锁上了"这一信念,除非它能够将"门锁上了"这一真实的信念与"门没有锁上"这一虚假的信念区别开来。但是,什么是真实的,什么是虚假的,并不是那种对应于或反映了或适合于这些信念的事物的状态;事物的状态没有"真假"之分,而只有或者"是不是",或者"能不能"得到(信念)的情况。这样,如果有人还是要认为猫有信念,则猫必须能够区分真与假的信念,但是事物的状态并无真假,那么,准确地说,猫是不是要被看做能够区分真假呢?我想,思考这个问题,就要迫使人们相信猫有语言,以使某些事物能够在信念上存在真与假;然而,很明显,由于猫没有语言,我们不能这样做。

其次,如果要有"信念"这一概念,则生物就必须要能够区分真实的与虚假的信念,而要使生物能够做到这一点,那么,生物必须(正如我认为的那样,仅仅是必须)能够用最为普遍的术语来解释事物的某种意识,以及知道语言是如何与世界关联在一起的某种意识;而我没有任何理由相信猫具有这么一种意识。我相信"我的藏书缺少《古登堡圣经》是真实的",当且仅当我的藏书确实缺少这本圣经;也就是说,如果不存在这种情况,我就不能获得这种信念的"真实性",这种情况是:我意识到"我的藏书缺少《古登堡圣经》"这个句子的真实性至少对世界是怎么样的起到了部分作用。不管怎样难以理解,如果生物要去领会真实的和虚假的信念的差别,正是把握语言和世界之间的关系才是必要的;如果生物要想在根本上拥有信念这个概念的话,它就必须领会这种差别。

最后,某种生物不能意识到或领会到语言是如何与世界相关联的,不能在其最普遍性上解释事物,除非这种生物本身就拥有自己的语言,而猫并没有语言。如果有人认为,猫发出的声音就相当于语言,对此,我必须否认。这一问题太宽泛,太复杂了,不适合在此讨论;但我用来支撑我的否定的主要观点,寥寥数语即可刻画:猫会撒谎吗?如果不会,那么它们也不能断言任何事情,而如果没有"断言",我就不明白,它们怎么可能会拥有某种语言!我还必须更严谨些:我不是说,"不能断言,猫就拥有某种微弱的或第二意识的语言";而是说,"不能断言,它根本就没有任何一种语言"。

伯纳德·罗林[*]

没有语言的思想

- 说动物没有语言,所以也没有理智,没有观念,倘若如此,该如何理解人类语言的习得呢?因为人类学习语言之前必定要经历没有语言的阶段。
- 动物能组合感觉经验,所以动物也有先天的观念。
- 动物有自我意识,有记忆,可以修正自己的错误,它们对事物有预期和期望。

关于动物没有观念的主张

科学家和哲学家有时认为,动物遭受痛苦,也许就是短暂的痛苦而已,这是微不足道的。这个主张所基于的理由是:由于动物没有能让它们期望和记忆的观念,我们担心去看牙医而遭受的那种痛苦——这使得牙齿更加疼痛——完全不可能发生在动物身上。

这些理由值得审视,它以其特有的方式极大地支撑了关于动物的共同意识的科学观。历史地看,它源自笛卡儿的主张,即只有语言,也就是他称之为"普遍的工具",能够证明理智并超越直接性的特性。康德明确指出,具有普遍力、概括力的思想等同于超越感觉所确定的特性,他对思想提出了建议,并将思维植根于由观念对感知信息的组织上。[①]这一传统思想已经假定:动物没有语言,则必定没有观念,因此不过昙花一现而已。只有具备语言的人类才有观念,而只有观念才能使人获得普遍性、概括力,才能指涉不在场、反事实、非存在、过去和未来,等等。既然动物没有语言,则它们必定没有观念;而既然它们没有观念,那么它们最多只能生活在孤立的、破碎的、短暂的等特征的世界,这就是威廉·詹姆斯(William James)所说的"叽叽喳喳盛开着的混乱"(buzzing blooming confusion)。这一见解简洁有力地体现在20世纪诗人埃德温·缪尔(Edwin Muir)的一首诗《动物》中:

---

[*] 伯纳德·罗林(Bernard Rollin)在科罗拉多州立大学教授哲学,其著述包括《动物的权利和人类的道义》(Prometheus Books,1981)。

[①] I. Kant, *Critque of Pure Reason*.

它们没有生活在这个世界，
也不存在时间和空间。
出生之后便直冲死亡
没有语言，一个字都没有
想要一块立足之地，
却无处寻觅。

因为它们所谓的世界
完全就是虚空，
那世界是建筑和墙篱，
线条、圆圈和方块，

尘土和翡翠；
皆是一丝气息
从死亡里窃取。

然而,它们却从未
重蹈熟悉的道路，
永远永远不会重现
记忆中的岁月。
一切是如此的新鲜、切近
永不流逝的此时此地
仍然是上帝伟大的第五日，
一切都将依旧，
不会悄然消逝。

而我们出现在第六日。②

我大胆地猜想,20世纪还会有什么东西像某种哲学那样古板传统,但事实确实存在。像戴维森(Davidson)、贝耐特(Bennet)、弗雷(Frey),以及其他无数哲学家一直在老生常谈③令人惊奇的是,即使是维特根斯坦,④这位最反对笛卡儿哲学的哲学家,却也赞同笛卡儿主义者关于动物没有语言因而就没有理智的看法。在描述动物的理智特性上,他的著述充满了隐秘的、怀疑的评论。在一篇著名的文章中,他告诉我们:如果狮子会开口说话,我们也理解不了它;在另一处,他认为,在观念上,"动物会笑"是不可能的。他还指出,狗不会假装疼痛或者感到懊悔,而且,动物不可能希望或者有意识地模仿,狗不可能通过摇尾巴表达什么意思,鳄鱼也不可能会思考。

维特根斯坦的推理当然与笛卡儿的有点不同。对笛卡儿来说,语言表达思想并编纂思想,从逻辑上来看,即使是个体的人在茫茫宇宙中没有公共性语言,也能具有思想。康德对此深表赞同:个体的人拥有在先的观念器官,它在逻辑上独立于公共性语言。而且,正如《纯粹理性批判》所谈到的,这一器官对于所有复合感知以产生经验和知识的人来说,是一样的而且必须是一样的,因此,康德认为,谈论其他动物的理智问题根本没有必要⑤。而对维特根斯坦而言,思想是由人们在其中成长的日常惯用符合的社会系统来建构的;没有这样一个系统,就没有思想,也没有观念;不存在"私人性语言",因为没有可公度(public check)的标准和规则来评定在某种私人性语言中观念运用的对与错,并且,如果没有错误的方法,当然也就没有正确的方法可言。由于动物没有日常惯用的符号系统,它们也就没有精神生活的基本工具,这是其一。其二,语言是一种"生活的样式",它既能表达也能塑造人的客观世界的本质。关于狮子的评论表明,由于动物拥有和人类完全不同的"生活样式",即使它们确实拥有某种受规则支配

---

② E. Muir, *Collected Poems* 1921—1958 (London: Faber and Faber, 1963)。

③ D. Davidson: "Thought and Talk" in S. Guttenplan (ed) *Mind and Language* (Oxford: Oxford Press, 1974); J. Bennett, *Rationality* (London: Routledge and Kegan Paul 1964) R. G Frey: *Interests and Rights: The Case Against Animals* (Oxford: Oxford Press, 1980)。

④ L. Wittgenstein, *Philosophical* (Oxford: Blackwell, 1958), pp. 90, 153, 166, 174, 224; *Zettel* (Berkeley: University of California Press, 1970), pp. 70, 91。

⑤ 见 B. Rollin: "There is only one categorical imperative", *Kant-Studien*, 67, No. 1 (1976)。

的语言,我们也不能监视到。

所有这些论证都包含着大量的不确定性,事实是,他们在哲学上容忍了实质上未经挑战的意识形态的力量,这正如在自然科学中的情况一样。我说的"实质上未经挑战",是因为像休谟这样的联想主义者,一方面是常识的强大挑战者,另一方面,在实际的事情上又是常识的强大支持者,于此非常明显的是,他认为动物或多或少会像我们一样思考和感觉。这种对常识的呼请得到了苏格兰常识哲学家们的响应。

任何把思想和语言等同起来,并认为没有语言,思想就没有意义的论证,不论是笛卡儿式的还是维特根斯坦式的,必定都难以解释:人类开端是如何习得语言的?⑥ 语言的习得使得经验与思想能够在某些没有语言的阶段同时进行。即使人们认同乔姆斯基(Chomsky)的观点,认为语言的基本构架是先天的,因此,语言能力是天生的而不是习得的。然而,语言的习得仍然必须由非语言的经验触发并充实起来,这种经验决定着儿童学习一般普遍语言的特性。而且,正如托马斯·里德(Thomas Reid)所指出的,对指称和意义的把握要求某些非语言性理解的符号与所指(如明示)之间的连接先于语言的习得;否则,语言的习得将无以为基。⑦ 总之,语言需要依附于一定的非语言经验。

康德式的逻辑则把拥有理智与拥有能够组织感觉经验所确定的特性的观念等同起来,基于动物没有语言来表达它们的观念,来否定动物具有这种能力是自我挫败的。细心的读者会发现,康德不曾研究心理学。在伦理学和认识论方面,他认为自己研究的是观念分析。在他的伦理学中,他告诉我们,他所必须说的任何事情都不依赖于或从属于人性,因为伦理必须出自"普遍理性"的真实。⑧ 同样,在他的认识论中,康德明确断言,他谈到关于知识和经验的每件事情对于任何具有"复制知性"的人来说都是真实的,易言之,某种依赖于实体的知性要通过其自身外部的经验来获得。包括康德在内,没有人会否认具有感觉器官的动物能够感知物体;毕竟,狗经常会追逐兔子、衔取骨头、躲避汽车、袭击小孩。但如果他承认这些,那他就完蛋了。因为康德悉数反对休

---

⑥ B. Rollin, *Natural and Conventional Meaning:An Examination o the Distinction* (The Hague:Mouton,1976).
⑦ T. Reid, *Inquiry into the Human Mind on the Principles of Common Sence*, Chapter 5. 再版多次。
⑧ I. Kant, *Foundations of the Metaphysics Morals*, 1785;由 L. W. Beck 翻译(Indianapolis:Bobbs-Merrill,1959), pp.5-6.

谟式的原子论的、联想主义的认识论,这种认识论认为人类的经验能够很好地应用起来反对任何关于动物感知的经验主义描述。如果动物可以感知事物并能进行因果联系,那么它们必定不只是感觉而已。因为正如康德自己指出的那样,感觉只是暂时的、易碎的。人们必须把经验和感知这些特征连接到一起,用康德的术语来说,就是"复合"起来。但是,这又意味着,必然存在"复合"的某些内部机制。康德反对休谟的原子论经验主义,其本质在于深刻地洞见到,我们不能成为毫不相关的感觉原子攻击的消极靶子。康德说道,我们的经验是由感觉原子构成的,但其最终结果不是破碎的,我们经受的和相互作用的客体经验,具有显著的因果联系。此言不谬。很显然,感觉原子最后组合成整体,这表明经验是主动的而不是被动的。对康德来说,复合的原理在于观念——一种先天的观念,通过它,我们的感觉原子就模塑成了客体,与其他的原子就形成了关系。

然而,由推理可知,动物的情况与此非常相似!正如上文中提到的,它们显然也可以经验对象,感受相互作用的因果关系。同理,它们接触世界也是通过与我们人类极其相似的感觉器官,并且,在它们身上或它们自己所具有的,只能是破碎的经验原子。因此,如康德所说,我们必须得出结论:动物同样拥有和我们非常相似的先天观念。而且由于它们通过经验来学习,甚至像休谟指出的那样,只通过经验来学习,例如,灼伤后会躲避发热的物体,它们必定拥有某种可以产生经验性观念的机制。毕竟,一个没有概括力和抽象力,只有经验这一特性的生物是不能学习也无法生存的。

正如休谟所言,所有这些问题对常识来说都是司空见惯的,常识极为清楚:动物至少拥有某些观念。例如,狗具有对食物、水、危险、玩耍、陌生人、其他气味的狗的观念等等。至于这些观念或能力如何发现世界的共同特征,使之符号化,仍然还是个问题;但值得一提的是,动物具有某些在其能力中发挥作用的心灵标志(mental tokens)或印象。

有人认为康德的逻辑更为深入。按照康德的说法,拥有内在的观念就能使人获得"认识的超验统一",即自我意识的统一。其意是要使人获得相关对象的统一经验,你就必定要具有经历某一事件全部过程或某一对象全部情况的相同知觉。换句话说,如果你没有相同的知觉,把一栋高楼的顶部看成了底部和中间部分,那就不存在关于这栋高楼的感知了。这一点同样也适用于动物;动物必定能够从正要发生在它们身上的某事中获得经验。我相信,我们可以肯定地断言,动物具有辨别这个世界的某种自我意识,我们所不知道的是它是以何种形式存在。此外,常识认为动物知道区分发生在它们身上的和没有发生的事情。动物的自我保护行为很好地印证了我们的观点,如果人们愿意承认动物可以感觉到疼痛,那么人们继而就要承认,是否要把那种疼痛归结于某个自我,这是没有多大关系的。在本世纪初做的一项经典研究中,哲学家、生理学家拜坦迪杰克(Buytendijk)令人信服地表明,章鱼能够区分主动地触摸某物还是被动地被某物触摸,由此得出结论是,章鱼甚至也具有自我和他者的理智意象(mental images),这就是一种观念的证明[9](随便说一下,进一步的研究表明,章鱼和乌贼能够解决问题、学习和失去感觉。)

维特根斯坦的观点

既然对运用正确性不能进行公度,那么维特根斯坦认为理智意象无法作为观念的标志的观点是什么呢?我们简要回顾一下:如前论证所说,要有观念就必须有能够公度观念运用的规则。也就是说,必须要有能够检测到误用观念的各种方法,而且他们是可以察觉并纠正的。只有在观念的媒介是公共的并且可以理解他人时,人们才能明白某种观念是如何使用的,人们才能将偏离正确的应用纠正过来,这是可能的。因此,让我们来看看小孩学习"狗"这一观念过程。他也许会把奶牛当成是狗的一员。但当他把奶牛喊作"狗"时,有人会纠正他。然而,在没有表达一个观念、也没有予以纠正的公共方法时,是什么阻止了一个人每次不同地使用了这个观念?人们决定是否把一个观念运用到一些新的事物上的标准是什么?维特根斯坦声称,这种情况和游戏差不多,在游戏中,人们可以随着游戏的进展制定各种规则。而这一活动没有一些确定的、外在可证实的规则,因此根本就不能算是游戏。

这是一个强有力的论证。但它真的能反对动物拥有观念这一观点吗?让我们来看看。人类有表达他的观念的词汇。这些词汇可以被用来检验别人说的是什么。假定这与动物的情况不同,动物只是在头脑里有一些想法或者可能用来标示它们的观念的某些知觉。例如,动物可能只有一些关于水的表象或水自身的视觉表象(如水光闪

---

[9] F. J. J. Buytendijk: "Toucher et etre touche". *Arch Neerl Zool.*, 10, suppl, 2(1953).

烁)的记忆,这种记忆可用来标示其观念。⑩

这两种情况有什么本质的区别吗？表面上看,答案是肯定的。但从更深层意义上来说,答案或许是否定的。根据私人性语言的论辩,动物必须依靠记忆,如此就不会出错。但是,正如我们都知道的那样,假如一条小狗看见我正在晃动马提尼振动器,就向我走过来,以为我要给它喂食。我说:"不,这不是给你的",就没有把食物给它。那么狗最初认为"晃动盘子就是进食的时间"这个观念就被改正了。我认为这种情形与小孩把牛叫成狗的情形没有什么分别。也与这一需要人参与的公共纠正过程没有什么差异。让我们回到前面说的把闪光的知觉作为水的视觉标记这一例子上来。动物看见闪闪发光的沥青或许就会认为那是水(甚至我们都会那样认为),但是当它走到沥青路上发现没有水,就会被"公共"纠正了。换句话说,动物是一个主动"施动者"这一事实可以作为纠正的基础。

如果私人性语言的理论家坚执的话,他可能会说:"那么,动物如何知道什么时候像他以前那样的方式来使用符号或想法呢？动物只有记忆;而我们至少还与他人交流"。答案很简单。如果我们能对记忆产生怀疑的话,我们也能对其他人的记忆表示怀疑,但我们如何才能真正知道别人正在像以前那样使用某种词汇或观念呢？因此,公度在极端怀疑主义面前实际上并没有什么用处。

当然,这一讨论已经预设了:没有语言的记忆是可能的,并且动物没有语言也能够记忆。除了行为方面的表现支持这一主张外,很明显我们人类没有语言也一定能够记忆,否则,就像我们所说的,我们首先就无法学习语言。

对私人性语言的论辩甚至还有一个更深层次的哲学回应。语言概念本身是否可公度取决于是否一定存在无需检验的语言概念。例如,让我们回到小孩把牛叫成狗而被家长纠正说"不,是牛"这一例子上来。这里的预设是小孩关于"不"的观念是正确的。在没有预设其他观念的情况下,我们如何公度这一观念呢？而这些预设的观念在我们没有预设其他观念的情况下是不能检验的,如此反复以至无穷。当然我们不担心这些。我们把接下来纠正了的行为当作孩子拥有直接观念的证据。但是,如果事实是这样的,那么我们为什么不把动物纠正了的行为连贯起来作为它们拥有观念的证据

---

⑩ 见 H. H. Price, *Thinking and Experience* (Cambridge, mass; Harcart University 1953).

呢？如贝克莱所说,动物的观念是从自然语言学习而来的,一定不像我们的观念那样复杂、抽象、多变和精确。但是它们仍然可以算作观念,也可以说是某种知性力,这种知性力能使某种生物认知世界的重复性特征,并综合经验。

极具讽刺意味的是,维特根斯坦,这位强调对常识和普通语言的洞察,并希望这两者免受哲学上搬弄是非者玷污的大哲学家,对于动物思想已经有了这样一个盲点。因为,正如他所说的,如果"普通语言如其本来那样都正确",他确实应该承认,对于普通语言来说,就像对于常识一样,动物毫无疑问完全拥有精神生活。正如我们前面谈到的,如果不使用诸如"令人厌烦的"、"饿了"、"想去玩"、"不喜欢邮递员"、"自孩子们离开家后就很伤心"等等术语,普通人都不可能谈论动物。同理,由德·奥·赫伯(D. O. Hebb)做的一个经典研究表明,如果不让动物饲养员使用关于动物的心理语言,他们就无法工作。⑪

维特根斯坦的第二个观点似乎是不合理的,他认为由于语言区分了人与动物,而且由于语言是一种既能形成一个人的客观世界又会被一个人的客观世界所形成的"生活样式",如果狮子会说话,我们也不可能理解。我大胆地提出,我们的生活样式并非都不相似:我和狮子都对吃、睡、性、躲避周围环境的侵害等等感兴趣,无疑这些都可能是我们的谈资。如果他谈到一个人如何预见羚羊的下一步举动,这可能会让我迷惑,而如果我提出关于动物权利(尤其是羚羊的权利)的问题,可能会让他糊涂,但是,当我和基要主义(fundamentalist,基要主义是指第一次世界大战以来,基督教新教一些自称"保守"的神学家为反对现代主义而形成的神学主张——译者注)的牧师或会计师谈话的时候,他们的生活样式和语言游戏对我来说也是不可理解的——此类事情常常会发生。劳尔德·摩根(Lloyd Morgan)曾断言,他能确保理解的唯一的人类是上流社会受过教育的英国人,而对理解原始初民的思维感到很绝望⑫。我怀疑我们大多数人都能弄懂纳粹敢死队(SS man)的思维,即使他们说英语;理解狮子就容易多了。

至于维特根斯坦关于动物不会期望,不会假装疼痛的主张实在很复杂。当你在吃东西的时候,一条狗全神贯注地坐在你面前,希望你会给它一点碎屑,那你怎么看待这

---

⑪ D. O. Hebb, "Emotion in man and Animals," Psychology Review, 53(1946).
⑫ C. L. Morgan, *An Introduciton to Comparative Psychology* (London: Walter Scott, 1894), pp. 41-42.

条狗呢？至于假装疼痛，任何宠物的主人和兽医都能想到这样的例子：动物们为了引起注意、逃避惩罚等等而假装疼痛，尤其是当它们有过受伤而得到过细心照顾的经历。

还是回到我们关于疼痛的讨论上来。我们验证了这一主张，即由于动物没有能够让它们期望和记忆的观念，而且由于大部分的疼痛是期望着的和记忆着的，所以动物的疼痛是短暂的且无关紧要的。我们刚才已经知道，否认动物的观念是没什么根据的；那种标准的哲学技巧，不管如何歪曲，都不能妨碍体现在任何年代的各种文化中的朴素的、常识性的事实——动物们确实能够期望和记忆，而这正是它们如何学习和害怕的方法。因此，如果这一事实正如它显示的那样蕴含了观念，那么，动物就拥有观念，而如果它们以此来与世界打交道，这应该没有什么好奇怪的。它们的某些行为就好像它们已有观念一样，而对此种行为的最好的解释是它们确实拥有观念，尤其是前文提及的论证统统没有证明这是不可能的。总之，相信动物的精神状态的最强有力的理由是，不管是从哲学角度还是从科学角度来说，它们建构了最好的解释方法：动物做什么，它们怎么行为，怎么生存。我们无法直接体验这一状态的事实不怎么重要，就像我们不能直接体验微观物理学的粒子或其过去的事实对于解释假设的粒子和某种过去的价值不怎么重要一样。

唐纳德·R.格里芬[*]

动物行为学与动物理智

- 动物的行为是有意识的,因为:它们的行为是复杂的,连贯的,能对突发和异常情况适应;动物有交流行为,并且能通过移情预知同伴的行为。
- 动物具有有意识的思维使其在生存上更经济、更有效益,从而在竞争中更有利。

什么行为意味着有意识的思维?

哪类的行为会使我们觉得它是伴随着有意识的思维的呢?在世纪之交,这一问题引起了比较心理学家和生物学家的广泛注意。他们的深思熟虑至今也没有得出明确统一的答案,这是行为主义运动主导着心理学的原因之一。

复杂性通常被认为是某些行为受到有意识的思维引导的证据。然而,复杂性是一个不确定的属性。有人或许认为,躲避危险的刺激仅仅是一种很简单的反应;然而,如果我们对回避或躲避这一过程中的每块肌肉的收缩进行详细的描述,这一行为却极为复杂。但是,有人或许会反对这一复杂性包含着生理运动的看法;他们认为,这很简单,不过是动物朝那个方向移动而已。如果我们要问是什么感官和中枢神经机制使得动物朝那个方向移动时,问题又变得复杂起来。动物是不断地听到危险的信号并用其左腿或右腿一点点地挪动以使自己置于危险之后,还是直接朝着某种安全界标行进呢?如果是后者,它是如何协调它所看见的东西与其运动之间的关系的?当然,或许有人还是会说移动的方向很简单,而且这与担心令人费解的生理机制的复杂性是毫不相干的。

但是,"避开危险"这一简单的方向是如何在动物的中枢神经系统中体现的呢?动物会使用"避开"和"危险"的概念吗?如果会,这些概念又是如何建立的呢?尽管我们不能用神经生理学的术语回答这些问题,但很显然,"避开某物"是一种远比(比方

---

[*] 唐纳德·R.格里芬(Donald R. Griffin)是洛克菲勒大学的一位动物行为主义学家。他的著述包括《关于动物意识的问题:心理体验的进化连续性》(The Rockefeller University Press,1976)。
重印业经许可。

说)鸟儿筑巢简单得多的行为。相反的,如果加以仔细分析,像毛毛虫顽强地机械般地趋光移动也不简单。"朝着"或"移开"这些抽象概念是简单的,但是,对动物行为的机制的解释倾向于否定动物能够用如此简单的抽象概念进行思考的观点。

动物行为的一个十分重要的特征是对变化着的环境的适应性,这直观地看起来是有意识的思维。如果某个动物不计结果不断以同样的方式重复某些动作,尤其当这些行为是无效的或有害于动物本身时,我们就假想有一个固定的生理机制在发生作用。当一只飞蛾一而再,再而三地飞向亮光之处或葬身于明火之中,很难想象这只飞蛾正在思考,尽管人们可以假定它的行为是根据某种深思且被误导的计划而进行的。当我们人类物种中的一些人做出某些自我伤害甚至是自杀的事情时,我们不会认为他们的行为是出自某种机制的反射。但是,如果把飞蛾扑火解释为"深思且被误导"的行为,远不如通常的解释更可信——这些昆虫自动地飞向亮光,导致它们死在了一个特殊地方:最明亮的光芒是一团明火。

相反的,如果动物通过之前从未做过的一系列复杂的行动去设法获得食物,那么,说动物具有有意图的思维比说它有固定的自动活动更可信。例如,日本的猕猴学会了从不能食用的物质中分离出谷子的一种新方法:他把混合物丢到水中,这样谷粒就会漂浮在水面而那些无机的沙子和其他微粒会沉下去①。这些获得食物的新方法最初是由几只猴子想出来的,然后被它们的群体成员逐渐地通过观察学习而习得了。

连贯的行为模式

在推断动物有意识的思维上,我们倾向于依靠的另一个标准是在一系列相对长而又连续的、适当的行为模式中,影响各个相互作用的步骤的因素。积极有效而又反复无常的行为通常包含许多步骤,每一个步骤的变化都是基于之前的行为结果而做出的。在如此复杂的连续性行为中,动物不仅必须关注眼前的刺激,而且还必须从过去的行为中获得信息。心理学家曾假设,复杂性行为可以被理解为一系列刻板的反射,前一个结果刺激着下一个。研究昆虫行为的学生基本上接受了这种解释,并且应用到诸如建筑精致的避难所或设计猎捕装置,某些石蛾幼虫编织的水下网或华丽的蜘蛛

---

① 参见 M. Kawai, "Newly Acquired Pre-cultural Behavior of the Natural Troop of Jappanese Monkeys on Koshima Islet." *Primates* 6(1975), pp.1-30.

网。但是,依据于它们之前行为的结果和过去的或远或近的各种影响,动物所采取的步骤常常是变化多端的。从广阔的记忆谱中有意识地选择可能会使过去的事件所影响的选择变得更加容易起来。

关于这种一系列相互作用的行为的一个突出例子是,大猩猩能够用探针从土堆中把白蚁攫取出来[②]。大猩猩选取一根合适的树枝,拔掉树叶和枝条,把树枝折断到适当的长度,做成探针,然后拿着它(通常仅需数秒钟)到白蚁躲藏的土堆,把树枝伸入到白蚁洞穴的入口。如果这个洞内没有白蚁,他又转而去掏另外一个。尽管这一工具已经预备好,但它的使用远不是刻板的模式。好奇的科学家们试图模仿大猩猩的这一技巧,却发现十分困难,只能攫取出来少许白蚁。十分有趣的是,幼年猩猩好像是通过观看它们的母亲或其他群体成员而学会使用这一工具的。人们观察到,幼年猩猩要做一些粗陋的、相对没什么成效的尝试来准备使用白蚁探针。大猩猩"钓白蚁"很好地印证了动物行为是能被学习的……

适应新奇事物

进一步的思考有助于提炼出衡量动物是否存在有意识的思维的标准。我们能够轻松自如地在是否有意识地思考我们人类自身的行为之间来回转换。当我们学习一些新鲜事务,如游泳、骑自行车、开汽车、开飞机、用吸尘器、根据牙医的建议采用新技术护理牙齿,或做其他很多我们以前不知道怎么做的行为,我们会对此加以审慎的思考。但一旦对此运用自如了,我们就不会对那些曾经需要密切注意的细节给予有意识的思维。

当我们努力对我们曾做过很长时间的日常琐事和惯常行为进行有意识的思维时,这一改变也能颠倒过来。例如,假设问你"你的呼吸模式是怎样的"这个你通常完全不会加以琢磨的问题,那么,要记录下你是如何吸气、如何呼气、呼吸的深度如何,以及与不同呼吸模式相伴随的有些什么行为,你马上会感到很麻烦。你会发现在吸气时说话有些困难,因此连续讲话需要快速吸气慢速呼气。如果人们问及一些相应的问题,这一例子以及其他例子很快会在脑海中闪现,这说明:我们能把意识集中到通常不会有

---

② 参见 J. van Lawick Goodall, "Behavior of Freeliving Chimpanzees of the Gombe Stream Area." *Animal Behavior Monograph* 1(1968), pp. 165-311; and *In the Shadow of Man* (New York: Houghton Mifflin, 1971).

意注意的行为上。

对于一些特定的行为,我们的意识能够收放自如的这一事实告诉我们:某些行为模式总是有意识地进行,而其他一些模式则从不有意识地进行,这个说法并不正确(至少在人类物种中不正确)。我们有理由推测,这一情况对于其他物种来说也同样属实。熟练的行为模式并不需要像动物学习如何行为那样给予同等程度的关注。易言之,关注更可能在新奇的、富有挑战性的行为中出现;突发的、意想不到的事件更可能产生关注。

因而,衡量动物的关注的一个普遍的应用标准(虽然这个标准不能包括全部)是其行为对变化着的环境和挑战的广泛适应性,这似乎是可能的。如果动物不顾及其周边的环境状况和附近的其他动物的行为,仍然做出同样的行为,我们就不倾向于认为它们在思考着其环境状况或所要做的事情。在新奇或令人惊奇的情况下,动物做出与之相应的行为(在通常的情况下这并不需要加以特别的注意),由此推断动物存在有意识的、有目的的行为,这似乎很有道理。也许,这是广泛适应性的一个特殊情形,但是,把反应的适当性和有效性结合起来,这种罕见的反应是关于有意识的行为的重要标示。

例如,简尼斯(Janes)曾观察到筑巢的乌鸦富于想象力地利用了岩石。③ 他仔细观察了俄勒冈州的十个乌鸦巢穴,其中有八个靠近悬崖的顶部。这之中的一个巢穴,有两只乌鸦在一个上下 20 米长的悬崖的垂直缝隙中飞进飞出。简尼斯和同伴爬上裂缝观察六只羽毛渐丰的雏鸟。当他们开始往下爬的时候,两只公鸦母鸦反复朝他们飞去,尖厉鸣叫,最后落在悬崖的顶部,不停地叫唤。这时,一只乌鸦叼起小石子砸向这些人类不速之客。有几块石头半埋在土里半露出外面,乌鸦试探性地把土撬松。扔完七块石头之后,乌鸦看上去还要寻找别的埋得比较松散的石头,只是由于没有合适的石头才作罢。

很多鸟类会为保护巢穴或幼崽不受入侵者的伤害而做出巨大的努力,如飞向靠得太近的人、往他们身上吐食或排粪、偶尔用嘴啄,而扔石头却是最不寻常的。在其他场合,乌鸦撬石头,扔石头也不寻常。我们无法不去推断,那些聪明的、适应性强的鸟儿是想把人类入侵者赶离它们的巢穴,而且认为丢石头或许有效。

---

③ S. W. Janes, "The Apparent Use of Rocks by a Raven in Nest Defense." *Condor* 78(1976), p.409.

一个物种能够成功运用的新奇行为是有限的,而这一变易的范围是测量身体适应性的最重要的方法之一。把适应性的范围作为是否有意识的标准的讨论表明,有意识的思维仅仅出现在学会了的行为中。因而,我们应该谨慎,别把这一理念当作僵化的教条。

有意识的思维的另一个标准是预期和有意识地注意到一项行动可能产生的结果而有意图地计划它。一个令人印象深刻的例子就是,水獭用小石头打开有壳的水生动物。④ 这些聪明的水生食肉动物很大程度上以海胆和软体动物为食。水獭必须潜入水底,用爪子和牙齿撬开软体动物,但是一些贝类,尤其是鲍鱼,会紧紧地黏附着岩石并有着以此方式难以打开的贝壳。水獭就会寻找一块合适的石头,在沉入水底的时候就带上,然后屏住呼吸用石头捶打贝壳使之松开。

水獭通常浮在水面仰面进食。如果取不出藏在贝壳里的鲜肉,它就会用一个爪子把石块抱在胸前,捣碎贝壳。当水獭漂浮或潜入水中的时候,它会把一块合适的石头藏在腋窝。尽管水獭不会改变所选石头的形状,但是它们的确会选择一些大小和重量相当的石头并藏留很长的一段时间。只有在那些用其他办法得不到充足食物的地方,水獭才会使用工具。在一些区域,只有很老的或很小的水獭才会使用石头,身强体健的成年水獭仅凭自己的爪子或牙齿就能挖开贝壳。因而,这远不是一种简单的老套的行为模式,只有当某种模式屡试不爽时才习惯性地使用。水獭有时候也会用漂浮着的啤酒瓶来锤开贝壳,由于瓶子是浮着的,所以不需要藏在水獭的腋窝下……

动物的交流

频繁发生的有意图的行动会进化成交流信号,这一千真万确的事实也许表明,从一个有意识的动物到另一个动物之间的思维和有目的思想交流这二者存在着密切联系。这一想法直接使我们认识到:由于交流行为,尤其是社群动物的交流行为,从一个动物到另一个动物之间通常看起来会传达思想和感情。这便能让我们了解到一些关于动物思维的东西:交流行为是关于动物思维的一个重要"窗口"。

例如,施图塞科(Struhsaker)通过长时间的观察发现,长尾黑颚猴至少有三种不同

---

④ 参见 K. W. Kenyon, *The Sea Otter in the Eastern Pacific Ocean.* North American Fauna, no. 68, 1969. U. S. Bureau of Sport Fisheries and Wildlife.

的警告叫声。⑤ 他发现,当有美洲豹或者其他大型食肉动物靠近时,猴子会发出一种警告叫声;当看见威武的雄鹰(一种少见的飞行食肉动物,会捕食长尾黑颚猴)时,它们发出的又是一种极不相同的叫声;第三种叫声是在有大蛇靠近族群时才会发出。尽管这些警告声只是在少数几种动物中有过描述,但不同类别的警告声并不是独一无二的。例如,北美洲西部的黄鼠在被地面的食肉动物或像鹰那样的食肉鸟类惊吓时会发出不同的叫声。⑥

问题在于,长尾黑颚猴的三种不同叫声是否向其他猴子传递了关于不同食肉动物的信息。这一信息十分重要,因为在三种不同的情况中,猴子会采取不同的防御策略。当美洲豹或其他大型食肉动物靠近时,猴子们会爬上树。但是美洲豹也善于爬树,所以猴子们必须爬到最细的枝头才能逃脱,这些树枝是支撑不起美洲豹的。当猴子们看见威武的雄鹰,它们会跑到树干旁边或地面的浓密的植被里。用来逃脱美洲豹的方法很容易让它们受到鹰的攻击,反之亦然。对付大蛇的威胁时,它们会直立后腿,环顾四周,确定蛇的方位,然后沿着地面逃跑或爬上树来避开它。

为了回答这一问题,塞福施(Seyfarth)、切尼(Cheney)、马勒(Marler)在东非的自然环境中进行了一项受到严格控制的回放录音实验。⑦ 通过一个隐藏的扩音器,他们播放了长尾黑颚猴叫声的录音,发现这三种叫声的回放录音的确诱发了猴子相应的反应。对美洲豹的警报,猴子们的反应是爬上了最近的树;对鹰警报的反应是跳进了茂密的植被;而对大蛇警报的反应是典型的行为:直立后腿,环顾四周,寻找并不存在的大蟒蛇。

心理学家只对某个个体一生中的偶然性强化(contingencies of reinforcement)感兴趣,个体生态学家或行为生态学家只关注自然选择对行为的影响,而相容式行为主义学家则坚持道:动物能够从别的动物如何行动的精确信息中获得益处。但在一个相互依赖的社会团体中,个体通常通过重视同伴的心理状态就能很容易预知同伴的行为。

---

⑤ T. T. Struhsaker, *The Red Columbus Monkey* (Chicago:Unversity of Chicago Press,1967).
⑥ 参见 D. H. Owings and D. W. Leger, "Chatter Vocalizations of Caliform Ground Squirrels:Predator-and Social-Role Specificity." *Z. Tierpsychol.* 54(1980),pp. 163-184.
⑦ R. M. Seyfarth, D. L. Cheney, and P. Marler, "Monkey Responses to Three Different Alarm Calls:Evidence for Predator Classification and Semantic Communication." *Science*,210(1980),pp. 801-803;and "Vervet Monkeys Alarm Calls:Semantic Communincation in a Free-ranging Primate." *Aniamals Behavior*, 28(1980),pp. 1070-1794.

相容式行为主义学家将会反对下面的看法：我们需要假定，某个动物的行为与它的同伴在这个方面或那个方面的可能完全相匹配——都是基于从先前的情境中学会的或通过基因遗传的偶然性强化。

但是，相比描述偶然性强化的详细规则，移情可能是一个用于判定同伴性情的更为有效的方法。所有的动物都有必要了解他者具有攻击性、示爱性、需要同伴、或处于某些其他共通情感的状态。判断他者具有攻击性足以简便廉价地预测更大范围的行为模式要依赖于环境。新斯金纳主义者即相容式行为主义学家认为，移情来自学习，比如，向同伴发出的信号就意味着外敌的攻击，这一说法可能是正确的。但我们关注的是动物可能具有的思维和情感，并且，为了达到这一目的，在我们看来，即时的情境与其起源的历史一样重要……

有意识思维的适应性效益(adaptive economy)

自然界常常会使动物面临复杂的挑战，而动物能以迅速适应变化着的环境的行为去最优化地迎接这些挑战。环境条件变化得很快，要使动物的大脑对它们在任何情况下的行为选择都能计划好详细的解释，这需要一本无法想象的冗长的讲授教材加以说明。这种说明究竟是来自动物的DNA，还是来自其一生中习得或环境的影响，以解释各种潜在的偶然性，需要对各个具体方向做出说明的一册册说明书，而这是徒劳无益的，此其一；其二，概念和概括是紧凑的和有效的。一个具有教育意义的类似情况是关于人们所熟知的游戏(如棒球)的多达数百页的官方规则。一旦人们理解了游戏的一般规则，即使很简单的思维都足以使一个小男孩明白每个游戏者在大多数游戏场合该做些什么。

当然，对于具有多种替代性的行为来说，简单性思维还不够；要想成功地应对生命的挑战需要相对快速的思维，并且它既能做出合理准确的决定又能加以有效地实施。思维也许是经济有效的，而不是容易的或简单的，但是，对于这样做或那样做的可能性结果的考虑远比盲目地尝试每个选择更具有效果。如果一个动物考虑了要怎么做，即使用最简单的方式，也能选择可带来想要的结果的行为；如果它能预期可能的事件，即使对未来的一小步的预期，也能避免浪费精力，更重要的是还能够避免危险的错误。转引波普尔(Popper)的话说[8]，一个愚蠢的刺激可以消逝在动物的头脑中而不会导致

---

[8] K. R. Popper, *Objective Knowledge* (Oxford: Oxford University Press, 1972).

它无谓地自杀。

我已经提出,有意识的思维是经济有效的,但是很多当代科学家反驳道:前面提到的问题同样能被无意识的信息处理给予解决。熟练的驾车行为确实常常涉及到复杂、快速和有效的反应,这没有错。在凹凸的地面上行走或从茂密的植被中穿越,要无数次地调整多块相向肌肉的收缩和松弛,使之平衡。依据地面的或高或低,以及在我们攀爬的时候植被是否弯曲,我们的大脑和脊髓带调整着我们的肌肉活动。这个过程几乎没有包含有意识的思维(如果有,那么也是微乎其微),但它比对任何单个刺激的直接反应更为复杂。

在无意识的思维中,我们也迅速、熟练并有效地完成了不计其数的复杂行为。依据这一证据,很多人争论道,动物不需要进行有意识的思维来衡量各种活动的利弊。但是当我们学习一门新技术时,我们必须有意识地注意那些还没有掌握的细节。既然我们自身的情况与此是如此地类似,那么,当动物面临新的艰难挑战,而且赌注很大(不夸张地说,通常是关乎生死的问题)时,有意识的预估确实有用,这是有道理的。

相容式行为主义学家常常发现,如果动物的行为是在有意识的思维下自动的、易懂的,那么,它们的行为则更有成效,这一推测完全合理。人们认为,对应于多种选择,动物的意识中掺和着踌躇不定会使动物在不良适应的方式中减缓其反应。但是,当潜在的挑战范围很广泛,需要考虑大量的环境或社会因素时,有意识的心理想象、对可能结果的明确预想,以及对挑战的简单思考会比欠考虑的反应取得更好的结果。当然,这只是我们没有可以依赖于明确指导的众多领域之一。不过,作为一个有益的假说,它是引人入胜的——如果一个动物能有意识地预想并在多种选择中挑选出最具希望的方法,那么,比起那些不能或者不考虑它们正在做什么的动物,它常常更容易获得成功。

参考文献:

1. Baker, L. R., Why Computers can't Act. *Am. Philos.* Q. 18:157163, 1981.

2. Boden, M. A., ed. *Artificial Intelligence and Natural Man.* Basic Books, 1977.

3. Daanje, A., On the locomotory movements in birds and intention moverments derives from them. *Behaciour* 3:48-98, 1951.

伯纳德·罗林*

动物的疼痛

- 动物因为不知道疼痛的原因,反而更加重了疼痛。
- 认为动物能够感觉疼痛不是拟人论者,而那些认为如果动物疼痛就应该表现得像人那样才是拟人论者。
- 否认疼痛的观点得不到神经生理学和进化论的支持。

动物的疼痛和智力限制

"动物不能预料和记住疼痛,所以它们的疼痛是微不足道的",按照反驳这一具有恶劣道德影响力的观点的话来说,这里最为重要的地方与是否出现观念几乎没有关系,而是来自以下深层见解:如果动物的确如上文论证的那样无可变更地局限在此时此地发生的事情,我们就有责任去试图减轻它们的痛苦,因为动物自己不会期待或预料疼痛的停止,甚至不会哪怕是朦胧地记住它的消失。如果它们处于疼痛状态,那么它们的整个世界都是疼痛的,没有范围,它们就是自己的疼痛。因此,如果这一论点确实是正确的,那么注视动物的痛苦是十分可怕的,因为从逻辑上来讲,处于黑暗世界的动物是没有一丝光明的。

斯宾诺莎用不那么生动的但更具哲理的术语指出,了解造成不适感觉的原因能减少其痛苦,反之,不了解原因就会加重痛苦。① 常理已经证明了这一推测——这确实就是我们都有过的某种经历,如患上肿块、头痛,以及最为出名的是把实则是胃气痛却当作疑似心脏病的经历。

斯宾诺莎的推测来自平常的经历以及更正规的研究。但这能使我们有理由相信:动物,尤其是实验室的动物遭受着比人类更严重的痛苦。因为它们不知道疼痛的起因,而且即使它们能预料,但也不能超出平时的经历去预料疼痛的停止。有一位重要

---

* 选自伯纳德·罗林:《无人理会的哭泣》(*The Unheeded Cry* ,1989). 重印经 Oxford University Press 同意。
① B. Spinoza, *Ethics*, 第三部分,第四、五章。

的疼痛心理学家基齐尔(Kitchell)教授至少是支持这一推测的。基齐尔追随梅扎克(Melzack)的主张,把疼痛的反应分为感知区分维度和动机情感维度。前者涉及到确定并了解痛源、疼痛强度及与之相关的危险;后者涉及到逃脱疼痛的刺激。基齐尔推测,由于动物在第一个维度比人类受更大的限制,而且还缺乏人类的智力,那么作为一种补偿机制,第二个维度的相关性较强。简言之,由于动物不能像我们那样机智地对付危险和疼痛,那么它们与逃脱疼痛相关联的动机较之我们就更强——也就是说,它们的伤害可能更重。②

冒着会激起人们把我当作"拟人论"的极大愤怒的危险,我想介绍一下下面的思想实验。试想一只动物,就拿一条狗来说吧,它的一生都是作为一只宠物度过的,经历过最糟糕的事情也不过是偶尔的斥责或是在屁股上挨了一巴掌。让我们假设一下,它被关在牲畜栏上,是一个处在被要求学习、孤立无援的实验中的研究对象(这一实验在美国是允许的,而在英国则被禁止)。在那里,它受到无法逃避的、痛苦的电击,以此让人们观察它是否会产生绝望综合症这一所谓的人类绝望的模式。如果人们承认动物有意识的话,就必须十分肯定地断言这一动物感觉到了疼痛和恐惧。再者,与人类的情况不同,动物对疼痛的原因及方式毫无概念。任何身临其境的人至少会做出假设——例如,"我是因为政治原因受到了折磨",或者"我被用来做实验了"。但是,动物甚至不会把它的痛苦归入它所认知的任何范畴;它的认知工具完全不适合这样做。因此,也就不可能有疼痛和恐惧的认知调和。人会说"或许我能与抓我的人辩解"或"也许这是暂时的",但动物却不能获得任何一点这方面的经历。因此,由于动物对其完全不可知而又要经历的疼痛必定变得更加剧烈。众所周知,不可知的事物本质上就十分可怕。那么,由于动物的智力局限,我们对在实验研究情境下即将发生的大多数痛苦必定是无从知晓的。这一见解也是人们反对把曾是宠物的动物用作实验的基础。

拟人论和动物的疼痛

不管怎样,让我们把注意力转向我认为最具讽刺性、最具荒谬性的主张,即那种在科学常识下对动物疼痛缺乏关怀而辩护的所有企图。人们常常说,为动物的疼痛而担忧是把拟人论放错了地方,因为在各种疼痛的情境中人会尖叫、会扭动身体,而

---

② R. L. Kitchell, *Personal Communication*.

许多动物却不会表现出剧烈疼痛的症状。除了前面提到的禁欲行为无疑给动物带来了一种选择优势之外,我们还能说出更细微之处。那些认为动物会疼痛的人并不是拟人论者,他们之所以这样主张,是因为具有进化论、生理学以及行为论上的强硬理由。而那些认为动物的行为与我们的不同,完全否认动物会疼痛的人才是拟人论者;除了那些最粗鲁的拟人论者,还有谁会错误地认为动物的感受表达会完全和我们一样?还有谁会认为,疼痛的奶牛会晃着奶头到处乱跑,"哞哞"大叫?(即使异教徒也不会这样认为)。动物的确会表现出独特的疼痛行为,这与人类的表现不同。那么,为什么会这样呢?我们认为,动物的行为相应于与其目的——独特的、进化决定的、基因编码的、环境影响的一系列欲求与兴趣,这形成了我们正在讨论中的动物的特点——猪的"猪性",狗的"狗性",等等。③ 经常和马打交道的人(他们是顺从经验与常识的人)注意到,在某些情形下,仅仅是马的眼睑肌肉的紧缩就能传神地表达出极大的痛苦,显然,那些认为只有人才会有疼痛行为的人是不会这样看待马的。

有一个很特别的例子,一个在西部野生动物部门工作的兽医学生惊奇地发现:这一部门的一些人定期给老鼠做剖腹产手术,这些老鼠在注射了琥珀酰胆碱氯化物(一种像箭毒马钱子一样的药物,它会阻断神经传递通过神经肌肉交叉点,使所有肌肉丧失功能,但没有丝毫麻醉或止痛的性质)之后,便会动弹不得。相反,来自注射过这种药物的人的报告显示,它加剧疼痛反应,伴随着完全麻痹(包括呼吸器官的麻痹)给人造成极大的恐慌,甚至当人们清楚地知道发生了什么及其原因时也会发生这种情况。至于动物的情形,人们只能去想象它经历的万分恐慌。然而,这个学生反对这种做法却犹如以拳击棉花,毫无反应。"这些动物不会受到伤害",那些人说,"如果会的话,它们会大吼大叫"——哀莫大于心死啊!

这是一个极端的例子,但也并不极端。在美国西部地区,琥珀酰胆碱是阉割马的日用药物,而且直到现在,在做像脑(颅)立体测定的外科实验中还被选做"化学控制"的药物,这种实验要求动物保持清醒但又不得动弹——不管这是不是意味着一个行为主义者。很多学者和兽医对麻醉和化学控制不加区别。令人惊奇的是,美国农业部

---

③ B. Rollin, *Animal Rights and Human Morality* (Buffalo, NY: Prometheus Books, 1981), p. 38 ff.

(USDA)已经用琥珀酰胆碱给成千上万头患上霍乱的猪实施安乐死,而且还疯狂地倒行逆施设立基金研究,以证明这是"人道"的……

否认动物的疼痛与科学无关

让我们再回到我们的讨论。我们的关注已经得到证明,否认动物的疼痛,不管是在哲学上还是在科学上,都站不住脚。否认动物疼痛是不容置疑的事实,这与我们讨论的强大意识形态有关,这一意识形态浸淫着科学家的可疑哲学,一方面他们否认了动物的疼痛,但另一方面他们又推断出否认动物的疼痛在科学中的合法地位具有某种价值,是有意义的问题。因而,科学家会正式否认谈论动物疼痛的合法性,但与此同时又在其研究中做出他们的推测。

我们已经明白,这一意识形态非常强大,不但足以遮蔽科学上的一致性价值,而且足以淹没科学上的连贯性价值。因为,像达尔文主义者认识到的那样,考虑到当前的科学理论和科学信息,要排除提及动物,特别是提及像它们的疼痛这种基本的、容易观察到的心理状态,这是武断且胡乱的。

我们已经提到过这种趋势,即要科学家承认动物的疼痛,只有通过机器来测量疼痛。人们很容易相信,只有用笛卡儿主义者的术语来思考动物的疼痛,机器测量的过程才与经验、道德的维度毫无关系,科学家才能完成今天我们已经创造出来的尖端神经心理学的实验工作。但是,由于科学已经发现了在人类和动物(至少是脊椎动物)之间在神经心理学上的相似性,这对笛卡儿主义科学是强有力的反驳。在这个辩证的讽刺中(这无疑让黑格尔高兴了一把),笛卡儿主义通过证明人与动物之间越来越具有相同的神经生理学的机制(这一机制曾使得动物只是机器而人却不是的观点更为可信)而自我挫败了。④

就像在人类中已经被发现的那样,也有报道说,在鸟类、哺乳动物和鱼类的大脑中发现了疼痛和快乐的神经中枢;而在所有脊椎动物中,应对疼痛行为的神经机制是极其相似的。在所有脊椎动物和某些非脊椎动物中,麻醉剂和止痛剂控制着可能出现的疼痛;而且,最戏剧性的或许是,控制疼痛的生理反馈机制在所有脊椎动物中好像极其

---

④ Stephen Walker's 最近的著作 *Animal Thought* (London:Routldge and Kegan Paul,1983) 非常精致地证实了人和动物在神经生理学上的相似性。

相似,它包括到羟色胺、内啡肽、脑啡肽以及 P 物质(在蚯蚓中甚至也发现了内啡肽)。动物体内真实地存在着内生的麻醉剂是它们能感觉疼痛的强有力证据。动物很难会有完全像我们一样的神经化学系统和止痛系统,因此,当它们经历疼痛不能像我们那样通过这些系统控制疼痛时,也就很难表现出像我们一样的减轻疼痛的迹象。在某些令人震惊的实验中,使用大量的纳洛酮给动物实施安乐死,抵消内生麻醉剂的效力,这显示出动物是死于未受控制的疼痛。⑤ 1987 年,人们已经证实,缓激肽拮抗物控制了人类和动物的疼痛。

否认动物有疼痛不仅与神经生理学相悖,而且同进化论的推论相矛盾。我们有理由相信,进化保护并保存了卓有成效的生物系统。由于脊椎动物的疼痛机制是相同的,因此,那种认为疼痛感是突然间出现在人类物种身上的说法是不可信的。需要注意的是,越来越多的人接受了由古尔德(Gould)和勒沃汀(Lewontin)等理论家提出的进化过程存在着量的突变的假设,而不同意进化过程是微小变化的逐渐增量的假设。很显然,前一假设最为适合的地方是:证明形态学的特点突然出现在化石记录中。就精神上的特征而言,这一假设也许能运用于人类的语言的产生,如果乔姆斯基(Chomsky)和其他学者关于人类的语言在种类和程度上均有别于其他物种的交流系统这一观点是正确的话。但在精神的其他领域(除了最复杂的智能之外的多数领域)以及基本的心理生存机能(如疼痛),这一假设不但是心血来潮的也是不可信服的。人类的疼痛机制实质上和动物的是一样的,而且我们由人类的经验可知感觉疼痛是生存的基本能力;那些由于先天性或获得性缺陷而无法感知疼痛的人,或者患有那种会影响感知疼痛能力的疾病诸如汉森病(麻风病)的人不太可能在没有特别注意的情况下活得好甚至生存下去。当然,这种情况同样适用于动物——证据是陶布(Taub)最近关于传入神经阻滞的猴子(其腿部的感觉神经被阻断)的例子,这些猴子由于没有感知能力,可怕地把自己变成了残废。感知疼痛及其动机性影响是基本的生存系统,因此声称这一系统在动物身上纯粹是机械性的,在人类身上则不是的观点是不可信的。作为动物身上的纯粹的机械系统,如果疼痛在没有主体维度下会很好地发生作用,那么,它为什么能

---

⑤ M. Fettman et al., "Naloxone Therapy in Awake Endotosemic Yucatan Minipigs," *Journal of Surgical Research* 37(1984).

够突然出现在有这一维度的人类身上呢?(当然,除非有人求助于像原罪这样的神学观念和把疼痛当作上帝的惩罚,否则,很难说是一个合理的、科学的提议!)很显然,相似的论证也可以解释饥饿、口渴以及其他动因所带来的不适,同时也能解释性行为带来的快感。

因此,不仅是许多科学活动提出了动物疼痛的问题(就像我们看到的关于疼痛研究以及心理研究),而且它也有助于神经生理学和进化论使人相信动物有心理经验而不是否认它。除了实证论行为主义的思想意识之外,不管是在事实上还是观念基础上,否认动物的疼痛(或恐惧、烦恼、无聊——简言之,所有心理状态的基本形式)都是没有多大理由的(事实上,研究表明,所有的脊椎动物都有苯二氮的受点,反过来说,这说明,烦恼的生理基础存在于所有脊椎动物之中)。⑥ 人们也许会像劳埃德·摩根(Lloyd Morgan)那样指责把更高形式的理性赋予了动物,但是,这最终还是一个有争议的并且很大部分是经验决定的问题。

---

⑥ J. A. Gray, *The Neuropsychology of Anxiety* (Oxford: Oxford University Press, 1982).

艾里克·爱克荷蒙[*]

非人灵长目动物的语言习得

- 侏儒黑猩猩表现出了能够理解抽象概念的能力,它能听懂人的部分词汇,而不是依赖于训练者或饲养者的手势、表情或暗示。

在亚特兰大附近的一个研究中心,科学家声称,在其他动物的记载中,一只四岁大的侏儒黑猩猩倭黑猩猩已经证明它具有最近类人的语言技能。

研究者说,侏儒黑猩猩康子(Kanzi)已经学会了交流,它用几何图形代表单词,无需经过早期研究中那个出名的"会说话的类人猿"那样的艰苦训练,并且在严格的科学测试中,它是第一个表现出对英语口语单词有着广泛理解的类人猿。

大猩猩和其他类人猿在生理上是不会说话的。其中有的经过训练后会使用手语或其他符号。

科学家们认为,康子的语言成就反映出侏儒黑猩猩比大猩猩、猩猩和普通黑猩猩这三类著名的高大类人猿有更高的智力。他们期望这一发现和接踵而来的对这一物种的研究有助于探究儿童是如何学习说话以及人类的语言最初是怎样演化的。

当康子漫步在语言研究中心 55 英亩森林覆盖的土地上时,人们以及计算机记录了它的每一个需求,如玩尾巴、徒步远行到树屋找香蕉、观看在非洲猩猩中的珍妮·古德尔(Jane Goodall)的录像带。

通过击打键盘上的几何符号来表达自己的意思,康子正在掀开类人猿研究史上的新篇章,这一研究曾经标记着研究方法和语言定义等方面的严重分歧。

"当证据开始表明康子自发地学习符号,并在理解英语口语时,我十分震惊",在由乔治亚州立大学与埃摩雷大学耶基斯灵长动物中心联合管理的研究类人猿语言的研究所负责管理的 E. 苏·塞卫吉-朗葆(E. Sue Savage-Rumbaugh)说道。

---

[*] 艾里克·爱克荷蒙(Erik Eckholm)活跃在环境保护和经济发展领域。其著述包括《失去基石:环境压力和粮食展望》(Norton,1976)。

"1971年以来，我每天实际上要花12到15小时和猩猩在一起"，她说道，"而这种事情还从未发生过"。她的早期工作是针对普通猩猩的。

对许多类人猿语言研究持强烈批评的哥伦比亚大学心理学家赫伯特·S.泰瑞斯（Herbert S. Terrace）赞赏亚特兰大的研究者们把词汇的用法步步分解以及他们的严格的实验步骤。他和其他最近参观过亚特兰大的设备的科学家对康子的早熟留下了深刻的印象。

语言的本质

"在没有反复训练与激励的情况下，他通过观察来学习，其渊博程度是独一无二的"，洛克菲勒大学的卡容尼·瑞斯达（Carolyn Ristsu）博士说道。

但是，康子或其他经过训练的类人猿的交流能否被称之为有意识的语言，仍然是热门的话题。

语言的关键一步是像人类那样通过抽象的方式使用词汇的能力：像名词代表某物那样，而不是经过训练的方式去激发奖励。确定类人猿能否抽象地使用甚至只是一个单词是令人畏惧的复杂事情。

较之于其他高大类人猿的研究，对侏儒黑猩猩研究的较少。像普通猩猩，基因研究表明，它们跟人类十分接近。

基于对其他侏儒黑猩猩的行为的观察，亚特兰大的研究者们认为，康子的成就表明这一物种总体上大部分具有高智商，而不是一个特例。

侏儒黑猩猩已经赢得了最近乎人的动物的名声。他们的脸与类人猿的不是很相似，直立行走的时间也比其他类人猿频繁。在非人灵长目动物中，雌侏儒黑猩猩在月经期间也能接受性行为；伴侣间通常面对面地盯着对方的眼睛。

说话的生理障碍

科学家们认为，类人猿不能复制人类的语言是因为在生理结构上它们不能够发辅音。康子与它的老师之间交流的符号是键盘上的几何图形，每个几何图形代表一个单词。

这一系统（通常用于连接计算机以迅速记录每个指令）是由语言研究中心主任及乔治亚州立大学的心理学主席丹·M.朗葆（Duane M. Rumbaugh）在20世纪70年代开发的。

当研究者们给康子的母亲教授词汇符号的时候,作为幼崽的康子还在实验室玩耍。令研究者们惊奇的是,在康子两岁半的时候它开始自觉地、正确地使用若干个符号,很显然它是通过观察他人的情况掌握了这些符号。

从那以后,开始给它介绍新的符号,并使之与它的日常生活联系起来。到它三岁时,它已经显示出交流技能,而这一能力是两只普通猩猩在同一实验室通过多年训练并不断以食物奖励强化训练后直到七岁时才能获得的。

十五年前,当娃思(Washoe)这一被内华达大学的 R. 艾伦·葛德纳(R. Allen Gardner)和碧珠·葛德纳(Beatrice Gardner)当作人类的孩子抚养长大的黑猩猩学会了很多单词的手语甚至貌似能造短句时,公众和科学家对于类人猿使用语言能力的兴趣出现了首次高涨。

从那以后,研究者们已经教授许多猩猩、几只大猩猩和黑猩猩使用聋哑人的手语、塑料片或者像康子用的那样的键盘符号来"说话"。娃思、被宾夕法尼亚大学的戴维·普瑞马克(David Premack)训练的猩猩莎拉(Sarah)和被心理学家弗朗西尼·帕德森(Francine Patterson)训练的猩猩可可(Koko)成为了媒体明星。

使用语言以掌握抽象概念的能力通常被认为是划分人类与其他动物的分界线。1978 年帕德森博士断言"语言不再为人类所独有",这给定义人性带来了哲学挑战并激起了诸多辩论。

纯粹的好奇

遍地开花的研究和公众的普遍反应都是对其他物种是否具有理智的纯粹好奇。如果类人猿能够学会说话,它们会告诉我们关于它们的世界以及自身的世界是什么呢?

研究类人猿学习语言的方法已经产生了现实意义,它能揭示人类的儿童是如何习得语言的。从猩猩的实验中发现的结果已经取得了帮助严重智障人群进行交流的新方法,这也是亚特兰大研究中心的类人猿研究得到儿童健康与人类发展国家研究所(National Institute of Child Health and Human Development)资助的一个原因。

20 世纪 70 年代,由于类人猿扩大了它们的手语词汇量,热情的观察者们好奇地猜想它们接下来会说什么。但是,哥伦比亚大学的研究者泰瑞斯博士向 1979 年出现的这一研究泼了一盆冷水。

在仔细观看他与先前提到的一只会造基本句子的猩猩尼姆·齐姆斯基(Nim Chimpsky)的手语对话的录像带之后,泰瑞斯博士推翻了自己的观点。他得出的结论是,尼姆的大多数手语是被老师的姿势激发的或者是在模仿老师以前的词汇。他认为,类人猿不懂得语法,不能够可靠地合并符号"以创造新的意思"。

一些更基本的问题

这一领域被弄得一团糟。其他科学家批评用于尼姆的训练方法并指责泰瑞斯博士的消极结论太绝对。但泰瑞斯博士思想的公然转变抑制了公众对会说话的类人猿的关注热情,并使得许多研究者重新审视自己的方法和目标。

"这一领域回到了某些更基本的问题:什么是词汇?什么是意义?"瑞斯达博士说道。

据泰瑞斯博士的观点,还没有找到令人满意的证据,证明任何类人猿确实明白他所说的话。"我的问题是:难道任何事情不都是以不复杂的方法来表达要求的吗?"泰瑞斯博士说道,"狗能发出信号要求出去。但是,这和一个儿童指称某个事物是不一样的。"他注意到,小孩子知道用简单的词汇给他们的父母指出自己所注意到的某个物体。

不过,瑞斯达博士在思考了其他专家的观点之后争辩到,许多学者已经证实"聚集起来的证据表明,一些类人猿已经学会了使用指称性词汇",如抽象的名字,而不是把记忆与奖励联系在一起。

《灵长目动物的行为进化》一书的作者奥森·朱莉(Allson Jolly)说道,某些研究明确指出(在最大多数专家的脑中也是这样),类人猿已经能够使用抽象的符号。

词汇的理解

塞卫吉-朗葆博士在对猩猩雪曼(Sherman)和奥斯汀(Austin)的早期研究中发现,学习词汇是一种涉及多项次技能、令人惊奇的复杂活动。只有把每个次技能都给动物训练之后,动物才能真正理解单词。

例如,它们能够学会击打符号或键盘以获取苹果,而在人击打符号时,它们不能使之转换为从一堆目标中挑选出那个苹果的能力。

"很难相信它们能够使自己颠倒过来",塞卫吉-朗葆回忆说,"如果它们会指称苹果,为什么它们不能把它给我呢?"正是对这些事情或者其他更多精细行为,包括两个动物合作使用工具的特定训练,最终使得她认为,真正的理解是那些单词所指代的对象。但要做到这一点,道路是"漫长而曲折的"。

塞卫吉-朗葆引用例子证明,人类的儿童对词汇的理解经历了类似的阶段。但是,大多数人学习抽象词汇的技能既简单又迅速,以致于这个过程的复杂性就不那么容易被察觉到。

康子对词汇的掌握

与雪曼与奥斯汀明显相反,康子已经证明不需要对每个次技能进行特定的训练就能够掌握词汇。它可以通过指称来区别对象、评论自己的行为、描述它打算采取的行动并对他人使用的符号做出准确的反应。

亚特兰大的研究者们没有说康子是否会创造符合语法的句子,但他们记录了它在没有奖励刺激的情况下常常会创造出由二到三个单词构成的陈述,有条理地增加新的信息,并展示它对新环境的创造性反应。

例如,当猩猩奥斯汀曾从那个院子里搬出去一段时间,康子似乎怀念起了在习惯性就寝时间对它的探望。单独度过了几个夜晚之后,它通过敲打出"奥斯汀"和"电视"这两个符号解决了这个问题。

"当播放奥斯汀的录像带时",研究者们注意到,"康子高兴地大喊大叫,然后舒舒服服地安坐在它的窝里睡觉"。

更不同寻常的是,康子经常评论它人的行为。不像普通猩猩那样仅仅要求同伴给它抓痒痒或追赶它。一个参观者发现,它还喜欢要求一个人给另外一个人抓痒痒,而它在一边来观看,然后再叫第二个人给第一个抓痒痒。

"我想这就是某种语法的初始",塞卫吉-朗葆说道。

口语词汇的理解

也许康子和其他普通猩猩最大的不同在于它在严格的测试中能广泛地理解英语口语单词。

在训练类人猿的过程中,一些科学家和很多碰巧的观察者公开承认,动物理解了它们所听到的大多数东西。像雪曼和奥斯汀这样的猩猩就会给人这样的印象。"观察过我们训练的人斩钉截铁地说类人猿理解了口语词汇",塞卫吉-朗葆说道,"我自己也是这样认为。如果你在做饭,要它们给你拿个勺子,它们就照做"。

在类人猿会说一些熟悉的单词后,研究人员便训练它们使用恰当的手语。但是,研究表明,在反反复复的实验中,当把上下有联系的信息和教授者有影响性的姿势取消之后,雪曼和奥斯汀就不能理解它们已经在键盘上掌握了的和它们一直地听了多年的词汇。

在一个典型的实验中,老师把一块毯子盖在雪曼和奥斯汀的头上以确保实验的"双盲"状态,并叫猩猩在印有熟悉物体的三张打乱了秩序的图片中取出需要的那一张。当用键盘问时,猩猩的表现近乎出色;但用口语问时,它们只能靠碰运气才能取出正确的图片。然而,康子在这两种方式中的表现却几近完美。

研究者们说,康子经常能理解复杂的口语句子。在没有手势的情况下,当被问及"你愿意去给你妹妹玛莉卡(Mulika)取一块尿布吗?"或者"你想拿个水管到游泳池去玩吗?"它就会为妹妹去取尿布或者径直去取水管。

科学家们现在正寻找方法测试它对句子的理解。"我们现在还没有明确的证据,而怀疑者们会用各种方式来怀疑此事",塞卫吉-朗葆说道,"这是我们正在寻找的一些无法预料的事情"。

在类人猿中,康子还是个孩子。它的语言能力"将继续提高展",塞卫吉-朗葆报告说,但是与人类的小孩相比"速度极慢"。她相信,康子现在的能力可以和一到两岁的小孩相比,当然必须用符号说话的残疾人除外。

大猩猩和黑猩猩并没有像侏儒黑猩猩那样被深入地加以研究,不像许多科学家们现在认为的那样,它们也能被证明拥有极强的语言能力,亚特兰大中心主任朗葆博士说道。

会用手语的猩猩可可甚至和它的培训员讨论了死亡的概念,"它确实是个给人深刻印象的动物",朗葆博士说道,"但是我们不知道这有多么的科学,多么的奇迹。我们还没有以某种方式给科学家提供用于分析的数据。"

康子提问的技能

如果侏儒黑猩猩的语言技能在类人猿中确实是独特的,那么科学家既面临着不可思议的事物,也面临着某种机遇。

"从进化论的角度看,还没有理由能解释我们在这一物种中所观察的认知差异",塞卫吉-朗葆博士说,"为什么进化在这方面是这样进行的,给了动物理解人类语言的某种能力,而动物却从未把它运用到自己的世界里?"

她说道,这说明人类的祖先在开口说话之前或许具备了某种理解话语的能力。

其他科学家已经从基因和行为方面的证据提出,侏儒黑猩猩或许是最为接近古代的人科类灵长目动物,即人类的先祖。

位于斯托尼布鲁克的纽约州立大学的兰德尔·L. 苏斯曼(Randall L. Susman)等科学家在扎伊尔的热带雨林侏儒黑猩猩的自然生活区对它们进行观察,他们认为,对这一物种的研究将改进对人类的智力和交流如何进化的理解。

"只能选一个"

"如果存在着理解话语的能力,要等待开发,那么它将只能选择某个动物来发展一种新的方法以发出声音,用戏剧性的方式来改变这个物种成员的行为",亚特兰大的研究者在即将发表的一篇文章中则这样写道。

在某个不为人知的时期,人类进化的最为重要的发展阶段,原始人开始用声音来指称事物和看到的物体,创造新词、句子。这种技能对原始人这一脆弱的动物争夺食物、逃避侵略者等方面的好处是不难想象的。

数千年来,在自然选择的竞争压力下,掌握概念的能力得以形成,这使得人类可以讨论形而上学、制造核弹。

一些测试了非人灵长目动物语言缺陷的科学家认为,它们在某种意义上正在退回到第一个中止性阶段,而那时人类的先祖已进入了抽象交流的自由新国度。

第三部分
平等关怀动物

彼得·辛格*

一切动物皆平等

- 平等的权利在于平等地考量,而非在权利内容上要求一致。反对歧视也不能要求事实上的平等,不能依据于某种实际的特质或标准,而应该诉诸一种道德理念和规范。
- 为动物的平等进行辩护的底线是:感受痛苦的能力。
- 食肉和用动物进行实验是不平等的。
- 哲学重要价值之一就是挑战广为接受的错误前提。在物种歧视设置的意识形态面前,当代哲学失职了。

近年来,许多被压迫群体都在为平等而激烈地奋斗。典型的实例是黑人解放运动,其要求是结束视黑人为二等公民的歧视和偏见。黑人解放运动的直接诉求及其始因(如果对它加以限制的话)成功地使得其成为其他被压迫群体追随的模式。我们对热情洋溢的西班牙裔美国人的解放运动,以及其他许多少数民族的解放运动已经很熟悉了。当一个大型群体——妇女开始了她们的奋斗时,我们已有的某些思想开始终结了。据说,性别偏见是人们所能接受的偏见形式中最为持久、最为普遍的形式,即使在那些一系列解放运动中也是最为公开、不加掩饰的,长期以来,让他们引以自豪的是他们能够自由地歧视少数人种。

对这种"最为持久的偏见形式",有的人应该会很警觉。如果我们要从解放运动中得到什么经验教训的话,我们应该知道,在这种偏见被强烈地揭露出来之前,要意识到在我们对待特殊群体的态度中存在持久的偏见是多么的困难!

解放运动要求拓展我们的道德视界,延伸或者重释平等的基本道德原则。以前我们视为自然而然、必不可免的实践越来越被认为是来自不合理的歧视。谁能自信地

---

* 彼得·辛格是(Peter Singer)澳大利亚蒙纳斯大学人类生物学中心主任。在伦理学方面的著述包括《实践伦理学》(Cambridge University Press,1979),主编《为动物而辩护》(Blackwell,1986)。

选自 "*Philosophic Exchange*", vol. 1, no. 5 (Summer 1974). 此文的部分内容已经在 *Animal, Men and Morals*, Goodlovitch and Harris (eds.), in "The New York Review of Books", April 5, 1973.

说,他或她的全部态度和全部实践就没有受到过批评?我们希望避开大量的压迫者,我们甚至必须准备去重新思考我们最为基本的态度。我们有必要从我们的态度以及紧随这些态度的实践引发的那些最为不利的地方来思考它们。如果我们能使得这些异乎寻常的精神转向发生,我们会发现,在我们的态度和实践中某种方式一直只是作用于一个群体——通常是包括我们自己在内的一个群体,而以另一个群体作为代价的。在这方面,我们会逐渐认识到存在着一种新的解放运动。我的目的在于主张,我们要使得对一个更庞大的生物群体的态度和实践发生精神转向:物种的成员,而不是我们自己——即我们普遍流行的思想错误地把它们称之为的"动物"。易言之,我强烈地呼吁,我们大多数人所认同的平等的基本道德原则应该延伸到我们自己物种的所有成员,我们还要使之延伸到其他物种。

所有这些听起来几乎遥不可及,颇像是其他解放运动的一种拙劣模仿,而不是一个严肃的目标。事实上,"动物权利"这个观念过去的确曾经被用来丑化女性权利。当今天女性主义的先驱之一玛丽·沃尔斯通卡拉夫特(Mary Wollstonecraft)1972年出版了她的著作《为妇女权利辩》(*Vindication of the Rights of Women*),她的理念被广泛地贬斥为荒诞不经的,并且那些人还匿名出版了题为《为畜生权利辩》(*A Vindication of the Rights of Brutes*)的作品以讽刺她。这个讽刺作品的作者(其实是托马斯·泰勒[Thomas Taylor],著名的剑桥哲学家)试图表明把沃尔斯通卡拉夫特的论证再向前推进一步,就能否定她的推理。他说,如果把权利应用到女性那里是合理的,那么,为什么这个观点不能应用到狗、猫和马身上?这些论证对这些"畜生"是同等有效的,但认为畜生拥有权利显然太荒唐,因此,通过这种推理而得出来的结论一定是不合理的,而如果应用到畜生那里是不合理的,那么应用到女性那里也是不合理的,因为在两种情况中运用的都是完全相同的论证。

我们回应这个论证是在这样一个方面,即认为男女之间的平等不能有效地扩展到非人动物。例如,妇女拥有投票的权利,因为她们和男人一样能够做出理性判断;但是,狗是不能理解投票的意义,因此,它们不能拥有投票的权利。男女彼此之间具有许多非常明显的相似性,而人与动物却完全不同。因此,可以说,男性与女性是十分类似的生物,应该拥有平等的权利,而人与非人动物却完全不同,不应该拥有平等的权利。

用这种方式回应泰勒的类比,其背后的推理某种程度上是正确的,不过还不够彻底。人与动物之间存在重大的差异,而且这些差异一定会带来彼此拥有权利的某些差异。可是,承认这个明显的事实,并不妨碍把平等的基本原则扩展到非人动物那里。男女之间的差异,同样无可否认,而且妇女解放的支持者也认识到这些差异会带来权利上的差异。许多女性主义者坚持认为,妇女拥有根据要求堕胎的权利。这并不能因此就认为,既然这些持相同主张的人都在为男女平等而奋斗,他们就一定也主张男人也拥有堕胎的权利。既然男人是不可能堕胎的,谈论他们的堕胎权就是毫无意义的问题。同理,既然狗不能投票,谈论狗的投票权也是没有意义的。无论是妇女解放还是动物解放,都没有任何理由卷入到这样的无聊争论中。把平等的基本原则从一个群体扩展到另一个群体不意味着,我们必须以极其相同的方式对待这两个群体或者给这两个群体赋予完全一致的权利。我们是否应该这样做,取决于这两个群体成员的性质。我认为,平等的基本原则是平等的考量;而对不同生物的平等考量也可能会导致不同的对待和不同的权利。

因此,回应泰勒想要丑化沃尔斯通卡拉夫特的主张的企图,就有一种不同的方法,这种方法无须否认人与非人之间的差异,而是深入思考平等这个问题,并最终发现,把平等的基本原则应用到所谓的"畜生"的观念并不是什么荒谬的东西。我相信,如果我们仔细审查我们对物种歧视、性别歧视最终赖以存在的根基加以反对的依据,我们会得出这个结论。然后,我们会发现,如果我们只追求黑人、妇女和其他被压迫群体的平等,而否认要对非人动物给予平等考量的话,那么我们的根基是不稳定的。

当我们说所有的人,不管其种族、信仰或性别一律平等时,我们究竟在肯定什么?那些有心维护等级森严、不平等社会的人,常常会指出,无论选择什么标准去衡量,所有人皆平等绝对不是真实的。不管我们喜欢或不喜欢,我们必须面对的事实是:人的外形和尺寸是不同的;他们具有不同的道德能力、不同的知性能力、具有不同的仁慈情感和对他人需求的不同敏感性,具有与人沟通的不同能力,具有体验快乐和痛苦的不同能力。简言之,如果要求平等必须基于人类的事实上的平等,我们就不得不停止这种要求。因为这是一个不合理的要求。

然而,还是有人会坚持说,人类之中的平等是基于不同种族、不同性别的事实上的平等;虽然人类的个体在许多方面有差异,但在种族和性别等诸如此类之间是没有差别的。从一个人是黑人或妇女的单纯事实中,我们不能得出任何关于这个人的信息。或许可以说,这就是种族歧视主义和性别歧视主义的错误之处。白人种族主义者声称，白人比黑人优秀，但这是错误的——虽然白人与黑人之间的个体存在差异，可是，在知性能力和道德能力等所有可以想象得到的方面，某些黑人都比某些白人优秀。反对性别歧视主义的人也会提出类似的论调：一个人的性别不会告诉我们他或她的能力，这就是为什么基于性别的歧视是没有道理的原因所在。

反对种族歧视和性别歧视还有一个可能的分界线。不过，这个分界线不是这个方面，即某些人之所以真正关心平等，是因为在某些情况下，他们可以站在这根分界线上去强迫人们接受一个最不平等的社会。个体之间存在差异，而不是种族或性别之间存在差异，这个事实是对某些人维护等级社会（比如说，在南非的社会，他们认为，所有的白人在各个方面都优越于黑人）的有力回应。个体之间存在的差异跨越了种族或性别的界限，然而，这个事实在我们反对一种对平等具有更高谋略的反对者的时候，就无能为力了。比如，有人会提出来说，智商高于 100 分的人的权益，应该优先于智商低于 100 分的人的权益。一个这种等级的社会，难道会比一个基于种族或性别的等级社会更高明吗？我看不会。但是，如果我们把平等这个道德原则系于种族差异或性别差异的事实平等之上，并把它们当作一个整体，那么，我们反对种族歧视主义或性别歧视主义并不能为我们反对这一类不平等主义提供任何依据。

我们不应该把反对种族歧视主义和性别歧视主义的依据放在任何事实上的平等之上，还有一个重要理由是（即使是对这种事实平等做出限定，断定在各种能力上的变体会分摊在不同种族或性别之间）：我们不能绝对保证人类之中的这些能力会完全均摊，而与种族或性别无关。就实际的能力来说，种族之间和性别之间似乎确实存在某些可度量的差异。当然，这些差异不是在每一种情况中都出现，而只是在取平均值时才会呈现。更为重要的是，我们并不清楚，这些差异有多少是归结于不同种族和性别的不同基因禀赋，又有多少可归结于从过去到现在还在持续的歧视导致的环境差异。也许终究有一天会证明，所有这些重要差异是由于环境而不是基因导致的。任何反对种族歧视主义和性别歧视主义的人都希望事实确实如此，因为这样就会使得终结歧视的目标变得更加简单一些；不过，把反对种族歧视主义和性别歧视主义都依托在所有重要的差异均源自环境的信念上，是很危险的。比如说，采取这种路线来反对种族歧视主义的人将会不得不承认：倘若能力的差异一旦被证明的确与种族具有天生的联系，种族主义便在某种程度上无懈可击了。

对反对种族主义的人来说,如果把全部的赌注都押在一种教条式的承诺上——不同科学仍然需要很长时间才能解决的某个特定结果,这是很愚蠢的。如果有人试图证明,种族之间与性别之间在某些自然选择确定下来的能力上的差异主要是由基因导致的,这个说法还不是一个定论;同样地,一定也会有人试图证明,这些差异主要是由环境导致的。在这个诉讼纷起的阶段,我们难以确定哪一种观点是正确的,当然,我们更希望是后者。

幸运的是,追求平等并不需要依赖于这种科学研究的某种特定结果。当有人声称他们发现了证据,显示种族之间或性别之间在能力上的差异确实是天生的,对这种论断做出适当的反应不是一味地坚持这种基因学的解释定是错误的,相反,我们应该清楚地表明,主张平等的理由并不依赖于智力、道德能力、体能,或者类似的事实性特质。平等是一种道德理念,而不是一个简单的事实断定。在逻辑上没有任何强制性理由来假定,两个人之间在能力上的事实性差异,能够证明我们对满足他们的需要和权益的考虑任何差别是合理的。人类的平等原则不是对人类之中被硬说成事实上平等的一种描述;相反,它是对我们应该如何对待动物的一种规范。

边沁在他的伦理学功利主义体系中把道德平等的根本基础吸收进来作了如下的表白:"每个人只算作一个,没有人能算作更多。"易言之,一个行为影响到的每个存在物的权益都应加以考虑,并且给予像任何其他存在物的权益一样的同等考虑。稍晚的一个功利主义者亨利·西季威克(Henry Sidgwick)把这个观点表达如下:"从宇宙的视角来看(如果我可以这么说的话),任何一个个体的好并不比任何其他人的好更重要。"① 再晚近一些,当代道德哲学的领袖人物们已经表明,在详细地指明他们的道德理论的基本预设上,具有大量的一致性:为了对每个人的权益给予平等考虑,就要产生某些相似的要求——尽管他们在关于如何最好地表达这种要求上还没有一致的认识。②

这个平等原则的一个含义是,我们对他者的关注不应该取决于他们像什么,或者他们具有什么能力——尽管准确地说,我们的关注要求我们随着我们的行为影响的那些人

---

① *The Methods of Ethics* (7th, Ed.), p. 382.
② 例如, R. M. Hare, *Freedom and Reason* (Oxford, 1963) and J. Rawls, *A Theory of Justice* (Harvard, 1972);在这些和其他主张之间这个问题上的重要论证,下列文献做了简要陈述,如 R. M. Hare, "Rules of War and Moral Reasoning," *Philsophy and Public Affairs*, vol. I, no. 2(1972).

的特点而变化。反对种族歧视主义和反对性别歧视主义二者最终依靠的一定是这个依据;而且,正是物种歧视主义与这个原理具有一致性才使得它也受到了谴责。如果某个人拥有更高程度的智力,并不等于赋予这个人有权利去利用另一个人达到他自己的目的,那么,它怎么会赋予人类有权利去利用非人动物达到人类自己的目的呢?

许多哲学家都以不同形式提出,把平等考虑利益的原则作为一个基本道德原则;然而,正如我们将会简要而详细地看到,他们中没有几个人认识到这项原则既适用于人类也适用于其他物种的成员。边沁是极少数有此认识的人之一。在英国属地,当黑人仍然受到如同我们现在对待非人动物一样的遭遇时,边沁富有前瞻性地写道:

> 其他动物可以获得那些被人残暴地从它们身上剥夺的权利,这一天迟早会来临的。法国人已经发现,一个人不能因为皮肤黑就要遭受任意的折磨而得不到救助。总有一天,人们会认识到,腿的数量、皮肤绒毛的形式、骶骨终端的形状都不足以作为让一个有感知能力的生命遭受类似厄运的理由。还有什么其他的理由应该划分这条不可逾越的鸿沟?是推理能力,还是说话能力?但是,一匹完全发育成熟的马或狗比一个一天大、一个星期大、甚至一个月大的婴儿更加理性、更为健谈。然而,假设事情完全不是那样的话,又有什么用呢?问题不在于"它们能推理吗?",也不在于"它们能说话吗?",而在于"它们会感受到痛苦吗?"。③

在这里,边沁指出,感受痛苦的能力是作为给予一个生物平等考虑权利的关键特征。感受痛苦的能力——或者更为严格地说,感受痛苦或者快乐或幸福的能力——不完全是像语言能力、高等数学能力之类的另一种特征。边沁的意思不是说,那些试图划定"不可逾越的鸿沟"决定一个生物的权益是否应该受到考虑的人碰巧选择了那种不正确的特征。他要说的是,感受痛苦或快乐的能力是拥有权益的必要条件,满足了这个条件,我们才能在任何有意义的方面谈论权益问题。一个学生沿路踢了一块石头,这不是权益问题,谈论这点毫无意义的。石头没有权益,因为它不能感受痛苦。无论我们对它做什么,都不可能影响它的福祉。相反,老鼠具有不受到虐待的某种权益,

---

③ *Introduction to the Principles of Morals and Legislation*, ch, XVII.

因为它能感受这样对待它的痛苦。

如果一个生物能感受痛苦,那么,拒绝考量这种痛苦就没有道德上的合理性。不管这个生物的本质是什么,平等原则要求的是:平等地考量它的痛苦,就像平等地考量其他生物的痛苦一样——只要它们之间可以做大概的比较。如果一个生物不能感受痛苦或者体验快乐和幸福,我们对它就没有什么需要考量。因此,对感觉能力(用这个词只是为了方便,如果不在严格的意义上精确地使用它,它就是感受痛苦或体验快乐和幸福的简称)的限制是对他者给予关怀的可辩护的唯一界线。用像智力或理性等某些特征来划分这种界线是一种武断的方法。如果可以这样做,为什么不选用像皮肤的颜色等其他的特征来划分呢?

种族主义者破坏了平等原则,当二者之间发生冲突时,他们把自己种族成员的权益看得比别的种族的利益更重要。同样地,物种歧视主义者容许自己物种的利益超越于其他物种的利益。④ 这种模式在每种情况中都是一样的。大多数人都是物种歧视主义者。现在,我将扼要地把这方面的行为描述如下。

大多数人,尤其是工业化社会中的城市人群,与其他物种成员的联系最为直接的方式是在膳食时间:我们食用它们。在这样做的时候,我们完全把它们当作是满足我们自己目的的工具。我们用它们的生命和福利来替代我们对某一种特殊味道的品尝。我审慎地说"品尝",是因为这纯粹是一个使我们的味觉获得快感的问题。就我们需要满足营养的需要来说,不存在为吃肉而辩护的问题,这是因为我们早已毫不怀疑我们要满足我们的蛋白质需要和其他重要的营养需要,可以用一种食谱取代吃肉以更为有效地满足,如,豆类、豆制品,或者其他高营养的蔬菜制品。⑤

不只是对动物的宰杀行为表明了为了满足我们的胃口要对其他物种准备做什么。在动物还活着的时候,我们就给它们施加痛苦,比起我们准备把它们宰杀的事实来,它

---

④ 我要把发明"物种歧视主义"这个词归功于 Richard Ryder。
⑤ 为了在牛肉或小牛肉的形式中产生一个单位的蛋白质,我们必须给动物饲养 21 个单位的蛋白质。在其他家畜身上,蛋白质的转化效果就稍好,在美国,平均率是 1：:8。据估计,通过这种方式流向人类的蛋白质平均占到世界上每年损失的蛋白质的 90%。对此做出简要的描述,参见 Frances Moore Lappe, *Diet for a Small Planet* (Friends of the Earth/Ballantine, New York 1971), pp.4-11.

或许是更明显地表明了我们对待动物的行为。⑥ 为了以人们能够承受得起的价格在餐桌上吃到肉，我们的社会纵容了许多肉食动物的饲养方法：把有感觉能力的动物圈养起来，在它们整个存活期间让它们忍受糟糕的环境。动物就像机器一样把饲料转变为肉类，并且允许采用任何提高"转化率"的方法。正如在这个问题上的某位权威所说的："只有当利润终止时，我们才知道什么叫'残暴'。"⑦……

如我所说，由于这些行为无非都是为了迎合我们的胃口快感，因此，我们饲养和宰杀动物的行为都是为了食用它们，这是一个牺牲其他生物的重要利益以满足我们自己微不足道利益的一个鲜明事例。我们要避免物种歧视主义，就要停止这些行为，而且，我们中的每个人都具有终止支持这些行为的一种道德责任。然而，我们的习惯却强化了对这种肉类工厂的需要。要做出放弃这种习惯的决定或许很艰难，但是，再难也难不过南方白人反对其社会自由豢养黑奴的传统：如果我们不改变我们的饮食习惯，我们又怎么能够指摘那些不改变其生活方式的黑奴主？

在广泛地对其他物种的实验行为中，还可以看到同样的残暴形式，这些实验打着的旗号是为了检测某种物质对人的安全性，或是为了检验关于在学习上给予严厉惩罚的效果的心理学理论，或是为了测试各种新的复合物在某些情况下的变化……

过去，关于活体解剖的争论常常忽视了这个方面，因为它把自己置于绝对主义的正确性上：难道废除主义者准备让成千上万人送死吗？因为为了救活他们而必须要通过在某只动物身上进行的实验被禁止、废除了。要回答这个纯粹虚假的问题，其方法就是要提出另一个问题：如果只有那种方法才能救活许多人，难道实验者准备在一个幼小的孤儿身上做他的实验吗？（我这里说"孤儿"是要回避父母的复杂情感，虽然我这样说对实验者有些不敬，因为用于实验的非人动物是没有孤儿的）。如果实验者不准备用幼小的孤儿做实验，那么，他准备用非人动物做实验就完全是歧视，因为成年猩猩、

---

⑥ 尽管有人会认为宰杀生物最终明显是错误的，但人们还是这样做。我以为，对动物施加痛苦是物种歧视主义的一种更为清楚的显示，因为有人可能会认为，杀害一个人，其部分错误之处至少是，绝大多数人都能够意识到他们还能存活一段时间，具有延续到未来的欲望和目的——参见，如，M. Tooley, "Abortion and Infanticide," Phiosophy and Public Affairs, vol. 2, no. 1 (1972). 当然，如果谁赞同这个观点，谁就会坚持——如 Tooley 那样——杀害一个婴儿或身体有残疾的人本身不是错误的，也不比宰杀某种高级哺乳动物的错误更严重，因为这个哺乳动物的确也能意识到自己还能存活一段时间。

⑦ Ruth Harrison, *Animals Machines* (Stuart, London, 1964). 对农场饲养条件的描述，参见我的 *Animals Liberation* (New York Rewiew Company, 1975)，这里摘录的是该书中的"Down on the Factory Farm,".

猫、老鼠以及其他哺乳动物如同任何一个婴儿一样，都能够意识到在它们身上要发生什么，都能够直接意识到——只要我们告诉它们——至少是感觉到疼痛。这与婴儿具有的特质没有关系，与成年哺乳动物是不是具有相同或更高程度的特质也没有关系（有人可能会试图争辩道：在婴儿身上做实验之所以是错误的，是因为，如果我们对婴儿的成长不加干预的话，这个婴儿最终会成长为人，而动物则不可能这样，然而，人们还是坚持反对流产，因为胎儿也如同婴儿一样具有相同的发展潜能。确实，从这点来看，禁欲和避孕可能也是错误的，因为精子和卵子如果结合的话，也具有相同的潜能。不管在任何情况下，这个论证给我们的理由仍然是选择非人动物，而不是选择患有严重残疾或不可恢复的脑残者的人作为实验对象。）

那么，实验者就表现出对自己物种明显偏爱，不管什么时候，他会为了某个目的在非人动物身上做实验，但他不会认为在感觉、意识、自我控制能力等方面相同，甚或稍低的人身上做实验是合理的。即使是最为熟知绝大多数以动物为对象的实验所产生的结果的人，也没有人会丝毫地怀疑，如果能消除这种偏爱，这种用动物做实验的数量就会最大程度地减少。

在动物身上做实验，食用它们的肉，或许是今天社会物种歧视主义的两种主要形式。比较而言，第三种、第四种的物种歧视主义的形式，数量微小，影响轻微，但对于那些本文是为他们而写作的人来说，这些形式也许具有某些特殊的趣味。我所指的这些形式，是当代哲学中的物种歧视主义。

哲学应该质疑这个时代的基本假设。深入地、批判地、认真地思考最大多数人视为理所当然的想法，我认为，就是哲学的主要使命，而且，正是这种使命才使得哲学成为一种值得从事的活动。遗憾的是，哲学并不总是担负起了其历史使命。哲学家也是人，他们也易于受到他们所处社会的所有预设的影响。有时候，他们也可以冲破主流意识形态；但通常情况下，他们常常成为这种意识形态的最高明的辩护人。因而，在这种情况下，对任何人所具有的关于我们与其他物种关系的预设，当今大学所讲授的哲学没有提出挑战。从他们的著述来看，那些以触及现实问题来寻找问题意识的哲学家们，如同大众一样，接受了同样未经质疑的假设，而他们所讲述的东西通常使读者安心地沉溺于自己的物种歧视习惯的小天地里。

我要通过指明各个领域的哲学著述来阐明这些主张，例如，那些痴迷于权利的人已经做出的种种努力,就是要对权利的范围划分边界,以使之对应于智人物种(包括婴儿甚至是身体残障者)的生物边界,但是他们却把那些在餐桌上或实验室对我们极其有用的、具有相同的或更高能力的其他物种排除在这个边界之内。然而,我想,如果我集中于探讨我们特别关注的这个问题——平等问题,本文所一定会得出令人欣赏的结论的。

在道德哲学或政治哲学中,平等问题具有重大意义,这是就人类平等来说必需详加阐述的问题。影响所致,其他动物的平等问题并没有作为一个问题进入哲学家或者其学生的视野——这表明哲学对已被认同的信念的挑战是失败的。而且,哲学家还发现,要讨论人类平等的问题,而不在一二处提到其他动物的地位问题,是很困难的。从我已讨论过的地方应该很明显地看出,其理由在于:如果人与人被视为平等的,那么,我们需要某种"平等"的意识,而不需要对能力、天赋和其他品质的平等做出任何实际的描述。如果平等与人的任何实际特质没有关系,这些特质一定是某些最低程度的常识名称而已,把标准定得如此之低以至于没有人会缺少它们——但是,哲学家们却意外地反对这种说法,即任何这样一套覆盖了所有人的特质不是只有人才能拥有的。换句话说,这证明唯有在这种意义上,我们才能准确地说(就像判断一个事实一样):所有人都是平等的,至少某些其他物种成员也是平等的,即平等是对每一个人和他者而言的。相反,如果我们用某种非事实性方式来看"所有人都是平等的"这个陈述,或许它就是一种描述,那么,如我说的,它甚至很难把非人动物从平等的范围中排除出去。

这种结果不是平等主义哲学家一开始就有意断定的东西。然而,大多数哲学家不是接受了他们自己推理出来的激进的认识,而是试图通过论证人类平等而动物不平等的信念只是受到了曲解来调和这种信念。

我首先以威廉姆·弗兰肯纳(William Frankena)的一篇出名的论文"社会公正的概念"为例来解释这个问题。弗兰肯纳反对"基于功劳的公正"观念,因为他认为这会导致高度不平等的结果。相反,他提出的原则是:

> 所有的人必须平等对待,不是因为他们在任何方面都是平等的,而完全是因为他们都是人。他们是人,因为他们拥有情感和欲望,能够思考,并因而在一种其

他动物不具备的意义上具有享受好生活的能力。⑧

但是,什么是这种所有的人都具有,而其他动物不具有的享受好生活的能力呢?其他动物也具有情感和欲望,也似乎具有享受好生活的能力。我们可以怀疑它们是否能够思考——尽管一些猩猩、海豚,甚至是狗的行为表明,它们能够思考——但什么东西与思考相关呢?弗兰肯纳认为是通过"好生活",他的意思是"在道德上,与其说是好生活,不如说是幸福生活或满意生活",这样的思想对于享受好生活而言似乎是没有必要的;事实上,对于平等主义者来说,强调思考的必要性是很困难的,因为只有一些人才具有在智力上使得生活满意,或在道德上过上好生活的能力。这就很难理解,究竟是什么使得弗兰肯纳的平等原则只与人有关。可以肯定的是,每个有感觉的生物都具有引导一种生活的能力——选择或者更为快乐或者更为痛苦的生活,并因而具有一种值得考量的诉求。在这个方面,人与非人之间的差异并不十分明显,相反,是我们逐渐接近的一种统一体,是两个物种之间部分重叠的统一体,是从享受和满足,感受疼痛和痛苦的单一能力到更为复杂的能力的统一体。

哲学家们已经看到,一般用来把人和动物区别开来的这种道德鸿沟需要一些依据来说明,但是,在人和动物之间,他们却无法找到任何具体的差异,既可以寻找到这些依据,又不削弱人类平等的基础。面对这种情况,哲学家们只能胡说八道。他们唱着像"个体人的固有尊严"这样的高调⑨;他们高谈阔论"所有人的固有价值",好像人具有其他生物所没有的某些价值⑩;他们大谈特谈:人,也只有人,才是"自身的目的",而"除了人之外的任何事物都只因为人才有价值"。⑪

关于人的特殊尊严和价值的观念由来已久;它可以直接追溯到文艺复兴时期的人文主义者,例如皮科·德拉·米兰多拉(Pico della Mirandola)的《论人的尊严》(*Oration on the Dignity of Man*)。皮科和其他人文主义者把他们对人的尊严的判断奠基于这样的理念,即在从最低等的物质形式到上帝自己的"伟大的存在之链"(Great

---

⑧ 在 R. Brandt(ed.), *Social Justice* (Prentice Hall, Englewood Cliffs, 1962), p.19.
⑨ Frankena, *op. cit.*, p.23.
⑩ H. A. Bedau, "Egalitrianism and the Idea of Equality," in *Nomos IX: Equality*, ed. J. R. Pennock and J. W. Chapman, New York, 1967.
⑪ G. Vlastos, "Justice and Equality," in Brandt, *Social Justice*, p.48.

Chain of Being)中,人处于核心的、中轴的地位;这种宇宙观反过来又成为了传统的教条和犹太—基督教条。当代哲学家已经甩开了这些形而上学的、宗教的包袱,随心所欲地引用"人的尊严"这个教条,完全不必证明这种理念的合理性。为什么我们不把"固有的尊严"或"固有的价值"归结于我们自己?我们的人类同仁大概不会拒绝我们如此慷慨地赋予他们的尊荣,而那些遭到我们否定了这份荣耀的生物更无法反对。事实上,如果我们考虑到的只是人,那么高谈阔论所有人的尊严,是非常开明、非常进步的。这样做,无异于表示了我们谴责奴隶制度、种族主义以及其他违反人权的行为。我们承认,在某种根本的意义上,我们与我们物种中最贫穷的、最无知的成员如出一辙,别无二致。只有当我们想到人类只不过是居住在地球上的所有生物中的一个微小的、次级群体的时候,我们才能认识到,抬高我们自己物种的地位,与此同时就在降低所有其他物种的相对地位。

其实,诉诸于人的固有尊严似乎是要解决平等主义者的难题,当且仅当它没有受到挑战之时。一旦当我们质问,为什么所有的人——包括婴儿、智障者、犯罪性精神病患者、希特勒,以及其他的人——都应该具有某种尊严或价值,而大象、猪,或者黑猩猩却从不曾具有,我们便会发现,这个问题难以回答,就像难以回答我们原先追问的有哪些事实可以证明人与动物的不平等是合理的问题一样。事实上,这两个问题本来是一回事:固有尊严或道德价值的说法无非是把这个问题推回了一步,因为任何对"所有的人也只有人具有固有的尊严"这个主张的满意辩护,都需要指出所有的人也只有人才拥有的某些能力或特质。哲学家们经常是在似乎缺乏其他理由的这个时候来引入尊严、尊重和价值的理念,但这无济于事。漂亮的辞藻是那些在论证中黔驴技穷的人的救命草。

倘若仍有人以为,有可能找到把所有人与所有其他动物成员区别开来的某些相关特质,那么,在我做出结论之前,我会再次指出:存在着这样一些人,他们的知觉、自我意识、智力和感觉能力都十分明显低于许多非人动物。我想到的是脑部受到严重伤害且不可复原的人和婴儿。不过,为了避免与婴儿的潜能相关问题复杂化,我将只探讨永久性的弱智者。

试图寻找把人与其他动物区别开来的某个特质的哲学家们,很少会将上述群体的人归类于动物,与之为伍,把他们抛弃。他们为什么不这样做,原因不难理解。如果不反思我们对待其他动物的态度,而采取这样的做法,就会使得我们有权利出于无关痛痒的理由在弱智者身上进行痛苦的实验;同样地,会使得我们有权利作为食物饲养和宰杀这样的人。对大多数哲学家来说,既不能接受这样结果,也不能接受我们应当停止以这样的方式对待非人动物的观点。

当然,当人们讨论平等问题的时候,很可能会忽视身体残障者的这个难题,或者撇开一边,好像它是无关紧要似的。⑫ 这是解决问题的最懒惰的方法。然而,还有什么问题没有解决呢?关于在当代哲学中的物种歧视主义,我所选择的最后一个事例要揭示的是,如果一个作者准备正视人类平等,而动物不平等的问题,且又不忽视身体残障者存在的事实,也不求助于蒙昧主义者的骗人鬼话,那么,还会遇到什么麻烦。斯坦利·伯恩(Stanley Benn)的文章"平等主义者和平等考虑权益"清晰坦率,适合于做这个例子。⑬

伯恩注意到了"证据表明人类不平等"的论证,我认为,这是正确的,因为平等考虑好像成了平等主义的唯一的可能基础。然而,就像其他作者一样,伯恩思考的还是"平等考虑人类的权益"。他对平等考虑做出了严格限制,在为之辩护时,他是很开明的:

>……不具备人的形状是一个不合格的资质。当然,一只狗可能是忠诚的或智慧的,但如果认为这条狗有趣向(interest),并且视此趣向与人同等,这就是感性的过头了……比如,如果一个人要在抚养一个饥饿的婴儿和饲养一条饥饿的狗之间做出选择,任何选择了饲养狗的人一般都会被判断为在道德上有缺陷,不能认识到一个主张的基本不平等。
>
>这就是我们对动物的态度与对弱智者的态度的区别所在。说到平等地尊重尊严或平等地尊重弱智者的人格和理性人的人格,又是一个老生常谈的话题了……但是,说到我们应该平等地尊重人的权益却不是什么过时的话题,就是说,我们应该对每个人的权益给予相同的、认真的考虑,犹如主张我们有必要考虑某些我们认同和支持的正常福利。

---

⑫ 例如,Bernard Williams, "The Idea of Equality," in *Philosophy, Polities, and Polities, and Society* (second series) ed. P. Laslett and W. Runciman (Blackwell, Oxford, 1962), p. 118; J. Rawls, *A Theory of Justice*, pp. 509-510.

⑬ Nomos IX: Equality; 引用的段落在 p. 62 ff.

我们应该对弱智者给予考虑，伯恩的这个论述的基础，在我看来是正确的，可是，为什么在狗与弱智者之间存在着基本不平等的主张？伯恩认为，如果平等考虑取决于理性，则拿不出理由来反对把弱智者用于实验的目的的做法，就像我们现在拿不出理由来反对用狗和意大利猪做实验一样。他说，这种说法不会导致"我们当然要在这方面把弱智者与动物区别开来"的主张。弱智者与动物之间的一般差别是合理的，伯恩没有提出这方面的问题；他的难题是如何来证明这种差别是合理的。他的回答如下：

……我们尊重人的权益，并且给予他们超越于狗的优先权，这不仅仅是说他们是理性的，而是因为理性是人的标准。我们说，利用缺失这种标准的弱智者的缺陷，这是不公平的；正是因为这是不公平的，因而，偷窃盲人的东西，就完全不是一般的不诚实。如果在这个方面就狗来说，我们不认为是这样的，因为我们没有看到狗的非理性是一种缺陷或者一种障碍，相反，对它们的物种来说，这是再正常不过的了。因此，区分正常的人和正常的狗的特质，使得我们可以通俗易懂地说，其他人具有权益和能力，并因而可以代表我们的同类明确地提出各种主张。尽管这些特质是区别人与其他动物的关键之处，但是，其他动物事实上不具备人类成员的合格资质，或者不具备在道德上考虑人的那类明显尺度；而且，这是很精确的，因为一个人不能成为一个不同物种的成员，不能具有这个物种自身的正常标准，不能合理地具有这些特质。

上述段落的最后一句话偏离了论证。伯恩认为，弱智者没有超越于狗的任何特质；然而，这不会导致弱智者成为像狗的物种那样的"一个不同物种"的成员。由此可见，他认为用弱智者做医学实验，就像我认为用狗做医学实验那样，都是"不公平的"。可是，这到底是为什么呢？弱智者不是理性的，这个方面的问题完全搞清楚了，同样地，狗也不是理性的，这是事实——这就无需对它们的身体状况承担任何责任。如果利用一个身体有残疾的人做实验是不公平的，那么，为什么利用一个更为普通的缺陷者（指动物——译者注）做实验就是公平的呢？除了因为残疾人是我们自己物种的成员，为我们自己物种成员的权益优先做出辩护之外，我们发现这个论证的任何东西都难以理解。对那些认为这个问题还存在更为复杂的情况的人来说，我建议进行下面的身体实验。假定两个种族,比如说白人和黑人,他们的平均智商或正常智商是有差别的——这已经得到"证实"。然后,我们在上述引文中用"白人"代替每次出现的"人",用"黑人"代替每次出现的"狗";用"高智商"代替"理性",用"哑巴白人"代替伯恩说到的"弱智者"——其 IQ 低于正常白人。最后,把"物种"改成"种族"。现在,我们再来读一读上述引文。基于 IQ 分数,它就成了白人和黑人之间的一种僵硬的、没有例外区分的辩护,人们无法忍受得住白人和黑人在这个方面已得到认同的重叠部分。当然,反过来看,这段文字就是残忍的,可是,这完全不是因为我们用替代物虚构了这个假设。这里的关键地方在于,在对不同物种成员进行考量时,尽管他们之间存在得到认可的重叠部分,但伯恩在原先的文章中辩护的是一种僵硬的差别。如果原先的文字不存在,人们从一开始读到的就是我们颠倒过来的版本,那么,震撼我们心灵的就是各种生物所经受的残忍,这在很大程度上是因为尽管我们自己不是种族歧视主义者,但我们大多数人却是物种歧视主义者。就像其他文章一样,伯恩给我们树立了一个得来不费工夫的警示:即使是最好的头脑,也容易受到主流意识形态的摆布!

劳伦斯·C.贝克[*]

人类福利的优先性

- 社会关系的远与近决定了福利的优先次序，社会距离决定了人类的偏好，即人类对同类福利的偏袒是合理的。

本文提出的观点，其目的是要为人类的道德优先性辩护，即较之于动物的福利，人类的福利在道德上具有优先性。[①]

大体上，这一论点可以简单概括为：人类应该具有的角色存在着一定的特质——是这些特质构成了高尚道德或美德。其中的一些特质是由"社会距离"来决定偏好排序的，就是说，它们赋予了在社会关系上离我们"更近"的那些人的福利以优先性，而不是给在社会关系上离我们更远的福利以优先性。比起人类自身来说，动物通常"离我们更远"。因而，要拥有人类应该具有构成美德的那些特质，在因果关系上，就要坚持人类应该（一般地）对他们自己物种的成员的福利给予优先性。

这是总体而言，这种优先权需要补充大量的东西才能使它更让人信服。但我想从一开始就弄明白：实际上不补充什么就可以证明这个观点用来为下述主张辩护，即不管什么意义上，人类比动物具有道德上的优先性。这个观点既否认在做出道德判断上要考虑动物的福利，也否认那些福利常常能够超越人类的福利。我的观点是，不要为残忍地对待牧场饲养的动物和用于科学实验的动物而辩护（不过，就我所说，这个观点无法解决关于把动物用作食物和某些实验的问题）……

关于美德的假设

我先要提出关于美德的一些假设。我可以把这些假设例举出来，它们是没有争议

---

[*] 劳伦斯·贝克（Lawrence Becker）在荷林斯学院教授哲学。除了在道德哲学上有著述之外，他还是伦理学百科全书工程的总编辑。

重印自劳伦斯·C.贝克，"The Priority of Human Interests", pp. 225-235 in H. Miller and W. Williams, *Ethics and Animals*. Clifton, NJ: Humans Press, 1983.

[①] 我将按照通常的习惯把人类排除在被称为"动物"的分类之外。

的——当然,这不意味着,我认为它们总是无需分析和辩护就能够加以应用的观点。但是,就当前的目的来说,它们似乎是没有问题的。

第一个假设是,美德实质上是某种角色的特质。它是通过某种复杂的习性和天性去感觉、想象、思考、选择和实践加以界定的。一个所谓的好人不仅仅是在多数时候出于正确的理由按照原则行动或者做了正确的事情。要成为一个好人就要成为其正确的行为是"在角色中"的某种人。好人部分地就是他的反应、冲动、天性和本能——这优先于选择一种理性评价——通常都是指向道德上的良好情感、思考、选择和行为。

第二个关于美德或角色道德的假设是,它有时带来非强制的、不假思索的行为。功利理论本身要求我们建立思考习惯、期待、首要原则、反思性反应,等等。这种抉择是一种麻痹症——仅仅严格地按照功利原则去行为是自我挫折——的滑稽形式。我选择的是其他一般的道德理论类型也会得出的相同结论:好人是一个这样的人——有时候采取行动或者丝毫不考虑后果,或者掂量人们的权利和义务,或者以其他的方式思考如何来做。就是说,有时候,作为一个必然的道德后果,一个好人以此行动完全不会去算计情感、权益、期待和偏好。

第三个关于高尚道德的假设是这样的角色特质,即界定它的形式是一种连贯性体系,既受到福利需求的限制也受到责任的限制。假定连贯性要避免以下特性中的冲突产生的问题:无条件说出真相可能会与圆滑行为发生冲突;但我在这里假定的是,当这些特性具有界定美德的品质时,在原则上允许圆滑的行为和说出真相的行为会达到一种初步的平衡。假定福利需求和责任提出的限制要避免狂热产生的问题。诚实或许是美德一个基本要素,但当它对福利的后果、对违背权利和义务、对普遍公正的要求视而不见时,它就不是美德。

第四个假设是,培养和维持友谊的能力是一种高尚道德的必要组成部分。我的意思是,要把这个假设限制在这种情况:人们无需艰难的努力就能够满足其自身的生存需要,并且,人们会认真对待其他人的善良意愿。而且,我所说的友谊,既具有相互尊重、敬佩和喜爱的特征,也包括亲密无间的爱慕关系。

最后,我的假设是,所有这些特性都把高尚道德界定为"开放性"的,但又具有稳定而鲜明的感情、信仰、期待和偏好。这种感情、信仰等必须乐意接受变化,其意是指,道德的人必须是"容易说服的"。固执己见的态度,与稳定的态度是相反的,不是高尚道德的组成部分。但如果一个人对于每一个举动、感情、偏好都有不确定的痛苦,或者,他对于每一个错误的意见都会陷入迷茫之中,那么,这都不是高尚道德的榜样。这就是构成角色道德的特质为什么必须是稳定的,而产生信仰、态度等的特质为什么必须是鲜明的。

基于以上关于高尚道德的这些假设,那么,我想对我们人类物种成员的一些偏好做出论证。

社会距离和偏好

在面对艰难的抉择时,我通常期望按照利益的近疏等级来确定帮助者,我的家人先于我的朋友,朋友先于邻居,邻居先于熟人,熟人先于陌生人,诸如此类。一般来说,这种期望的偏好排序基本上依照关系中的亲属性、依赖性、互惠性而有所不同。这种差异构成了所谓的"社会距离"——一种关于可容忍的空间排列、可允许的社会交往的频率和本质,以及在社会结构中的作用等等相关事实的模糊混合体。[②]

当然,对这种期望的偏好,按照多种重要性来看,还有一些例外。一个是"责任":我可能已经与陌生人达成了协议,超过了对家人的一般承诺。另一个是"均衡性":例如,朋友无关紧要的福利排在熟人的生存需要之下。而且,从社会关系的一般模式来看,例外情况的其他重要性还有一些偏差:如果我的家人咒骂了我并把我从家里赶出去,而一些朋友收留了我,我可能会希望颠倒通常的偏好排序(有时人们解释这一点会这样说:这些朋友才是我的"真正的"家人)。

除了这些例外,还有这些偏好排序提出来的众所周知的观念问题。谁是我的邻

---

② 社会距离的概念是一个棘手的问题。它在社会心理学中使用时,主要是指与社会"有关"的层面:你结婚的一种关系,你接受的一种关系,是一种通过婚姻缔结的亲密关系吗? 还是一种室友关系? 或是一种邻居关系? 抑或是你俱乐部的一个成员? 对这些问题的回答都是建立社会距离某个尺度的思想——特别是与种族、民族、社会阶层、宗教有关。参见:C. W. Sherif, *Orientation in Social Psychology* (New York:Harper and Row, 1976)对此做了一个概述。她提到 H. C. and L. M. Triandis 的著作尤值一读。对社会距离与空间有关的排列也有深入讨论。参见有关的论述,如 K. G. Shaver, *Principles of Social Psychology* (Cambridge, MA:Winthrop, 1977),pp. 108-111。但是我一直没有找到——不管是全文还是主要论述——对社会距离概念做出认真分析的文献。迄今在这个领域所做的经验性的论述忽视了我在这里最为关心的一个特征,即分配稀缺物品的偏好。"你会把最后一点可分配的食物全部给谁?"的问题没有在这些研究中提出来。因此,我是按照就我看来是合理的假设来讨论的。文化人类中心主义看起来更值得期待,但是,如果没有对社会距离概念进行详细分析的话,那么它是无法发挥作用的(至少用非专业的眼光来看是这样的)。有关这方面的有趣材料可参见,例如,L. Bonaman and P. Bonaman, *The Tiv of Central Nigeria* (London:International African Institute, 1953). pp. 25-30. and J. Middleton, *The Lugbara of Uganda* (New York:Holt,Rinehart and Winston,1965),Ch. 4.

居?它主要是一个地理问题还是一个社会组织问题?家庭是一个生物单位还是一个社会生物单位?朋友与很熟悉的人、熟悉的人与不熟悉的人之间的界限在哪里?

最后,应用这些偏好排序受制于公正原则:类似的情形必须受到类似的对待;决策应该是非随意的;在一些完全恒常化的情形中,我们要求决策的过程不是隐蔽的、操纵的、陷入不当干预(ex post facto)立法、裁定自我利益。

我的意思不是要降低所有这些事情的重要性。我在这里关心的是其他两个问题:一是如果这里存在道德证明的话,那么,它能够支持由社会距离决定的任何偏好排序;二是道德证明对于我们对待动物会产生的后果……

美德和社会距离

我想要探究的是这样的观念——某些角色特质构成高尚道德需要社会距离决定的偏好。我所理解的特质是互惠(例如,以善报恩的品性)和对他人的同情共感(empathic identification)(毫无疑问,还有一些其他的特质可以做出相同的论证,但我不想详尽无遗地开列这个清单)。

互惠(Reciprocity)

互惠是一种普遍的社会现象,不仅是作为一种纯粹实践而出现的,而且也是作为一种差不多在每天的社会记录中都存在的行为准则。[3] 以善报恩——至少在许多常见的社会交换中——是属于并将属于人的行为。[4] 根据推论,回报的**品性**通常明显被视为一种美德(更不用说出于正当动机的回报)。

而且,似乎显而易见的是,人们能够证明包括回报在内的这样一种品性在美德价值中的合理性。缺失或敌视这种品性,它所具有的明显的社会功效就会丧失。例如,维持宴饮交际、友谊和一定的合作努力是有必要的。由于这些原因(或许还有其他方面的原因),我们赞成主张理性的订约者情愿选择一个拥有这些品性的人的社会,而不是一个缺失这些品性的人的社会。权利理论坚持互相尊重、平等交换以及诸如此类具有互惠特征的行为。亚里士多德在关于道德特征的论述中显然深刻地谈到了互惠。总之,如果有什么角色特质能够作为美德的一个必要部分得到合理的证明,那么,互惠

---

[3] 可参见,例如,A. Gouldner, "The Norm of Reciprocity: A Preliminary Statement," *American Sociological Review* 25 (1960), pp.161-178.

[4] 以怨报怨是一个更为复杂的问题。

便是其中之一。

同情共感（empathic identification）

这是指一种相似的情形需要我们从他人的视角来理解某种境况的能力和习性，以移情性地体会并真切分享他人的体验（我在这里所说的同情共感还包括认同故事中的角色和通过这种认同感受他人的体验的能力）。除了具有解决争端的功效之外，同情共感还是发挥这种功利计算的一种先决条件。那么，我们如何看待它在其他方面的功效？

我猜想其他一般的道德理论也会把同情共感列为一种美德。理性的订约者大多会选择一个行动主体们具备而这种特质的社会，而非相反。义务论如果不能判断什么是对别人的亵渎——一种伤害，便不能起到任何作用。道德代理人也需要这种体会他人痛苦的能力和习性（我猜想，如果用义务论的术语来说，正确的行为不仅仅是单纯的完成任务般的机械行为——它也需要适当的动机）。

与社会距离的关系

我想我们可以轻易地看出，不管是互惠的品性还是同情的本能通常都是根据社会距离决定的排序来影响**分配**的。由于用于互惠的资源是有限的，而且实施同情共感的精力、时间以及想象力都是有限的，所以与我们最亲近的那些人必然会不均等地分享到我们分配给他们的善行和我们给予他们的关注。但我们会宁愿选择满足那些与我们较为亲近的人的福利吗？就是说，假设我们具有互惠的品性和同情的本能，作为这种事实的一种后果，社会距离会决定**偏好**的排序以及实际的分配吗？我认为是这样的，以互惠为例，理由如下：

（1）人们之间的社会距离越小，他们之间进行交易就越复杂越普遍。从后果来看，在一种人际关系中确定谁欠谁更多以及什么时候达到均衡态势的难度与社会距离的大小成反向变化。在一个小家庭范围内进行这样的计算实质上是不可能的，对亲密的朋友来说，进行这样的计算甚至更加困难。在这样的关系中，当人们非得算清谁欠谁的时候，无论当事的每一个人做出什么决定都会有或者歉疚或者受骗的感觉。可能持续存在不好的感觉，甚至出现导致亲密关系结束的后果，就是明显的例子。因此，最好的做法是，我们**绝对**不能在亲密的关系中养成"互惠算计"的习惯——只要这种关系还保持在稳定、初步平衡状态的时候。

（2）这似乎是一个如何看待高尚道德可证明为合理的突出问题。如果它是高尚道德的一个组成部分能够培养并维持友谊,如果高尚道德的各个组成部分必须形成一个一致性的整体(这两个方面都是我在这里的假设),那么互惠的品性必定与培养并维持友谊的能力相协调一致。因此,具备避免严格算计的品性——至少在亲密关系之间——是必要的。

（3）然而,当社会距离增加的时候上述必要的品性将随之改变,部分原因可能是:合理的分歧压倒了信用,以及借贷减少。我们与不同陌生人的交易多数是互不相连的、可估值的,而且我们从陌生人那里获取的大部分利益是间接的,因此我们对他们的回报也可以对等地采取间接的形式(例如,通过我们成为遵纪守法,富有成效的公民)。所以说,严格的算计不会威胁相对较远距离的关系的稳定性。

（4）最后,我们通常**总是**感觉对家人比对朋友更"亏欠",对朋友比对熟人更"亏欠"——如果只考虑纯粹的、频繁的交易的话。在人际关系中,越是发生交易,越是可能呈现"随意的目的性"(loose ends)。把所有这些都考虑进来就会发现:关系越紧密,就越有可能产生"亏欠"的心理;关系越紧密,我们对于负债的认识就越模糊——对于有德性的人来说,总是很合理的是,他们会认为他们给予别人的一切很可能使他们更"亏欠"那些与他们亲密的人而不是与他们较疏远的人。因此,在互惠的品性下分配的偏好是由社会距离来决定其排序的。

类似的一些事情也可以用同情共感来解释。我们能够高度认同与我们最亲密的人。也就是说,在某种程度上他们的福利对我们来说是"真实的",而与我们距离较远的人则不是。对那些我们只能间接地(通过他人的描述)获知其确实存在的某些人的痛苦或快乐,同情共感也不会发生作用,只会具有一种想象的、模糊的、不太可信的性质。相反,对那些与我们关系亲密的人的福利——我们可以直接交流这些福利——是鲜活的、直接的、毋庸置疑的,这是单靠想象才能建构的同情共感所远远不能做到的。同情共感会尽可能产生"为了"他人的福利的行为,它会产生对某些人我们的同情会更强,而对另一些人则更弱的偏好,这种主张还是有道理的。其因果关系是,偏好是由社会距离来决定排序的。

跨越物种界线的社会距离

到目前为止,我论证的始终是有德性的人——作为一种因果关系,一定特质构成了美德——由社会距离决定偏好的排序。现在,我想说的是,撇开一些例外,我们与其他物种的社会距离大于我们人类物种内部的社会距离。对于有德性的人来说,其结果是一种更全面的偏好——为了人类的利益超过为了其他动物的利益。这个论证是相当直截了当的。

第一步

当社会交往更频繁更"直接"时,社会距离便会缩小。这只是概念性的说法。当我与某人直接接触——不需要任何中介——而且经常这样地接触,那么我们之间的社会距离(其他情况还是相同)肯定比我们间接接触或偶尔接触的社会距离更小。⑤ 这只是"社会距离"的部分含义(我说"部分"是因为还存在其他使社会距离扩大或缩小的情况)。

第二步

当对其中一方的依赖受到另一方或多方当事人的认可时,它通常是关系通过更频繁、更直接的交往缩小彼此之间社会距离的一个特征。依赖的一方试图保持"亲密";被依赖的一方必须经常顾及到依赖一方的需要——即使是只能拒绝他们。因此,一方越是依赖另一方,他们之间的社会距离可能越小。⑥

这也只是概念性的,至少当"关系"的概念受到合理限定的时候,它是这样的。社会距离涉及到人们之间的交往,在这些交往中他们可能彼此**接近**、彼此**支持**、彼此**认同**或者彼此**反对**。只有这样的交往才是被我称作的"关系"。因此,在这个意义上说,我们与一些共生的微生物之间(相互依赖的)的因果联系不能被称为关系(或者换句话说,当多方之间的社会距离是无限的时候,它们之间不能被称为关系)。同样地,我们对氧气的依赖不能用社会距离的术语来分析,我们与蔬菜之间的因果关系也不能。但是我们可以在必要的时候与多种动物以及全人类建立关系。在这些关系中,我们对于依赖的正确认识成为决定社会距离的因素之一。而且,依赖的程度越高,彼此间的社会距离越小。

---

⑤ "其他情况还是相同"在这里至关重要。毕竟,在交往中面对面的战斗是直接性的、即时性的。这里的观点认为,与敌人的关系也可以被想象为一种"亲密关系",按照我所使用社会距离的这个概念,它与社会距离的关系不是那么容易阐述清楚的。

⑥ 没有必要涉及到的多方不值得受到影响。在关系中,影响也是一种"亲密性",但不只是这种情形。可参见,例如,H. M. Hacker, "Women as a Minority Group," *Social Forces* 30(1951), pp. 60-69.

第三步

一般地说,在我们与动物的关系中,相比那些动物可以与之类比(就他们的兴趣、智力等等而言)的人(婴儿等),动物则更少依赖于我们。除了罗穆卢斯(Romulus——战神 Mars 之子,罗马城的创建者,"王政时代"的第一个国王——译者注)和瑞摩斯(Remus——Romulus 的孪生兄弟,由母狼抚育养大,因在修筑城墙时与 Romulus 发生争吵被其所杀——译者注)之外,无助的人为了生存、健康和快乐需要依赖于他人,而同样的情况下,动物则不然。因此,一般来说,人类社会中的成人与婴儿之间的社会距离比成年动物与幼年动物之间的社会距离要小。

第四步

因此,倘若考虑到高尚道德需要由社会距离决定的偏好排序的话,通常我们会首选人类自身(我说"通常"是因为在某些特殊情况下——例如宠物、受伤的或残废的动物,以及那些被人类直接伤害的动物——可能存在同样的依赖。)

通过使用社会心理学的相关研究成果或许可以加深我们对跨越物种界线的社会距离的研究——例如对于同情共感的本性和它的局限的研究。但是,这样复杂的情况对于我们所进行的讨论是没有必要的。同样地,通过对正常成人之间与人类跟动物之间的互惠关系进行更加复杂更加有效的描述或许能够极大地充实我们的论证,但是这样做将会使这个论证脱离其当前的目的……

詹姆斯·里查尔斯*

达尔文、物种和道德

- 非定性物种主义的做法是,只要不属于人类这个物种,就可以歧视;定性物种主义的做法则诉诸于是否有理性,理性是区别对待的标准。
- 正确的做法应该是道德个体主义,即一个生物将受到如何对待,取决于它本身,而不是其所属的物种。

众所周知,达尔文主义削弱了宗教的影响,但人们并不知道它是怎样做到这一点的。在这里,我不讨论达尔文主义与宗教之间的关系,而是要关注其他还没有得到多少探讨的观念:达尔文主义也削弱了传统道德的一些方面。在许多重要的地方,传统道德依赖于"道德只是某种关于人的特殊情况"的假设——按照传统道德的说法,由于是人,而不是狗或牛这个事实使得在怎样对待它时具有重大差别。我的论题是"人类理智的渐进启示",它以达尔文理论为依据,必然得出的结论是:这个假设是错误的……

由于是一定物种的成员的这个事实,因此,在它本身那里或它本身就具有要得到特殊对待的完善的道德理由吗?由于是人这个事实就具有比其他物种成员得到更多关心的理由吗?对此,至少可能有三种回答。

1. 非定性物种主义(Unqualified Speciesism)

首先,有人会认为只有物种才在道德上是重要的。据此,某个个体是一定物种的一个成员,毫无疑问,这个纯粹的事实就足以使得应该如何对待这个个体具有差别。

对于理解物种与道德之间的关系,这不是一个听起来十分有道理的方法,而且,一般地说,即使是那些赞同被我称之为"传统道德"的人也不会接受它。例如,可以细想

---

* 詹姆斯·里查尔斯(James Rachels)任教于在伯明翰的阿尔巴马大学。他新近的著述是《道德哲学要素》(*The Elements of Philosophy*)(Random House,1987)。

① 这个小说记载在 *My Best Science Fiction Story*,由 Leo Marguiles and Oscar J. Friend 编辑(New York:Pocket Books,1954)。

一下伊安德·宾得(Eando Binder)古老的科幻小说《来自火星的教师》。① 这篇小说的主角是一个火星人,他来到地球给一所学校的孩子们教学。由于他很特别——七尺高,瘦小,有触角,皮肤粗糙,于是受到学生们的嘲弄、辱骂,差点被赶出去。然而,一个英雄般的举动使得孩子们认识到自己错了,这个故事以罪犯首领发誓改邪归正的愉快场面而结束。

这篇小说写于1941年,它不是空洞虚伪的、关于种族主义的道德故事。但故事明显是有关物种,而不是有关种族的。② 这个来自火星的老师被刻画成生物,从心理学上来说,极其像人:他同样具有智力与情感;像其他任何人一样,同样拥有忧虑与兴趣。唯一的差异就是他具有一副怪异的外形。显然,这样的外形不能证明他受到侮辱是应该的。读者欣赏到这里,接着就会到出一个明显的结论:外形上有差别的事实,例如肤色是白色或者黑色,不应该使得在道德方面也有差别。

然而,一些哲学家认为,在我们指向一种生物的道德义务上,物种完全会造成差别。根据汤姆·雷根《动物权利研究》一书的观点③,罗伯特·诺齐克在一份自我满足的道德列表中如此推测道:

> ……也许将会证明,只有使物种人化……才能从其他人那里获得特殊的尊重——这是那个一般原则的一个例子,这个原则是,任何物种的成员给予他们同伴的尊重程度可以合理地超过他们给予其他物种的成员的尊重程度(或者尊重程度至少超过中立观点同意给予的程度)。例如,如果狮子是道德主体,那么它们不可能首先受到其他狮子的批评。④

诺齐克用他自己的科幻故事《人马族》(Denizens Alpha Centauri)阐述了这个观

---

② 这是一个饶有趣味的转变:今天,像辛格这样的作者都认为,种族主义是错误的,类似地,物种主义也是错误的;而在1941年,宾得就鲜明地指出,物种主义是错误的,而且他希望读者领会到物种主义的错误性。参见 Peter Singer, *Animal Liberation* (New York: New York Review Books, 1975),第一章。

③ Tom Regan, *The Case for Animals Rights* (Berkeley: University of California Press, 1983).

④ Robert Nozick, "About Mammals and People," The New York Times Book Review, November 27, 1983, p.29. 关于诺齐克的进一步论证,参见我的 *The End of Life: Euthanasia and Morality* (Oxford: Oxford University Press, 1986),第四章。

点,他证明人马族对同族利益的尊重程度应该超过了他们对我们的利益尊重程度,即使是我们在各个相关方面都与他们相像。但也不完全是这样——事实上,这里是有问题的。如果我们用人马族替换宾得小说中的那个火星人,也不会有什么两样。不能善待这个火星人是因为他与别人的"差异"(在这里,是不同的物种成员),这就像是不公正的歧视。

什么是诺齐克所说的"一般原则"呢?人们发现,把这个原则放大来看似乎也是合理的,就是说,人们对其家人或邻居的利益给予特殊对待是合理的。可是,如果对家人或邻居给予特殊尊重是允许的,那么,为什么就不能把这种特殊尊重给予物种成员呢?这种思维方式的问题是:人们自然所属的组织具有很多成员,而这些组织成员并不总是(如果他们曾经是的话)具有道德意义。从家人到邻居再到物种的进步在一些方面跨越了其他的界限,比如说,跨越了种族的界限。它是假设认为对我们自己种族的利益给予尊重的程度超过给予其他种族的利益是合理的吗(黑人或许会说,黑人不能首先受到黑人的批评)?这可能会受到合理的抵制,但物种之内的差别只是很细微的。正如宾得的小说所认为的,非定性物种主义和绝对种族主义完全是孪生的教条。

2. 定性物种主义(Qualified Speciesism)

道德与物种之间的关系还有更为复杂的看法,这种看法正是传统道德的辩护者频频采用的观点。根据这种观点,物种完全没有道德意义。然而,物种的关系是与其他物种具有道德意义的重要性相关联的。人们会说,只有人类才能处在特殊的道德范畴中,因为他们是理性的、自主的主体(人类其他的特殊特征有时也会提到,但至少自康德之后,人类的理性特征就流传甚广)。正是他们是人这个事实,而不是"纯粹"的事实使他们有资格受到特殊关心。这就是为什么他们的利益很重要,从道德上看,超过了其他物种的利益,虽然假设其他物种的任何成员也是理性的、自主的主体,它们也会进入这个特殊的道德范畴之中,并且有资格受到特殊待遇。然而,传统道德的辩护者坚持认为,作为一种事实,其他物种不会具有这种特征。因此,只有人才配得上完全的道德关心。

达尔文反对人类所具有而动物没有这种特征的看法。相反,他强调人类与动物之间的连续性:如果人类比猩猩更理性,那也只有程度上的差别,而不是性质上的差别。但姑且先让我们撇开这一点,赞成这个主张的意图是只有人才是完全理性的、自主的

主体。从这个假设中,我们会得出什么结论呢? 我想做出两点评论:

第一个评论涉及定性物种主义的逻辑结构。要准确地理解与假定的人类理性有关系的功能有什么作用是很重要的。在对道德与物种的讨论中,与理性有关是一个关键问题,并且具有一定的目的。让我们来看看这个目的是什么吧。

我们先来讨论我们利用非人动物这个说法,其用法五花八门:给它们按上一些名称,饲养它们就是当作食物来吃;在实验室利用它们,进行医学和心理方面的实验和测试一些产品,如肥皂和化妆品等;为了教学目的在课堂上解剖它们;用它们的毛皮做成衣服、地毯和墙上的饰物;在动物园、马戏团和竞技表演中把它们当作娱乐的对象;在农场把它们当作会干活的工具;把它们当作宠物饲养;我们还有一项很受欢迎的运动,就是逐猎动物,然后杀了它们,从中娱乐。

此外,值得注意的是,如果上述任何一种方法用到了人身上,我们会说这是严重不道德的。但这也引发了一个问题。自亚里士多德以来,人们已经把以下说法作为道德推理的一项基本准则,即:

当个体受到有差别的对待时,我们必须能够指出这种有差别对待的合理性何在。

这样,我们不得不面对这个问题:在人类和非人类之间的差别是什么? 这种差别竟然使得我们分别对待人和非人动物是合理的?

这就涉及到与理性有关的问题。定性物种主义试图这样来回答这个问题:首先指出人是理性的、自主的主体,而其他动物则不是的事实,然后就假定有差别地对待非人动物是合理的。

但我们要注意这个关键地方:我们用于对待非人动物的种种方法,在用于对待人时却是错误的。为了证明这是合理的,定性物种主义只说出了人与非人动物之间的一个差别。这有什么用呢? 人是理性的而其他动物不是理性的这个事实,就跟在对待上的所有差别有关系吗?

有差别,就区别对待,可以作为一个普遍规则。但造成个体之间不同对待的一种差别可能与另一种差别对待完全没有关系。例如,假设一所法学院准入委员会批准了一个毕业申请而拒绝了另一个申请。当被问到其中的合理性时,他们会解释说,第一个申请者获得了学院的优秀等级和考试分数,而第二个申请者的成绩很糟糕。或者换一个例子来说,假设一个医生治疗两个不同的患者:他给一个人注射了青霉素,给另一个病人的胳膊上了石膏。这种治疗之所以是合理的,是由于他们之间的相关差别:第一个病人受了风寒,第二个病人手断了。

现在,我们把事情换个位置来看看。假如法学院准入委员会被问及为什么同意 A 而拒绝 B 时,他们回答道,A 是因为有风寒而 B 是因为手断了。假如问医生为什么给 A 注射青霉素而给 B 上了石膏时,他的回答是 A 获得了学院的优秀等级和考试分数,而 B 的成绩很糟糕。这些回答当然都是荒唐的,因为很显然,在一种情境中的相关性东西与在另一种情境中的是风马牛不相及的。

99　　我们可以用一个普遍原理来表达这一点:

> 在两个有差别个体之间受到有差别的对待是否合理,取决于所讨论的对待的种类。证明一种有差别的对待是合理的,不能证明另一种有差别对待的合理性。

一旦把这一点说得很清楚时,这个原理就让人觉得是显而易见、无可争辩的。但一旦它被人接受时,定性物种主义就站不住脚了。

是有的人是理性的、自主的主体这个事实使得他应该受到有差别的对待吗?当然有可能。因为这样的生物,他自己的生命的自我方向就是一种巨大的善,对他的评价不仅是因为他的工具价值而且是因为他自身的目的。因此,家长式的干预被视为一种错误。举个很简单的例子:一个妇女对于自己想怎样过她的生活会有一定的观念。这个观念可能包括采取我们认为有点愚蠢的冒险。我们因此试图去改变她的想法;我们会提醒她注意风险,并认为这是不值得做的。但是,假设她没有接受我们的安排,那么,如果我们强行阻止她按照她的选择去过她的日子,我们是合理的吗?或许我们是不合理的,因为她毕竟是一个理性的、自主的主体。但是,如果把这件事与我们怎样对待其他不是一个理性生物的人(比如,一个婴儿)相比较的话,那么,我们在干涉他们的行为以阻止他们冒着愚蠢的风险时,我们会觉得我们是非常合理的。婴儿不是一个完全的理性主体(任何方面都不是)的事实,会证明我们对待他不同于我们对待其他是一个完全理性主体的人的方法是合理的。

如果拿来比较(正常的、成熟的)人与非人动物,这个说法同样是正确的。如果我们强行干预使动物免遭危险,而不是对人这样做,我们指出这样的事实是合理的,即人是一种理性的、自主的生物,他知道他正在做什么,谁有权利叫他做出选择,而动物不知道这些。但是这种差别与并不关涉于证明任何有差别对待的类别是正确的。如果问题并不是家长式的干预,而是把化学药物放进兔子的眼睛里以测试一种新洗发水是否"安全"的话,那么,这就有人可能会问,为什么用这样方式对待兔子就完全是正确的,而用同样的方式去对待人类就完全是错误的呢?回答说"人是理性的主体,而兔子不是",这就好比法学院拒绝接受一个断了胳膊的申请者而非一个患了感冒的申请者一样。

因此,人是理性主体的言论并不能证明我们有差别地对待人类和非人动物的全部范围是合理的。它能够(尽可能地)证明某些有差别的对待是合理的,但不能证明其他所有方面都是合理的。这样,作为一个证明我们"有差别地"对待非人动物的普遍实践是合理的思想,定性物种主义是失败的。

也许有人会想到,通过提出人与非人之间一系列更大的差别性,定性物种主义还能够得到拯救。比如说,瑞克拜(Rickaby)指出:"只有人类会说话,只有人会做礼拜,只有人会希望永远思考",等等⑤。难道这些独一无二的特征的联合体不能证明把人类放在一个特殊的道德范畴是合理的吗?然而,这里的逻辑问题依然存在:我们必须问的是,人类会说话的能力、会祈祷的能力、会希望永远思考的能力,与每一种类别的对待是否真正有联系吗?把化学药物放进兔子的眼里这些事情,到底要做什么呢?正如物种之间没有什么差别能够证明所有有差别的对待是合理的一样,也没有什么理由认为一系列这样的差别能够证明做这些事情是合理的。

第二个评论是针对那些缺乏把人作为一种特权道德地位这种特征的人提出来的问题。定性物种主义认为,人类的利益要算作更多,因为他们是理性主体。但是,某些人,也许因为他们脑部受到严重伤害,并不是理性主体。假设这样的话,中立的结论就会是,他们的地位仅仅如同动物的地位一般,而且他们可能如同利用动物一样被利用(或许就像是实验室的对象,或者像食物一样?)。

当然,传统道德学家不会接受任何这样的结论。人的利益是重要的,而不管他们有着怎样的"残缺"。传统的观点显然认为道德地位取决于衡量物种的标准是什么。

---

⑤ Father Joseph Rickaby, S. J. , *Moral Philosphy* (1901), "Ethics and Natural Law".

由此可知，因为理性是标准，即使是非理性的人也要由于他是理性物种的一员当作人来对待。

这个观点——个体应该怎样来对待取决于衡量他们物种的标准——确实有一定的吸引力，因为它似乎表达了我们关于有缺陷的人的道德直觉。"我们不能仅仅因为一个人的不幸而对他不友好"，比如说，有的人脑部受到严重伤害。但这个观点经不起质疑。假设一只黑猩猩学会了看书和说英语（这是完全可能的），并且他终于能流利地交谈科学、文学和道德，最后他想去大学上课。关于是否同意他去上课，现在就存在明显的争议。如果有人如此争辩道："应该只允许人去上课。因为人能够看书、说话和理解科学，而猩猩不能。"然而，这只猩猩也能做到这些事情。"是的，但正常的猩猩是不能做到的，这就是原因。"这个争辩正确吗？不管其他的争辩是多么的有说服力，这个争辩是站不住脚的。因为它认为，我们要决定一个个体应该受到怎样的对待，不是基于其品质，而是基于其他个体的品质。不允许这只猩猩去做某些需要阅读才能做的事情——尽管事实上它能够做到——是因为其他的猩猩不能做到这点。这看起来不仅是不公平的，而且是非理性的。

3. 道德个体主义

所有这些论证采用的都是某种完全不同的方法，有的是要取消试图证明某种"个别道德范畴"对人类来说是合理的全部内容。根据这种方法，一个个体能受到怎样的对待不是取决于他是所属群体的成员，而是取决于他自己的特征。如果对待 A 不同于对待 B，其合理性必须来自 A 个体的特征和 B 个体的特征。有差别地对待他们的合理性不能通过指出这一个或那一个是某些偏爱群体的成员来得到证明。

这说明物种与道德之间到底存在什么关系呢？人与其他动物之间到底具有什么重要差别？他们之间是没有关系的吗？这就出现了比传统道德更为复杂的图景，但也比传统的道德更接近事实的真相了。事实是人类与动物之间并非简单的"不同"。实际上，二者之间在相似性和差别性上存在某种复杂的样式。就一个人和其他动物的一个成员来说，相配的道德观念是类似的，他们也应该受到类似的对待，尽管在某种程度上他们还是有差别，对待他们也有些差别。这就要求人们维护一种一视同仁对待的权利：不管人和其他动物（或者其他的人）之间存在哪些不同，都表明一视同仁对待他们是合理的。但这不意味着仅仅因为他是人，或者仅仅因为他缺乏人所普遍具有的某种品质,或者仅仅因为他所具有的某些特征是与我们讨论的那种特殊对待无关等等原因,他就可以要求更大的权利。

这种道德个体主义和关于物种本质的达尔文观点之间有着惊人的相似。在达尔文之前,物种被认为是永恒不变的,自然学家坚信,在一个物种中的成员关系取决于这个生物是否拥有这个物种的本质确定的属性。这种本质是真实的、起决定作用的、在自然身上所固有的某种东西,可以认为,由生物学家设计的分类体系是否精确取决于它们对这种固有的自然秩序符合的程度。进化论生物学是一种完全不同的观点。达尔文认为,不存在固有的本质;各物种之间只存在大量的官能在某些方面类似,但在另一方面又不同。真正的实体是个体。⑥ 这些个体是如何组成物种、变种等诸如此类的,或多或少带有任意性。在《物种的起源》中,他写道:

> 在我看来,物种这个词,是一个任意确定的、为了便于称呼一群互相密切相似个体的词,它在本质上不同于变种这个词,变种是用于差异较少但更摇摆不定的类型。另外,与个体差异相比较,变种这个词也只是为了方便而任意取用的。⑦

因而,达尔文的生物学以具有大量相似性和差异性的个体生物代替了物种决定论的陈旧观念;而道德个体主义则以对待这些生物必须对那些相似性和差异性具有敏感性的观念代替了生物从属于物种的这个观念。

达尔文理论提出的那种"人类理智的渐进启示"是怎样使得人们拒斥物种主义的?我们认为,这个历史过程包括下面四个阶段。

第一个阶段,由于传统道德受到每个人(或者说几乎是每个人)充满信心的世界观的支持而被人热烈追捧。这时的道德观是简洁明了的。就像康德所说的:人有"一种

---

⑥ 前达尔文时代的自然学家,除了好奇之外,几乎不对变种感兴趣。毕竟,它所呈现的是处在于物种本质的最好的、"标准"的范例,而自然学家努力了解的却是物种的内在本质。但就进化论生物学家而言,变种才是自然的真正物质——正是它才使得自然选择成为可能。

⑦ *The Origin of Species* (London:Jhon Murray,1859), p.53. 最近以来,有人认为辨别物种具有多种相似而有效的方法,每一种都适合于生物学家的不同的合理需要,参见 Philip Kitcher, "Species," *Philosophy of Science*, vol. 51(1984), pp.308-333.

天生的价值,如尊严",这就使对他们的评价是"无价的";而其他动物则"只是某种目的的工具。这种目的是人。"⑧支持这种道德条规的世界观有几个耳熟能详的要素:宇宙,地球是其中心,而地球又被认为是由上帝最初为人类所创设的家园,人又是上帝按照其样子创造的。其他的动物是上帝创造给人使用的。因此,人类是与其他动物相分开的部分,并具有一个完全不同的本质。这证明了他们具有特殊道德地位的合理性。

第二阶段,世界观开始出现裂痕。当然,在达尔文出现之前的很长时间就开始发生了——比如,众所周知,地球并不是宇宙的中心,它实际上是一个似乎并没有任何特殊之处的天体。但达尔文使得这个世界观分裂,他指出,人类决不是远离动物的部分,而是同一个自然秩序中的部分,实质上,他们之间具有亲缘关系。直到达尔文提出这一切时,旧的世界观才被完全推翻。

然而,这并不意味着,相关的道德观就会立刻烟消云散,根深蒂固的道德教条不会一夜之间土崩瓦解,有时甚至会持续几个世纪。就像彼得·辛格所说的:"只有从其底部推翻某种意识形态主张的根基,新的根基才会建立起来,否则,其他意识形态的主张就会悬空,就像在逻辑上违抗地球引力的法则一样。"⑨

第三个阶段,人们逐渐认识到,旧的道德观已经失去其根据,需要重新审视。让我们回顾一下雷根的著作,他认为诺齐克做了这样的评论:"关于物种成员关系的道德重要性的一种理论,我们不是现在才拥有的,从中推论不出任何东西,因此,人们根本用不着把大量的时间浪费在试图做出系统的阐述上,因为这个问题似乎还没有提出来。"⑩之所以这个问题似乎还没有提出来,是因为哲学家们还没有完全消化旧世界观轰然坍塌的涵义。

如果能为此找到新的依据,仍然会出现为传统道德辩护的事情。诺齐克以及其他很多人都认为这是极其可能的。而像辛格和雷根这样的哲学家则持不同看法:"人类理智的渐进启示"必然会催生一种新的伦理,在这种新的伦理中,物种成员的关系相对来说是不重要的。据于上述理由,我认为在这个宽泛的问题中做出的那些修正是正确

---

⑧ Immanuel Kant, *Foundations of the Metaphysics of Morals*, translated by Lewis White Beck (Indianapolis: Bobbs-Merrill, 1959), p. 47; and *Lectures on Ethics*, translated by Louis Infield (New York: Harper and Row, 1963), pp. 239-240.

⑨ Peter Singer, *Animal Liberation* op. cit., p. 231.

⑩ Robert Nozick, op. cit., p. 29.

的。最值得辩护的观点似乎就是某些形式的道德个体主义,其根据在于,重要的是个体所具有的生物特征,而不是他们所从属的种类。不管这些争论的结果如何,这个问题是不能再回避了。在动物的福利问题上,我们所要表达的不是某些哲学家所信奉的一时兴起的单纯兴趣,而是我们面临的一个解构理解大自然的前达尔文式方法的问题。只有当我们能找到一个新的平衡,在那里我们的道德能够再次与我们对大自然的理解以及对我们生活在其中的大自然的理解和睦共处,历史过程中的第四个阶段也是最后的阶段才会来临。

第四部分
动物权利

汤姆·雷根[*]

动物权利研究

- 雷根先批判了间接义务论、契约论、仁慈原则、功利主义等等。
- 作者从功利主义更进一步,主张每个动物都有不可替代和均一化的固有价值。动物权利是人权的一部分,而二者的理性基础是一样的;因而我们有直接的义务不在实验中使用动物、不进行商业饲养。

那么,如何来讨论动物权利的问题呢?我们先问一问否认动物拥有权利的思想家们是如何看待动物的道德地位的。通过审视他们是如何经受住大量批评的热议,我们来考查一下他们的思想气质。由此出发再来思考,我们很快就发现,一些人认为:我们没有对动物的直接义务,我们不对它们有任何感激,我们没有对它们做错什么;相反,如果我们做出包括对动物在内的错误行为,我们才因此而具有与它们有关的责任,但我们并没有对它们的任何责任。这种观点可以称之为"间接义务论"。举个实例来说吧:你的邻居踢了你的狗。那么,你的邻居就做了错误的事情。但不是对你的狗做了错误的事情。其错误在于,这种行为伤害了你。毕竟,狗被人踢是一件令人烦恼的事,因而,你的邻居踢了你的狗就令你烦恼。或者,你的邻居踢了你的狗就侵犯了你的财产权。既然这种行为侵犯了另一个人的财产,你的邻居也就做错了某种事情——当然,是对你做错了事情,而不是对你的狗。与你的车的挡风玻璃被人打碎,这对你的车没有做错什么一样,你的邻居也没有对你的狗做错什么。你邻居涉及到狗的责任是对你的间接责任。更为普遍地说,所有我们对动物的责任都是对他者——人的间接责任。

---

[*] 汤姆·雷根(Tom Regan)在北卡罗莱那州立大学大学教授哲学。其新近著述(与 Andrew Linzey 合著):《动物与基督教:阅读材料》(Crossroads,1988)和《布鲁姆斯伯里的预言家:G. E. 摩尔及其哲学发展》(Temple University Press,1986)。

经允许,重印自《为动物辩护》,Basil Blackwell,Oxford,England. 论文在国际会议"动物和人:伦理学的视角"上发表 Moorhead State Unversity,MN,April 21-23,1986.

人们如何来证明这样一种观点的合理性呢？有人会说,由于你的狗不会有任何感觉,因此,你邻居踢了你的狗并没有伤害什么。既然没有任何感觉,就像你的挡风玻璃没有任何意识一样,也就用不着去关心所谓的疼痛。有人会持这种看法,但是,不会推理的人们也会说:在其他的关心中,情况也应该是这样的——因为这样一种观点承认,只要人们没有感觉到疼痛,就用不着去关心它们的疼痛——人们用不着去关心在它们身上究竟发生了什么。这是一种可能的说法。另一种是,当被人踢了之后,你的人和你的狗都受到了伤害,但是,只有人的疼痛才算受到伤害。然而,不会推理的人又要说了,不管疼痛在哪里产生,疼痛就是疼痛。如果你的邻居导致你的疼痛产生了,因而是错误的,那么,我们不能合理地忽视或取消对你的狗感受到疼痛的道德关心。

持有间接义务论的哲学家(许多人也会持有这种观点),终于逐渐明白他们必须避开刚刚提到的两个有缺陷的观点:动物没有任何感觉的观点和只有人类的疼痛才与道德相关的观点。在这些思想家中,现在受到追捧的这类观点是被称作为"契约论"的一种形式。

粗略地说,契约论植根于个体自愿信守的一套规则的道德一致性,就像我们签订了一份契约(因此才得名"契约论")。契约直接包括了那些理解并接受了契约条款的人;他们有权利得到契约的授权、确认或保护。而且,这些契约者也能够保护会受到理解的其他人——尽管他们缺乏理解道德的能力并因而不能够亲自签订契约,但他们受到那些能够这样做的人的喜爱或养育。例如,小孩子就不能够签订契约或缺乏签约权利。但由于他们具有他人(最为重要的是其父母)的感情利益(sentimental interests),还是受到契约的保护。因此,我们所具有的义务就包括了这些孩子,是与他们有关的义务,但不是对他们的义务。在这种情形中,我们的义务是对其他人(通常是他们的父母)的间接义务。

至于动物,由于它们不能够理解契约,显然也就不能签订契约;而由于它们不能签订契约,显然也就没有权利。而且,就像孩子那样,一些动物也是他人的感情利益的对象,比如,你喜欢你的狗或猫。因此,这些足够多的人们会去关心它们的动物(同类的动物,如鲸鱼、小海豹、美洲秃鹰)就会由于具有人的感情利益而受到保护,尽管它们自己没有权利。那么,按照契约论的说法,我对你的狗或者其他任何动物没有直接义务,而不是因为没有导致它们的疼痛或者遭受痛苦而没有这种义务;我不伤害它们的义务是一种我对那些关心它们的人的义务。就其他动物而言,只要目前它们没有或很少具有感情利益(如,农场饲养的动物或实验室的老鼠),我们所具有的义务就越来越弱,及至于消失殆尽。它们所承受的疼痛或死亡,尽管是真实的,但如果没有人去关心它们的话,这就不是对与错的问题。

当说到动物的道德地位时,契约论持有一种顽固的观点,拒绝认为,在动物那里也存在考虑人的道德地位的一种恰当的理论方法。适合于考虑人的道德地位的方法,应用到我们讨论的动物的道德地位的合理性是不恰当的,与动物有关的道德地位终究是毫无意义的。例如,按照摆在我们面前的(粗俗的)契约论的立场,我们来思考一下人们同意信守的规则的道德一致性。人们信守的是什么呢?也许,是足以造成一种差异——所谓"足以",即是说"集体地"具有使得合同中的规则排列出来的力量。这种力量对立约者是非常有利的,但对任何未被要求签约的人来说并不同样有利。而且,我们正在讨论的担保人或者请求者每个人都有机会平等地参与构建道德规则,在这种契约论中没有任何新鲜的东西。其结果是,这种伦理学的方法允准了那些最明显的社会形式、经济形式、道德形式和政治形式的不公正性,从一种压迫性的等级制度到制度性的种族歧视、性别歧视,一一存在这些不公正。按照这个理论,这种现象也许是正确的——就让那些不公正的牺牲者遭受他们将要遭受的痛苦吧。问题不在于没有其他的人——没有契约者,或者即使有,人数极少——关心这个事情,而是这种理论使人们在道德观念上惊讶不已……例如,好像只要极少数白种南非人会为种族歧视而感到郁闷,那么南非种族歧视就没有任何过错一样。如果一种理论在道德层面对待我们人类的同伴都乏善可陈的话,那么,当它在道德上来谈论我们应该如何对待动物同伴时,就更不可能对它有所指望了。

正如我指出的,前面考查过的这个版本的契约论是一种粗俗的类型,但是,为着对那些更有说服力的契约论公平起见,我们必须指出,它要成为更严密、更精致、更巧妙的类型也是可能的。例如,约翰·罗尔斯在其《正义论》中提供了一种超前的契约论版本,它迫使契约者忽视作为人的偶然性特征——如,不管这个人是白人或黑人,男性或女性,天才的智力或平庸的智力。罗尔斯相信,只有忽视这些特征,我们才能确保契约者都认可的正义原则不会建立在偏见或不公正的基础上。尽管像罗尔斯这样的看法提升了先前的粗俗的契约论,但它还是存在缺陷:它全面地否认了我们对那些没有正义意识的人——例如,孩子,以及许多智力迟钝者——负有直接的义务。不过,它似乎合理地确定:如果我们折磨一个孩子或一个智力迟钝者,那么,我们就对他或她做了某种错误的事情,而不是因为当且仅当其他具有正义意识的人对此感到烦恼。而且,既然在这些人类的情形中,这是正确的,那么,我们就不能推理性地否认动物相似的情形。

然而,间接义务论,包括契约论中最有力的类型,都不承认我们的推理性认同。因此,不管我们从理性上应该接受什么样的伦理理论,它至少必须认可我们具有对动物的直接义务,正如我们具有对其他人的直接义务。下面我要概述的两种理论满足了这种需要。

第一种我称之为"残忍-仁慈论"。简单地说,这个理论认为,我们对动物负有仁慈的直接义务,负有不对它们残忍的直接义务。尽管对此耳熟能详,但真要重新树立起对这些思想的信心,我却不认为这种观点能够提供一种适当的理论。为使之更为清楚些,我们来考虑一下仁慈。一个仁慈的人,其行为出自某种确定的动机,如,同情或关怀。而且,这就是一种价值。但是,无法保证这种仁慈行为就是一种正确行为。例如,假设我是一个宽厚的种族主义者,我会倾向于仁慈地对待我自己种族的成员,偏爱他们的利益比其他种族人的更高。我的仁慈是真实的,而且只要做到了它,就是善。但是,我相信,这种仁慈很显然不会获得同意——我的仁慈行为可能不是采取了道德的方法,事实上,完全可能由于植根于不公正之中,是彻头彻尾的错误。这样的仁慈,尽管其性质是一种需要倡导的价值,但也很容易不符合关于正确行为理论的评价。

残忍则无善可言。如果人们或者表现出缺乏同情心,或者更为糟糕的是展示出对他人痛苦的欣赏,则这个人或其行为就是残忍的了。在所有的行为举止中,残忍是恶劣的,一个残忍的人是失败的、悲剧的。但是,正如一个人出于仁慈的动机不保证他或她所做的就是正确的一样,没有残忍也不保证他或她就能避免做出错误的事情。例如,许多堕胎的人就不是残忍的虐待者。然而,这种单纯的事实不能解决堕胎问题的道德困境。当我们考查我们对待动物的伦理问题之后,这个问题并不复杂。那么,就让我们追求仁慈,反对残忍吧。但是,我们不要认为,在道德上对与错的问题上,这存在着支持一种回答而反对另一种回答。

第二种是某些人认为我们要找寻的是功利主义。一个功利主义者接受两种道德原则。第一个是平等原则:每个人的利益都要考虑,并且,同样的利益应该得到同等的考虑或被看做同等重要。白人或黑人、美国人或伊拉克人、人类或动物——每个人所遭受的痛苦或挫折,与其他任何人所遭受的痛苦或挫折都应该看做是同样的问题。第二个是实效原则:我们所做的行为能够在每个人被其结果所影响的满足与受挫之间带来最佳的平衡。

那么,在这里,如果作为一个功利主义者,我会这样来决定我在道德上应该做什么:如果我选择做某事而不做别的事情,我必须问一问谁将会受到这个决定的影响,每个个体将会受到怎样的影响,最好的结果最可能出现在哪里——换句话说,这个选择最有可能带来最好的结果,在满足与受挫之间达到最好的平衡。不管这个选择可能是什么,它都是我应该做出的选择。这是我的道德义务所在。

功利主义的巨大吸引力来自于其坚定的平等主义:每个人的利益都要考虑,并且应该得到同等的考虑。某些形式的契约论所证明的丑恶的歧视——如,基于种族或性别的歧视是合理的——似乎在原则上遭到功利主义的拒绝,但是,物种歧视主义,却是基于物种成员的全面性歧视。

不过,我们注意到,在功利主义中,平等原则不是一种主张动物和人类都应该拥有权利的思想。功利主义并不认为不同的个体具有平等的权利,因为它不认为他们每个人都具有平等的固有价值(inherent worth)(或固有价值,inherent value,或 worth)。功利主义者所说的价值是某个个体利益的满足,而不是这个个体的利益本身是什么。如果其他情况都相同,一个能够满足你对水、食物、温暖等欲求的世界,比起一个这些欲求在那里不能满足的世界要好得多。对于有着相同欲求的动物来说,情况也是如此。但不管是你还是动物,就你们自己的权利而言,都没有任何价值。只有你的感觉才具有价值。

这里有一个比拟,有助于把这一哲学观点解释得更清楚:一些杯子盛满了不同的液体,一些是甜的,一些是苦的,一些混合着甜和苦。具有价值的是这些液体:越甜越好,越苦越坏。这些杯子,这些容器,本身没有价值。是所流进杯子的东西有价值,而不是液体所流入的东西有价值。对功利主义者来说,我和你都如同这些杯子;作为个体,我们都没有价值,并因而没有平等的价值。具有价值的是那些流入我们的东西,我们所起的作用就是容器;我们满足的感受具有积极的价值,我们受挫的感受只有消极的价值。

功利主义命令我们要带来最好的结果,当我们提醒自己这一点时,对于功利主义是很重要的问题。这是什么意思呢?它不是指对我一个人是最好的结果,不是指对我的家庭或朋友是最好的结果,也不是指对任何其他个体的人是最好的结果。是的,粗略地说,我们必须做到的是如下方面:我们必须分别将每个人可能受到我们的选择而影响的满足或受挫累加起来(以某种方式),满足的放在一组,受挫的放在另一组。然而,我们必须做出选择,哪一种最可能带来满足的总量会超过受挫的总量而达到最好的平衡。凡是会导致这种结果的行为,就是我们应该在道德上采取的行为——我们的道德义务正是在此。而且,这种行为与那种会给我个人,或给我的家庭和朋友,或给实验室的动物带来最好的结果的行为很可能不是相同的。对每个人关心的最好的总和结果,并不必然对每个个体是最好的结果。

功利主义是一种总和的理论,不同个体的满足或受挫要累计、加总、合计,是这个理论的关键之处。我的婶婶毕(Aunt Bea)年纪大了,行动不便,脾气古怪,失宠受困,但身体上没病没疼。她愿意这样活下去。她还算比较富有,但如果我伸手向她要钱,我会感到难为情,她打算在遇到任何不测,死后把钱给我,而不是现在就把钱给我。为了逃避巨额税负,我打算从我的收益中把一笔可观的数目捐赠给当地一家儿童医院。许许多多的孩子将会从我的慷慨中获益,而且会给他们的父母、亲戚、朋友提供大量的工作机会。但是,不久,我没有了这笔钱,所有的雄心壮志都化为乌有。这个一生只有一次的机会使得一个真实的杀人想法旋即产生。为什么不杀死我婶婶呢?哦,我想我可能会被抓住。然而,我又不是傻瓜,除了杀人的方法之外,我还可以考虑跟她的医生合作(他也在盯着同样的投资项目,而且我碰巧又知道他那些不光彩的过去)。我们要说,这个事情会做得……很专业。这样做的话,被抓住的机会就微乎其微。至于我的良心自责……我是一个足智多谋的小伙子,会采取足够的自我安慰的——就像我躺在海滩上抽着大麻一样,期待着我给这么多的人带来快乐和健康。

假设我的婶婶被我杀了,其他的结果一如我刚才的陈述。我做了什么错误的事情吗?什么事情是不道德的?有人会说,我做了错事,做了不道德的事。但这不是根据功利主义来判断的。因为我所做的在受到其结果影响的满足总量和受挫总量之间带来了最好的平衡,我的行为不是错误的。显然,我和医生杀死了我的婶婶,是我们的义务所要求的。

在所有类似的情形中,这种论证都同样可以重复,它一次又一次表明:功利主义者的立场是如何导致了在公正的人们看来在道德上是无情无义的后果。以"给其他人带来最好的结果"这个名义杀害我的婶婶是错误的。任何适当的道德理论都能解释为什么这是错误的。功利主义在这个方面是失败的,因此,这不是我们要寻求的理论。

我们接下来要做什么呢?应该从哪里重新开始呢?我认为,要从功利主义者所具有的关于个体价值的观点这个地方重新开始,或者反过来说,从缺乏这种价值的地方重新开始。例如,我们思考一下,在这个地方,假设我和你作为个体都具有价值——就是我们所说的"固有价值"。易言之,我们具有的这种价值等于是说,我们具有不止是单纯的容器的价值(是某种完全不同于容器的东西)。此外,要确保我们不作为奴隶或性别歧视等这样的不公正的牺牲品,我们必须主张,所有具有固有价值的人都是平等的,而不管其性别、种族、宗教、出生地,等等。与此类似,也不管那些无关的东西,如人的天资或技能、智力和财富、人品或病症,不管这个人是被人爱戴的、受人尊敬的,还是遭人蔑视的、令人唾弃的。天资聪颖的孩子或智力残障的儿童,王孙贵族或黎民百姓,脑外科医生或水果摊主,修女特里萨(Mother Teresa)或大多数肆无忌惮的旧车销售者——所有的人都具有固有价值,所有的人都拥有平等,所有的人都有平等权利要求受到尊重,要求不被贬低为某物——就好像他们的存在是为了其他人而存在的资源一样。我的价值是作为个体的价值,与我对你的有用性无关。你的价值也与你对我的有用性无关。如果我们中的任何一个人对待其他人,没有表现出尊重其他人的独立的价值,就是不道德的行为,就破坏了个体的权利。

这种观点的某些推理性的优点——被我称之为"权利观"——应该是很明显的。例如,与(粗俗的)契约论不同,权利观原则上否认在道德上可以容忍任何一种或任何形式的种族歧视、性别歧视或社会歧视;而且,也与功利主义不同,权利观原则上否认,我们通过破坏一个个体权利的恶的手段来证明好的结果的合理性,例如,权利观否认可以道德地杀死我婶婶去为其他人谋取福利的结果。那种允许以社会善的名义来不尊重地对待个体的事情,权利观不会(绝对不会)同意。

我相信,权利观是在理性上最为满意的道德理论。在阐述和解释我们对另一种东西的义务根基——人类的道德领域这个方面,权利观胜过其他所有理论。在这个方面,它有最充分的理由,此外,也有最充足的论据。当然,如果有可能表明,权利的范围只包括人类,那么,像我这样一个相信动物权利的人,就不得不另谋出路。

但是,试图把权利观的范围局限在人那里,只能表明其推理的缺陷。确实,动物没有人所具有的许多能力。它们不能阅读、做高等数学、做书架、做甜酒。不过,这些事情,也有很多人不会做,然而,我们不说(或者不应该说)这些不会做的人因此就比那些会做的人少了固有价值、少了受到尊重对待的权利。正是在最为清楚地、最没有争论地具有这些价值(如,人能阅读)的人与人之间所具有的相似性才是最可能出现问题的地方,而不是我们之间的差异性上最可能产生问题。而且,真正关键的、基本的相似性是很简单的:我们都是我们每个人的生命体验的主体(the experiencing subject of a life),是具有个体利益的一种有意识的生物,这种利益对于我们非常重要,而不管我们对于他人的有用性。我们需要并选择事物,相信并感受事物,回忆并期待事物。而且,我们生命的所有这些深度,包括我们的快乐和痛苦、享受和折磨、满足和受挫,持续生存或过早消亡——所有这一切都通过作为个体的我们造成了活着的、体验到的生命质量的差异。那些与我们有关的动物(如,我们要捕猎的、食用的那些动物)与此情况一模一样,它们也必须看做是生命体验主体,具有它们自己的固有价值。

有人会反对动物拥有固有价值的观念。他们断言:"只有人具有固有价值。"这样狭隘的观念是如何得到辩护的?是说只有人才有必不可少的智力,或自律,或推理吗?但也有许许多多的人没有满足这些标准,然而,他们还是被合理地视为拥有超越于对他人的有用性之上或之外的价值。难道我们认为只有人才是正确的物种,这个物种只能是智人吗?但这是赤裸裸的物种歧视主义。既然如此,我们能说,全部的人,也只有人,才具有不朽的灵魂吗?我们的对手为了这些论调还要做出更多的论证。我本人还没有糊涂到去接受存在不朽灵魂的观点。从个人角度说,我倒是渴望我有个不朽的灵魂。但是,我不想把自己的观点建立在一个有争议的伦理问题上,建立在关于谁或什么东西具有不朽的灵魂这个更有争议的问题上。洞穴挖得越深,越爬不出来。从理性上讲,要更好地解决伦理问题,就没有必要引发这个更有争议的假设。关于谁拥有固有价值的问题是这样一个问题,即与引入不朽灵魂的观念相比,通过引入生命体验主体的观念就能更合理地加以解决的问题。

那么,也许有些人会说,动物拥有某些固有价值,但比人要少些。不过,要辩护这个观点的企图只能再次表明它是缺乏正当性的理性的。动物比我们拥有更少固有价值的基础是什么呢?是它们缺乏智力,或自律,或推理吗?除非我们也愿意对那些缺乏类似能力的人做出这个相同的判断。然而,说这样一些人——如智障儿童、精神错乱者所拥有的固有价值比我或者比你更少,这肯定是不对的。既然如此,我们也就不能坚持认为,具有生命体验主体的动物拥有更少的固有价值。所有具有固有价值的存在物都是平等的,不管他们是人还是动物。

这就是说,固有价值平等地属于那些生命体验主体。它是否属于其他什么东西——例如岩石、河流、树木、冰川,这个我们不知道,也许永远不可能知道。我们同样不必知道,我们是不是把这种情况应用到动物权利那里。例如,我们没有必要知道,在我是不是拥有选举权之前,有多少人能胜任下届总统选举的投票。那么,当说到动物权利这种情况时,我们需要知道的是,在我们的文化环境中,那些像我们一样是生命体验主体的动物,是不是在日常生活中被吃掉了、被猎捕了、被用在了实验室中。我们的确知道很多(文学一点说,是数以万亿)动物是可以被理解为生命体验主体,并因而具有固有价值(如果我们这样说的话)。因此,为了使我们对于他者的义务进入到一个最好的理论之中,我们必须理性地(而不是感性,不是感觉)认识到,作为个体所具有的平等固有价值——理性会迫使我们认识到,这些动物具有平等的固有价值,拥有了固有价值,它们才能拥有受到以尊重来对待的平等权利。

这就是动物权利的很粗略的图景和我们感受到的动物权利的情形。支持这些论证的大量细节被省略了。这些细节可以在与本文同题的文集中找到。① 在这里,这些细节还要重复一下,概括起来,我把它们限定在如下两个最终方面。

第一,这个理论是如何以动物权利问题为基础的情况表明,动物权利运动是人权运动的一个组成部分,而不是与之对抗的。这个理论关于动物权利的理性基础也就是人权的基础。因此,那些卷入到动物权利运动的人们是为确保尊重人权(如妇女权利、少数者权利、劳动者权利)而斗争的伙伴。动物权利运动不过是揭开了遮盖在同样问题上的道德遮羞布。

---

① *The Case for Animal Rights* (Berkeley:University of California Press,1983).

第二，开辟了权利观的广阔前景，现在我可以肯定，在其他领域中，对于饲养动物和在科学中利用动物来说，为什么这个理论的蕴含也是清清楚楚、毫不妥协的。在科学利用动物的情形中，权利观在范畴上说就是废除主义者。实验室的动物不是我们的下酒菜，我们也不是它们的统治者。由于这些动物日常性地、全面性地受到缺乏尊重的对待，好像它们的价值被缩减为对其他东西的有用性，因而，它们的权利遭到了日常性的、全面性的践踏。就像它们被用于打着维护人类利益的旗号进行科研是完全正确的一样，当它们被用于无关宏旨、大量重复、毫无必要、没有明智的实验时也是完全正确的。我们以这一类的理由不能证明伤害或杀死一个人（如，杀死我的婶婶）的合理性，我们甚至也不能证明伤害或杀死像实验室的老鼠这样的低等生物的合理性。这不只是要求加以限制或减少的问题，不只是使囚笼变得更大、变得更干净的问题，不只是更为普遍地使用麻醉或者减少多数外科手术的问题，不只是清理制度的问题，而是变革的问题。在说到科学中利用动物的问题上，我们能够做到最好的就是不利用它们。按照权利观，这是我们的义务所在。

就商业饲养动物的问题来说，权利观采取的也是类似废除主义者的立场。这里的根本性道德错误不是在狭小、封闭、受到限制或隔离的地方关养动物，也不是它们的疼痛或痛苦，不是它们的需要和偏好被忽视或被取消了。当然，所有这些都是错误的，但还不是根本性的错误。它们只是那种严重的、深刻错误的表象和体现，这种错误是把动物看成是缺乏独立价值，看成是为我们而存在的资源（而且是可更新的资源），并以此来对待它们。给农场饲养的动物提供更大的空间，更自然的环境，更多的同伴，还没有导致适当的根本性的错误，这与给实验室的动物提供更多的麻醉，更大更干净的囚笼，也没有导致适当的根本性错误的情形没有什么不同。完全解决商业饲养动物的问题将做到这点，其道德要求与完全消除为了商业目的和运动目的而捕杀和诱杀动物一样，正因为此，出于同样的理由，我在这里没有长篇大论。正如我所说的，权利观的蕴涵是清清楚楚、毫不妥协的。

R. G. 弗雷

反对动物权利

- 人类个体并非都有同样的内在价值,动物也一样。残障和严重疾病会使某些人不值得活下去,因为他们的生命质量太低,所以生活的丰富性就很低,因而所具有的价值也就很低。大部分动物或残障、严重疾病的高等动物同样也不具有很高的内在价值。

雷根确信动物拥有权利。在他的权利观中,他说:"当然,如果有可能表明,权利的范围只包括人类,那么,像我这样一个相信动物权利的人,就不得不另谋出路。"[1]看起来,雷根太相信动物的权利了,以至于只要没有与动物权利相协调起来的任何理论都是不能令他满意的,即使这种理论谴责了所有他谴责过的做法,认为虐待动物是错误的。因此,很难知道那些试图削弱他关于动物权利的信念的论证是如何站得住脚的。难道这些论证就像是一个先验假设,注定是错误的?我不敢肯定雷根究竟会如何回应这些问题;也就是说,我不知道什么才算作是对他在这个方面直觉的一种挑战,事实上,究竟是否有任何东西可以算作挑战。在任何情形中,如下所述都没有什么支持雷根的动物拥有权利的直觉和动物是权利的拥有者的直觉;这种直觉,虽然我没有,但这不是问题。

问题是,雷根通过各种边缘性的情形建立不同的论证,以支持他的主张。在每种情形中,我不相信这些不同的论证都支持了他的主张;也不相信,那些诉诸于残障者的情形能够有效地代表动物的利益(雷根认为能够代表)。

第一,雷根主张人类和动物的生命均具有平等的固有价值(inherent value):

> 那么,也许有些人会说,动物拥有某些固有价值,但比人要少些。不过,要辩护这个观点的企图只能再次表明它是缺乏正当性的理性的。动物比我们拥有更

---

[1] Tom Regan, "The Case for Animal Rights," in Peter Singer(ed.), *In Defence of Animal Rights* (Oxford:Blackwell, 1985), p.22.

少固有价值的基础是什么呢?是它们缺乏智力,或自律,或推理吗?除非我们也愿意对那些缺乏类似能力的人做出这个相同的判断。然而,说这样一些人——如智障儿童、精神错乱者所拥有的固有价值比我或者比你更少,这肯定是不对的。②

这个断言完全支持我们认同的"所有人的生命(不管怎样有缺陷)均具有相同的价值";而我(如读者所知)是不同意这个断言的。对我来说,生命的价值是其质量的一个功能,其质量是其丰富性的一个功能,其丰富性又是其范围或潜能为了给予更大价值(enrichment)的一个功能;而且,事实是,许多人过着比普通正常人的生活质量低得多的生活,过着缺乏给予更大价值的生活,过着其给予更大价值的潜能被严重截短或严重缺失的生活。因而,如果我们面对这样一个事实,即并非所有人的生命不仅能同样地给予更大价值,而且还具有给予更大价值的相同范围,那么,它将得出如下结论:并非所有人的生命都具有相同的价值(任何认为我们不能用这个论证以摆脱质量极端低下的生命的人,应该好好去读一下由一些医护专业人员撰写的当代医学伦理学许多关于死亡和垂死的争论的出版物)。如果并不是所有人的生命都具有相同的价值,那么雷根的关于动物的平等的固有价值的主张就行不通了;就我们来说,应该公正评价一些人的生命具有比别人的更低的价值。

第二,雷根不仅主张平等的固有价值,而且主张把固有价值摆在首位:

> 有人会反对动物拥有固有价值的观念。他们断言:"只有人具有固有价值。"这样狭隘的观念是如何得到辩护的?是说只有人才有必不可少的智力,或自律,或推理吗?但也有许许多多的人没有满足这些标准,然而,他们还是被合理地视为拥有超越于对他人的有用性之上或之外的价值。③

残障者的情形再次被吁请出来,这次是要完全转让给动物生命的固有价值。但我不认为所有人的生命具有同等的价值;我不同意一个严重弱智的人,或一个完全患有

---

② Tom Regan, "The Case for Animal Rights," in Peter Singer(ed.), *In Defence of Animal Rights* (Oxford: Blackwell, 1985), p. 23.
③ Ibid, p. 22.

老年性痴呆症的老人,或出生时只有一半大脑的婴儿,其价值等同于正常成人的生命价值。人的生命质量会骤然跌落到一个连我们甚至都不希望我们最仇恨的敌人具有的那种生命;而且,我看没有什么理由去假装那种连我都不希望我最仇恨的敌人具有的生命,却和任何正常成年人的生命一样有价值。当人的生命质量下降时,它和其他我们认为有价值的东西之间的权衡就成为可能;并且,如果用"对他人的有用性"这样一个短语来定义这点的话,我看没有什么理由去否认该标签可以贴到我和我的观点上(但它也可以适用于无数的其他人。雷根的著作充斥着警惕功利主义,但现在大量销售的任何医学伦理学的教科书[例如,在他们关于各种各样的人的死亡和垂死的章节中]都表明,不管是功利主义者还是疑似非功利主义者都不再打算承认,所有人的生命不论质量如何,都具有同等价值)。因此,雷根关于动物的固有价值的主张是妥协的;当然,存在着很好的理由不去评判残障者的生命或者与正常成年人的生命具有同等的价值,或者在极端情况下,甚至有很大的价值。

通过完全没有什么价值的生命这个事例,我认为,其质量是如此之低的生命,是不再值得活下去的。我承认,当一种生命不再值得活下去时,在许多情况下做出取舍是困难的;但排除那些涉及不可逆转的昏迷的情况之外,在其他情形中,这个取舍的问题似乎远非那么困难。最近,由牛津大学罗纳尔多·德沃金(Ronald Dworkin)所完成的关于流行疾病阿尔茨海默氏症(Altzheimer)的一些政策影响的工作,让我几无疑虑地认为:一个患有老年痴呆症的完全不可逆转的生命是不值得活下去的;天生无脑组织的婴儿的情形,不管怎样似乎是更为明显的例子。

第三,雷根认为,把他的权利观局限在人那里的企图注定是失败的:

> 确实,动物没有人所具有的许多能力。它们不能阅读、做高等数学、做书架、做甜酒。不过,这些事情,也有很多人不会做,然而,我们不说(或者不应该说)这些不会做的人因此就比那些会做的人少了固有价值(inherent worth)、少了受到尊重对待的权利。④

----

④ Tom Regan, "The Case for Animal Rights," in Peter Singer(ed.), *In Defence of Animal Rights* (Oxford:Blackwell, 1985), p.22. italics original.

雷根也许是正确的,即一个人不能做一个书架,并不意味着本身具有比其他人更少的生命价值;但对于有很严重弱智的人或完全患有老年痴呆症的老人,或刚出生的无脑婴儿情况,又会怎么样呢?我觉得这些生命比一般人的生命具有更少的价值。这些例子和做书架的例子之间的区别是什么?那就是(奇特的情况除外),无法做一个书架是不可能大幅度地影响一个人的生命质量的,而严重弱智的人,老年痴呆症患者和没有脑组织的人会对其生命质量有相当明显的、严重的负面影响。不过,人们不必舍近求远去寻找这种负面影响的例子:我采集到的信息是,有些处于艾滋病晚期的病人会有这样的看法,即生命不再值得活下去,因为一方面是疾病,另一方面是破坏了他们的身体。

总之,雷根关于尊重残障者的观点是必要的。他在上文中把关于尊重的讨论与一些对尊重的权利联系在一起,但没有解释什么能证明这种联系是合理的;然而,真正的问题是在目前的背景下行使对尊重的权利,而这个问题却回避了。一位医生朋友最近向我描述了一个例子:一个严重伤残的儿童通过一连串的 11 个手术成功地把生命维持到 4 岁;这位医生的妻子把这个例子看成是一个"维持这个孩子活得较长时间以自然而然地杀害他"(是以自然而然的适当方式杀害的)的例子。人们究竟如何表达对这个孩子的尊重呢?通过再做一个手术,使其寿命再延长几星期吗?倡导以尊重对待残障者是很好的;然而,在特定情况下什么才构成尊重?在没有做出某些声明时,这样的质疑不会太少。例如,人们如何表达对一个患有艾滋病的人的尊重(他对自杀想了很久,感到很痛苦,并决定要自杀)?干预和制止他吗?不干预他,允许他进行吗?

爱伦·怀特*

为什么动物不能拥有权利

- 人与动物的差别不是某种基于事实的标准,如能够感受疼痛之类,而是逻辑上的。
- 人是逻辑上唯一能有权利的生物,因为权利是一套完整的"关于权利的语言",即能够获得、也能够放弃,动物不可能放弃、让渡或坚持任何权利。

大多数关于哪些事物可以拥有权利的讨论,主要集中在这些事物的能力是不是他们可能拥有权利的必要条件或充分条件之上,即是否拥有权益、推理、感觉等能力。这些主张各种能力的提倡者常常在两种情况之间犹豫不决:或者说这些能力(如推理能力或诉请能力)很高,以至于他们排除了那些他们希望赋予权利的主体——儿童、弱智者、未出生的后代等;或者说这些能力很低,以至于他们囊括几乎所有事物——无生命的对象、工艺物、抽象概念等。

我曾试图表明,根据实体性特征,无法在逻辑上用标准来表达一个事物本身是否可能(或实际上)拥有某种权利的充分条件或必要条件。我所主张的是,这些实体性特征至多是某种类型主体的标志,而问题在于那种主体是否在逻辑上能够拥有权利。而且,回答这个问题取决于它是不是这样一类主体,即是否有意识地使用被我们称为的"关于权利的完整语言"(the full language of rights)。

权利是这样的事物:它可以被行使、获得、享有、赋予,它可以被诉求①、要求、维护、坚持、保证、放弃或者让渡;一种权利可以如此这般做,也可以为了某物这样做或那样做,在某种情况下,一种权利就是拥有某种情感或者采取某种态度。权利与义务、责任、特权、权力、能力相关联或相比照。因此,一个可能的权利拥有者,无论如何都能用

---

* 爱伦·怀特(Alan White)是赫尔大学的费尔伦斯哲学教授。其著述主要是《真理》和《形式思维》(Macmillan,1970)(Blackwells,1975)。
White, A. (1984), *Rights*. 重印经 Oxford University Press 同意。
① 权利可以被诉求,但对于权利被用错了主题来说就得不到支持了。(例如:Feinberg, "Duties, Rights and Claims." *American Philosophical Quarterly* 64[1966], pp.37-44)。

这些语言恰当地表达出来；就是说，无论如何都能清楚地（不管是对还是错）说出"行使"、"获得"……一种权利，拥有权利在逻辑上就拥有"义务"、"特权"等各类的东西。而且，某事物能够拥有对五元钞票的权利，其必要条件就是它应该是在逻辑上能够使用这五元钱的事物。

在关于"权利"的完整语言中，只有人能够在逻辑上拥有权利，因为只有人能够成为这样论断的主体。不过，虽然权利不是非人（no-person）可以做主体的某种事物，但权利要以某种方式对待这些非人。在某种程度上，权利也不排除婴儿、儿童、弱智者、昏迷者、去世的人或未出生的后代。② 出于各种各样的原因，从经验上说，这些人中的任何一类都不能担当权利主体的全部角色。但是，只要他们是人——而且，有意思的是，我们思考和谈论的这些人是年少的、弱智的、无行为能力的、去世的、未出生的人——他们在逻辑上就是可能的权利主体，就可以有效地使用关于权利的完整语言（尽管是错误地使用）。遗憾的是（我不是在重复），这些人不能行使、享有、诉求、放弃他们的权利，或者尽他们的义务，完成他们的责任。法律总是将人的概念和拥有权利、义务、特权、权力、自由、债务、免除等联系起来，以至于当一个概念的应用发生某种改变时就会伴随其他一系列的改变。③ 因此，上帝、偶像、胎儿、去世的人、动物、无生命体、公司以及政府在各个时代的法律中都是作为人来看待的，因为他们被设想为与诸如权利、义务等法律关系有关的可能性主体，他们可以犯罪，或成为侵权行为、犯罪的受害者。在罗马法律中，奴隶是东西，不是人，因而没有权利。不同法律体系对于胎儿的可能权利的态度取决于他们被当作法律上的人的程度。④

这种立法惯例要说明的是使用诸如权利、义务、特权、责任等一系列相互联系在一起的概念的重要性，各个概念不可分割。例如，就像维特根斯坦认为的那样，单一的"权利"概念完全是"无意义"的。当然，"权利"这个概念可以加以伸展——例如，就像特罗洛普（Trollope）说的，一栋具有一定雄伟特征的房子有"权利"要求称之为别

---

② 如：W. D. Lamont, *The Principles of Moral Judgement* (Oxford, 1946), pp. 83-85.
③ R. Pound, *Jurisprudence* (St. Paul, MN, 1959), IV. ch25 并参考 p. 191, n. 1.
④ P. D. Lasok, "The rights of the unborn" in *Fundamental Rights*, ed., J. W. Bridge, D. Lasok, ed al. (London, 1973), pp. 18-30; and D. W. Louisell, "Abortion, the practice of medicine and the due process of law." U. C. L. A *Law Review* 16 (1969), 233-254. M. Tooley goes too far in making "is a person" and "has a moral right to life" synonymous. See his "Abortion and infanticide." *Philosophy and Public Affairs* 2 (1972), pp. 37-65.

墅——而且,关于植物、动物、工艺品、自然之权利的争辩仅仅是学术性的讨论。重要的是,在任何情形中都要问一问,在这种情形中,当这个概念与通常并行在一起的义务、责任、权力等这些概念分开的时候,使用这个"权利"概念就与其他的"权利"概念形成了对照,我们正在做些什么事情呢?

仅有感觉能力或感受痛苦能力的某些事物不是具有行使、拥有、享受权利的能力的必要条件,更不可能诉求、维护、坚持其权利或为其权利而斗争,不可能让渡、放弃权利,也无法履行责任、义务、特权等等。因此,在任何情形中,其可能的权利会被限制在为自己做某些事的权利(诸如受到良好对待或保护),或处于一定的状态中(诸如快乐地或自由地活着)。而且,尽管它能够为自己做些事情或者能够使自己处于一定的状态中,但对于完成任务、采取态度、拥有情感的能力来说不是必要的。此外,尽管对于任何相关于此的事物的可能的权利拥有者来说,感觉或感受痛苦能力是必要的,这样的权利可以使之免受痛苦——因为对五元钱的权利在逻辑上就是能够使用五元钱——但是,这些都不是充分条件。事实上,动物可以承受持续的痛苦,人可以忍受被怀疑,但这本身并不能证明,动物或人能够具有避免这些问题的权利。

一种物种能拥有权利和另一种物种根本不能拥有权利,反对这二者之间的区别便构成了一种物种歧视主义,这是一种误会。⑤ 因为反对者不仅认为,对一种物种的关心比对另一种物种的关心更少一些是正确的,而且他们还主张,人这种物种,可以明显被认为能够在承担责任、义务的基础上,去行使权利、放弃权利。然而,其他物种却做不到这点,即使是具有感觉能力或感受痛苦能力的物种,它的任何特定成员都不可能做到这些。

---

⑤ 如:Peter Singer,"All animals are equal,"见本书。

詹姆斯·里查尔斯*

为什么动物拥有自由的权利

- 谈及人权时要分清只属于人的特有权利和"自然权利"。信仰权是人类特有的,而自由权则是人类和动物共有的。
- 因为剥夺自由会造成动物无法保持其"自然"的生活方式,所以对动物进行关押、商业蓄养、实验是错误的。

哲学家过去常常谈论"自然"的权利,但我们现在基本上听不到这样的话题了。相反,各种论著和论文都是关于"人"的权利。这种术语上的变化被认为是一种进步:首先,因为谈论人权(human rights)(即人的权利——译者注)不会带来本体论的忧虑,这一忧虑常常伴随着关于自然权利的争论;其次,因为新的术语更为严格地关注我们试图想明白的东西上,即所有人普遍具有权利。我在这里对这些表达的观点而辩护的一个动机是质疑人权的重要意义。我会支持这样的观点:人权完全不像哲学家和政治家所想象的那么有影响或重要。

正如理查德·瓦萨斯乔姆(Richard Wasserstrom)说的:"如果任何权利都是人权……它必定被人所拥有,也只能被人所拥有。"① 通常要强调的是,这样一种权利是被所有人拥有的;因而,关于人权的学说是反对奴隶制、种族歧视主义、性别歧视主义等诸如此类的强大武器。然而,正如瓦萨斯乔姆所正确地指出的,如果任何权利分明就是人权,权利也就是只能被人所拥有的必需品。② 我想强调的正是人权学说的另一方

---

* 本文初次发表在本书的第一版中。

① Richard Wasserstrom, "Rights, Human Rights, and Racial Discrimination," *The Journal of Philosophy*, vol. 61 (1964), p. 631.

② J. 芬伯格把人权定义为属于所有的人类,并且特别规定只有人类才拥有它们,"因此这个定义不包括动物所具有的人权。"(*Social Philosophy*, Englewood Cliffs, N. J.: Prentice-Hall, 1973, p. 85). 我更喜欢瓦萨斯乔姆的定义,因为如果一种权利是狗和牛共有的,似乎没有理由把它叫做人类,而不是叫它似狗的或似牛的。而且,由于称呼这样的权利为"人类",我们直接忽视了其他生物也具有这种权利,好像所有的问题只在于我们人类是否拥有这些权利。

面。如果其他物种的成员也具有对人来说极其重要的权利（如,自由的权利）这种说法是合理的——那么,关于人权的全部话题就会变得不如先前那么有影响,而且,从道德的观念来看,我们还会明白:人和其他动物之间的差别几乎并不如我们通常所想象的那么重要。

一些哲学家认为,非人动物（有时候我会遵循通常的习惯,把他们简单地称为"动物",而不加更多限定）完全没有权利,因为它们不是能够拥有权利的那种生物。在它们看来,动物在逻辑上不可能拥有权利。在这里,我们需要做两件事:第一,它们的论证必定会被驳倒,第二,积极的论证必定有助于表明动物的确拥有特定的权利。在这里,我不对第一个问题做过多论述,而是集中于第二个方面,即更为积极的论证。③

在论证动物的确拥有权利（具体地说,它们拥有自由的权利）时,我们要遵循下列方法。首先,我们选择讨论我们认可的人所具有的那种权利;然后,我们要质问,人与动物之间是否存在相应的差别,这种差别是否会证明我们否认动物的权利,但与此同时却承认人的权利的合理性。如果不能证明的话,那么,我们正在讨论的权利就是既为人所有,也为动物所有的。

这种方法有几个优点。

第一,根据众所周知的公正原则即对类似的情况我们必须给予相同的待遇,这是很清楚明了的推理;或者更为准确地说,如果我们在这种情况中做出某个方面的判断,而在那种情况中做出另一种不同判断,而这两种情况不存在相应的差别（relevant difference）,这种差别便不能证明我们不同论断的合理性,那么,我们的道德判断就是令人难以接受的武断。这个原则曾被非常有效地用于反对种族歧视主义的论战。假设在决定一个人应该受到怎样的对待时,他或她的种族本身不是在道德上要相应考虑的问题,因此,种族主义者的歧视是不合理的,除非发现了黑人和白人之间的某些特征差异能够相应地证明对待黑人和白人的不同方式是合理的。但是,由于不存在这样的特征差异,因此那种歧视也就是不合理的。我会运用类似的假设,物种之间的单纯差别本身不足以证明物种受到任何不同的对待是合理的。④ 因而,如果我们想要赋予一

---

③ 关于我对第一个反对观点的回答,请参看在本书第一版这篇文章中的"附录"部分。
④ 彼得·辛格的这种观点在"一切动物皆平等"中做了强有力的说明,*Philosophic Exchange*, vol. 1, 5 (Summer 1974), pp. 103-116. [参看本书的节选部分]

种权利给人而拒绝把这种权利给其他物种的成员,我们就必须能够指出他们之间存在某些相应的差别,而不是指出动物是另一个物种的成员这种单纯的事实。

第二,如果我们能严格按照这种方法去做,我们就能避免把所有非人动物混淆在一起,尽管我们谈论一个物种就必须谈论所有的物种。因为它可以证明,就某些特定的权利来说,人和某个动物物种之间不存在相应的差别,但是,人和其他物种之间还是有差距。

第三,我要提到这种方法的局限性。运用这种方法不能确保我们会确认动物具有的所有权利,因为它们拥有一些不为人所有的权利至少在逻辑上是可能的。如果是这样的话,这些权利就不能通过我的方法来揭示。不过,这与我们这里的讨论没有什么关系,因为我的目的不是试图去汇编一份关于动物权利的完整清单。

现在,让我来详细地阐述根据这种方法所获得的各种结果。《联合国世界人权宣言》(The United Nations Universal Declaration of Human Rights)第五条指出,所有人都具有不受折磨的权利。但实质上这是人特有的权利吗?如果其他物种的成员——比如说,兔子、猪、猴子——受到了折磨,它们也会感到痛苦。当然,人和这些动物之间存在深刻的差别,但这些差别是这里的相应差别吗?人能够学会数学,而兔子不能;但是,什么东西才是非得承受折磨不可的呢?人具有不受折磨的权益,因为他有感受到疼痛的能力,而不是因为他能做数学或者做任何这类的事情。然而,兔子、猪、猴子也具有体验疼痛的能力。那么,不受折磨的权利就要为所有能感受疼痛的动物共享;它不是人所特有的一种权利。此外,《人权宣言》第18条指出,所有人都拥有随其所愿的信教权。我认为,这是一条仅仅属于人的权利,因为只有人才有宗教信仰,才有信教的能力。

不受折磨的权利和自由信教的权利是相对清楚,并不复杂的。但当我们思考一个更加复杂的权利,如财产权利,情况将会怎样呢?这里我们可以接着问一问,为什么我们认为人拥有这个权利?其根据何在?而且,相同的情形是否能够代表动物的利益?让我们来思考一下诸如洛克的财产权观。洛克认为,人类有一项支配他自己劳动的自然权利,不论他通过劳动来生产什么:

> 我们可以说,身体的劳作,双手的劳动,都确切地属于他自己。那么,无论他

怎样消耗自然提供和赋予的这种状态,他都已经把他的劳动投入进去了,并把劳动和他自己得到的某些东西融为一体,并由此使之成为了他的个人财产。⑤

然后,洛克用下面的例子解释了他的观点:

> 他从橡树下捡拾橡果,从森林中的果树上采集苹果当作食物,他理所当然地把它们据为己有。没有人会否认这些食物归他所有。我想问的是,从什么时候这些食物开始属于他?从他消化它们的时候吗?从他吃掉它们的时候吗?从他煮熟它们的时候吗?从他把它们带回家里的时候吗?从他把它们捡起的时候吗?很明显,如果他第一次采集没能拥有它们的话,那么它们就再也不属于他的了。是劳动把这些(采集的)果实和那些(天然的)果实区分开来;劳动给这些(采集的)果实添加了某些比万物之母的自然已有的更多的东西。因此,它们就成了他的私有财产。

如果洛克的理论是正确的,那么紧接着就可以说:像松鼠这样的动物也有财产权;因为松鼠采集坚果作为它们食物的方式和洛克描写的人类劳动的方式是一样的。人和松鼠之间没有相应的差别:它们都是捡拾坚果,然后带回家,存储起来,然后吃掉。因此,说人对他所采集的坚果有占有权,而松鼠却没有,是不合理的。

现在,我转而论述自由权。在现代史的大量宣言中,例如最为重要的三大宣言——《美国独立宣言》(*The Declaration of Independence of the United States*)(1776)、《法国人权宣言》(*The French Declaration of the Rights of Man*)(1789)、《联合国世界人权宣言》(1948),都把自由权看做是最基本的人权。事实上,每一个探讨过这个主题的哲学家都有过不懈的追求;我还没见过不把自由权作为首要权利而阐述"人权"的观点。考虑到这点并记住,一些哲学家怀疑动物是否能够拥有任何权利,因此,发现他们在某些方面限定了自由(就当前的目的来说,自由[liberty]或自主[freedom]说的都是一回事),而在这些方面只有人类才可能拥有自由权,这是不足为奇的。

---

⑤ John Locke, *The Second Treatise of Government* (1690), chap. 5. par. 27. 接下来的引用出自同一章的第28节。

如,J. R. 卢卡斯(J. R. Lucas)说道:

> 自由的要义是:一个理性主体,当他能够以其最好的方式,而不受制于外在因素干扰其行为之时去行动,就是自由的。⑥

如果我们一开始就以这种方式去理解自由,那么,动物是否具有自由的权利这个问题就不会产生了,因为"理性主体"这个观念,即对哪一种行为是最好的进行慎思明辨的这个观念,很明显只有人在思维中才能形成。但是,同样明显的是,这个定义没有被当作关于自由的一个普遍定义,因为这个观念既适用于人,也适用于动物。一头狮子在其自然栖息地单独行动,是自由的,而他被关在动物园,就不是自由的。一只关在小铁丝笼的鸡就不如一只在农场空地上溜达的鸡更自由。一只鸟从笼子里释放出来,飞向蓝天是一种真正意义上的"获得自由"。因此,我们要对自由重新定义,消除这个定义倾向于人的偏见,其定义如下:

> 自由的要义是:一个生物,当他或她能够随其所愿,而不受制于外在因素干扰其行为之时去行动,就是自由的。

这个定义很好地表达了我将涉及的关于自由的概念。按照前面所说,我们也许会继续追问:为什么认为人有这项权利?它的依据是什么?相同的或非常类似的情形是否能够代表其他物种的成员?

一种可能是把自由看做是一种自在的善,完全不需要再做进一步的证明。⑦ 如果我们采取这种态度,那么我们也许要争论的是:人具有自由权,仅仅是因为他们有能力享用任何不可剥夺的内在善的权利(在这里,还要增添那些通常的条件,以使得这种权利将尽可能广泛到与其他人具有类似的权利——在一定的情况下,它会被剥夺或被踩躏——相适应,等等)。但是,这种推理过程将同等地应用于其他动物物种。如上所

---

⑥ J. R. Lucas, *The Principles of Politics* (Oxford:Oxford University Press,1966), p.144
⑦ 关于这种类型的解释,参看 Gregory Vlastos, "Justice and Equality", *Social Justice*, ed. Richard B. Brand(Englewood Cliffs, N. J.:Prentice-Hall,1962). p.51.

述,这等同于不受折磨的权利。任何具有感受疼痛能力的动物都拥有不受折磨的权利;与此相关的理由是:遭受痛苦的事实天然地就是恶。同样地,如果我们把自由权赋予给人类,仅仅是因为他们有能力享受我们把自由当作自在善的某种东西,那么,我们也必须把自由权赋予给任何其他动物,因为它们有能力追求行动的这种方式而不是别种方式。

然而,并不是多数哲学家都对这种方法感到满意,因为他们中的大多数人认为,把自由简单地称作为一种自在善,只是为自由权的推理提供了一种可能。比如,也许有人会说,人类之所以具有自由权,是因为如果他们的自由受到过分的限制,他们的各种各样的其他利益将会蒙受伤害。自由权——免受外在因素限制某个人的行为——可以看做来源于一个人更为基本的权利:不使某个人的利益受到没有必要的伤害。

但是,许多其他物种的利益同样会因缺乏自由而受到伤害。许多野生动物被关押在笼子里不能很好的生活是一个常见的事例:把它们从自然栖息地掳走并投进动物园,它们开始变得疯狂和抑郁起来,因为它们不能继续它们正常的活动;接着,它们变得无精打采、倦怠不安,生活在它们以前的自我阴影里。有些动物变得很凶残,极具破坏性。它们在关押中通常不会生育,即使是生育了,幼崽也常常不能存活;最后,许多物种的成员在关押中比在它们的自然栖息中死得更早。

病理学家哈伯特·拉特克利夫(Herbert Ratcliffe)博士,在费城一个动物园指导一项动物研究实验。他发现那里的动物患上心脏病、癌症和溃疡的比例急剧上升。一些白尾鹿的新陈代谢改变得如此之大,以致他们的鹿角变得残缺不全。这个动物园繁殖的海狸鼠——像海狸似的小动物——已经锐减了,因为这些出生的幼崽非常矮小,难以养育,而且很快就死去。拉特克利夫博士把这些症状的原因归结为动物园这种人造的、封闭的环境的影响。⑧

另外一个实例选自一本受到广泛应用的心理学教科书,它讲述的是伦敦动物园一个克隆体狒狒的故事。

---

⑧ "The Shame of the Naked Cage," *Life*, November 8, 1968, p. 77.

研究者观察到许多血腥残杀的残忍例子,似乎都是无意识的暴力。一些雌性狒狒被撕成碎片,并且没有幼崽可以长大成熟。这些观察得出的结论是:这些暴力现象正是"野生"狒狒的典型特征……但是,后来,在非洲自然条件下研究狒狒时发现,在真正的"野生"环境下,狒狒生活得非常有秩序,群体和睦,在那里,它们唯一的进攻性行为是直接用来对付入侵者和食肉动物的。[9]

一旦知道动物可以因某种方式变得痛苦,一个新的科学研究领域就会出现。接下来,各种实验就会去探究在动物遭受痛苦之时,它们将做出怎样的举动,它们承受痛苦将采取确切的形式是什么。科学家们在关押动物对动物的影响方面进行了许多研究。1972 年曾报道过一系列这类的实验。[10] 其中的一个实验是威斯康星大学的哈里·F.哈洛(Harry F. Harlow)博士做的,据说,他"创建"了一个耸立的房间,"它四面基本上是用不锈钢建成,而且向内围成一个圆形的底部"。整个房间大约 4 尺长,1 尺宽,高几英寸。这个房间的设计理念解释如下:

> 人类的抑郁具有的特征是:体现为"无助的、无望的,坠入绝望的深渊"的状态,这个房间的设计是基于一种直觉,用以产生在身体和心理上都很抑郁的猴子。

恒河猴被选来做实验。这种猴子经常被用来这样的实验,因为它们聪明伶俐,其社会性生物的特征在许多方面类似于人类。这个实验是这样进行的:把一个六周大的小猴放进"绝望井"(well of despair)45 天。之所以这样做,其目的据说是要"研究绝望井在精神病理学上产生的影响"。

绝望井的实验被证明是十分"有效的"。当恒河猴被禁闭时,"被试者"被描述为"典型的特征是它们大多数时间蜷缩在房间的角落里"。"蜷缩"是指"自我环抱,像胎

---

[9] Floyd L. Ruch and Philip G. Zimbado, *Psychology and Life*, 8th ed. (Glenview, Ill. : Scott, Foresman and Company, 1967), p.539.

[10] Stephen J. Suomiand Harry F. Harlow, "Depressive Behavior in Young Monkeys Subjected to Vertical Confinement," *Journal of Comparative and Physiological Psychology*, vol.80(1972), pp.11-18. 以下的引用来自 pp.11,12,12, and 14. 关于这一观点的解释及相关的实验,参看 Peter Singer, *Animal Liberation* (New York Review, 1975), chap. Ⅱ.

儿一样并为一体,自我抓紧,自我拥抱,低垂着头"。这项实验进行了9个月,其后显示出这种禁闭对动物的影响是终生的:

> 结果表明,在早期的生命中进行了45天耸立空间的禁闭,在实验对象身上产生了严重的、顽固的抑郁性精神病理行为。这些猴子经过9个月的实验从耸立空间移出来之后,未能显示出可以恢复到之前它们在家笼里的行为水平。与另一组控制在笼子里同样饲养的猴子相比较,不管是在家笼里还是在游戏室里,关在房间的被试者都呈现出反常的高水平的自我抓紧、蜷缩等状态和反常的低水平的运动和环境探索。最显著的是,在整个8个月的游戏室实验中,关在房间的被试者缺少实质性的社群活动。

这些新探索从美国公共卫生服务局(the United States Public Health Service)、国家健康学会(the National Institutes of Health)、国家心理健康学会(the National Institute of Mental Health)获得了资金支援。

任何具有权益的生物,至少拥有不受到那些没有必要的利益而伤害的表面的权利。具有感受痛苦能力的动物拥有处于自由状态中的利益,并因而至少具有表面上的自由权。卢卡斯随后立刻给出了如上所引述的关于"自由"的定义(限定于"理性主体"),他说"没有自由就是失败的、无能的、无效的"。很明显,他只考虑了人类,但这种描述同样适用于动物园的动物,当然也适用于深陷于"绝望井"的恒河猴。

那些用来食用的动物也遭受了受到限制的痛苦。在被屠宰之前,奶牛一生在"饲养场"度过,被剥夺了任何放牧的生活,甚至适当的活动。小肉牛被限制在非常小的圈子里,甚至不能转身。彼得·辛格指出,甚至地位低下的鸡也遭受家禽养殖主使用的那种笼子的限制:

> ……四、五只母鸡挤在一个二十英寸宽、八十英寸长的笼子里,或者一张《纽约时报》大小的面积上。笼子的底部有金属线缠绕,因为这样可以降低清扫的成本,尽管金属线不适合母鸡的脚站立;笼子的底部是倾斜的,因为这样可以方便自

动收集鸡蛋,尽管这样做不能使母鸡舒适地休息。在这样的条件下,所有属于鸟的天性被限制了,不能充分地伸展它们的翅膀,自由自在地踱步,用沙土给自己洗澡,刨抓地面,或者建造自己的窝。即使把它们放到它们从来不知道的其他条件下,观察者注意到这些鸟也无力去做这些动作。之所以失败,是在于他们已没有能力去这样做,它们常常生长被农场主称为"恶习"的动作,互相啄食以至死亡。为了避免这种现象,幼鸟的嘴常常被剪断。⑪

这些残忍的行为与其说与那类限制有关,不如干脆说就是鸟被关押的事实。所以,如果笼子有一个平坦的固定的底面,而且有供母鸡休息的栖木,一些基本的抱怨就会消失。但是,只要母鸡被关押在狭小的笼子里,它们刨抓尘土,伸展它们的翅膀,建造一个鸟巢等等天然的需要就会无法满足。这不是说母鸡的利益只有在完全自由的状态下才能得到满足:我能理解,在它们被关不能自主行动时,要做到对它们没有伤害,则只有允许它们自由地踱步在宽阔的区域,它们才能做上面提到的那些事情。因此,许多素食主义者拒绝购买辛格博士所描述的那种条件下母鸡下的蛋,但仍然会购买母鸡在"自由放牧场"产下的鸡蛋。

因此,我们需要区分两件事:首先,我们需要区分该类动物的利益是否由于否认自由而受到损害;其次,我们需要区分假如动物的利益没有受到伤害,它们需要的自由程度。狮子(而不是小鸡),为了它们的繁衍需要在它们的自然栖息地设定完全的自由;然而,大多数昆虫的需要非常有限,以致它们完全不涉及自由的利益。

在这一点上,关于人类的高级理性的问题需要重新解释。因为,认为只有理性主体可以自由,也就是说,自由对理性主体具有特殊的重要性,而对非理性的生物却无关紧要,如此定义自由其实是一个错误。

在所有哲学家对自由"人权"讨论的著作中,几乎都可以找到各种形式的这种思想。关于这点我想做两个初步的评论。首先,这与我所具有的某种感情有关——你也许想怀疑它是不是一种争论——但不管怎样我要提及它。关于大型动物如狮子或大象在动物园被展览,是非常可悲的事情,而且它们被降格为仅仅是为了人们欣赏的一

---

⑪ Singer, "All Animals are Equal" *op. cit.*, p. 108.

种景象而已。我在这里提到的理由是,在过去,曾经缺乏"理性"的人类遭受了同样的命运。沙尔特(Salt)写道:

> 二、三个世纪以前,靠救济生活的人和精神病患者在他们路过的地方常常被关起来。当他们路过时,孩子们也许就在保姆的负责带领下一起去"观赏"他们,而且这种景象是给人带来愉悦的某种事情。我曾听我妈妈讲过在舒兹伯利(Shrewsbury)的这种事情。保姆问:"孩子们,今天我们要去哪儿啊?"孩子们就会嚷嚷道:"噢,我们去看疯子,求求你了!"⑫

我们大多数人会为此感到震惊,可以给出许多理由说明为什么这种做法是野蛮的。首先,因为它也许传授给孩子的是麻木不仁的态度。当然,面对动物的类似情景时,也会出现这样的效果。然而,难以相信我们最初的反应是经过这种思考的。这种景象充满了悲哀和侮辱。事实上,不管是精神病患者还是狮子,却没有合理的理由被展览示众。其次,我对与自由价值的相关的各种推理表示普遍怀疑。正如哲学家们经常强调的,如果我们人类要去发展和行使作为理性主体的权力,拥有我们想要的生活,那么拥有自由就是必要的,这也许是正确的。但是,同样正确的是,对于许多非人类的动物来说,如果它们以对它们来说是很自然的那种方式生活、繁衍;或者,简单地说,如果凭借它们是各种各样的生物,它们才能认识到它们所具有的权益……那么,自由也是必要的。

综上所述,无论赋予给人类的自由权是怎样推理的,似乎都是同样适用于至少是某些其他动物物种的情形。那么,自由权就不是"人"独有的一种权利。

正如我在一开始说的,我争论这个问题的动机是质疑人权的重要性。这不是说我不认为存在人权,恰恰相反,我认为存在人权。但是,它不是我们仅仅根据一定物种的所属成员来判断的权利。而是说,它是根据我们具有,而其他物种成员恰巧没有的其他特征的权利:比如,崇拜的权利似乎是人类特有的权利,因为在我们知道的所有动物中,只有人类对崇拜有兴趣或有能力。但是,一旦理解了这个理由,一旦明确了像自由

---

⑫ Henry Salt, *The Creed of Kinship* (New York: Dutton, 1935), pp. 60-61.

权这样重要的权利不是人类特有的,我想,关于"人"的权利观念的最强硬的理由就消失了。谈论自然的权利,或者,只谈论权利,就是最好的时候了;但还要警惕事实上不是只有我们人类才具有那些权利。

天主教辞典*

动物没有权利

自人类成为动物领域的主人,为了他的适当目的,他可以使用动物;这些目的一定包括食物、服务、人种的利益,而且似乎也包括娱乐。圣托马斯对此做出了明确的解释(《反异教徒》,3:112:7):"因此,那些认为人类猎杀动物有罪的悖论就被排除了。在万物生存的自然规律中,动物只能顺应神圣的天命,供人类享用,于是,人类便可以理所当然地用各种方式处置动物,甚至猎杀它们,而没有犯下任何过错。"

一些异教徒作家鼓励人们善待动物,如毕达哥拉斯相信灵魂再生学说,认为人类的灵魂可能被赋予在动物的身体上,使之再生。这种观点在一些罗马法规中就有体现,而西塞罗(De Finibus,3:20)也对认为把人类的权利归属于动物是错误的观点提出了批评。《圣约书》(OT)提出正确对待动物的劝告。犹太人禁止限制公牛践踏庄稼(Deut 25:4),或者把公牛和驴绑缚在一起(Deut 22:10)。

基督教作家难得论述这个主题,尽管圣方济修会的活动唤醒了对自然的热爱以及一切皆与上帝的自然创造物都有亲密关系的意识……圣托马斯通过强调怜悯是由别人的苦难引起的,因为动物能够感觉疼痛,人们因此而怜悯他们等观念,鼓励人们要善待动物。《反异教徒》第2章第112节提出,禁止《圣约书》喜欢的动物,他说,他们都存在问题,"就怕任何人残忍地对待动物,可能也会残忍地对待人类",或者因为对动物的伤害会涉及到对他的主人的伤害。人类对此自始至终都清楚。正确对待动物的观念是正确对待人类之态度的教育基础。谴责残忍地对待动物很大程度上是因为它会给人类造成罪恶的影响。

这种情况已经导致批评家指责天主教教徒对待动物是冷漠的,甚至没有同情心。这些攻击通常更多地集中在盎格鲁撒克逊国家,这些国家在饲养动物的问题上,情感远远超过意识,而且这些国家(如现在的英国)保护动物不受虐待有时候甚至好于保护

---

* 《天主教辞典》是一部在英格兰和威尔士天主教教徒的支持下完成的辞书 Vol.1(London and New York:Thomas Nelson and Sons Limited,1962) pp.97-98.

儿童。由于对动物"权利"的呼吁，这些问题变得更加模糊不清。要是正确地使用"权利"这个术语，动物就没有所谓的"权利"，因为权利只能属于人类，只有人被认为具有理性和责任。残忍地对待动物当然是错误的：不是因为它违反了并不存在的动物"权利"，而是因为在人类性情中残暴是没有价值的、令人厌恶的，是因为客观上虐待动物是滥用和误解了上帝的安排。上帝授予了人类统治动物王国的权利，他就应该履行并且遵从人类的理性和上帝的意志。

安得鲁·林孜*

动物的神权

- 正统天主教神学认为动物没有权利,但其所依据的神学理论并非完美无缺而无需发展的。
- 神学理论不应把权利仅仅赋予具有道德责任能力的生物。
- 除了权利理论,还要重视动物受到同情和尊重的权利。
- 天主教一直否认人以外一切事物都拥有权利,这种静态僵化的观念却未必符合神的意志。

天主教神学一如经院哲学那样浸淫着这样的主张:动物是没有道德地位的;如果我们对动物还有义务的话,那么这些义务也是间接的,是与人类某些利益相关涉的;动物不像人类那样具有理性,因此它们不可能有不朽的灵魂。即使最无情的经院哲学家现在也许都承认动物会感觉到一些痛苦,但纵然如此,动物的痛苦也不会被认为与道德相关或者真正类似于人类的痛苦。由此得出结论:动物没有权利。"动物爱好者常常看不到上帝创造动物这些非理性生物的目的即是服务于人、为人所用",《道德神学词典》认为,"事实上,天主教道德教义也告诉人们,动物没有就人而言的权利。"

本文试图辨清当前的哲学和神学关于动物权利的讨论。正是由于经院天主教的坚执才使得关于动物权利问题的讨论成为必要。如果人们能正视基督教传统关于动物的大量的正面的见解和描述,那些负面的影响还在占据着并将继续占据着探讨这个问题的主流地位,那么,这确实是令人非常尴尬的。动物权利问题并不是神学界对世俗思想的某种让步,而仅仅是始于数百年前的争论的最新阶段。约翰·福斯特(John Foster)在1856年反驳威廉姆·温德汉姆(William Wyndham)反对早期动物福利立法的观点时说道:"我们还很小的时候,就被教导动物快乐和痛苦的情绪不值得我们关心;它们遭受的痛苦微不足道,因此它们通过承受痛苦以更好的服务来报答人类……简言之,它们不像有感觉能力的生物那样拥有权利,存在着像我们一样的利益。"今

---

* 安得鲁·林孜(Andrew Linzey)是英格兰埃塞克斯大学神学和伦理学中心的主任。他新近的著述包括《基督教和动物权利》(Crossroads,1987),以及与汤姆·雷根合著的《动物和基督教:阅读材料》(Crossroads,1988). *Christianity and the Rights of Animals* (London:SPCK,1987),pp.68-69 and 94-98,重印业经作者同意。

天,那些关心动物的人们如果情愿选择"动物权利",而不是"动物爱好者"或"动物福利"的词汇,那么,他们就正在有意或无意地把自己和一场毫无结论的历史争论联系起来。美国的"保护动物福利国家天主教团体"现在成了"保护动物权利国际团体"并非毫无意义。

基督徒是否应该利用"权利"语言并把它延伸于动物的争论取决于三个条件。

第一,基督教不应该主张权利理论仅仅是关于道德责任的理论。对于认为权利理论在某些方面存在缺陷、并不充分的反对观点,我们的回答是,从基督教传统的内部看,没有任何一种理论能做到完整、公正地对待这些主题和见解。如果这听起来不像是一种被完全认可的权利,那么,我们就需要考虑到,是否任何道德理论,不管是关于神的要求还是关于人的职责的道德理论,都只能从神学的视角成为公正的道德理论。我们正在给基督教道德理论赋予的某些特征不过是上帝的意志罢了。神的意志无疑是复杂的,甚至是微妙的和可能正在不断发展的。当我们选择关于神权理论的语言时,我们必须做出必要的保留并谨慎小心,这不是因为这种理论就一定比任何其他的理论更复杂,而是因为所有的道德理论在神学上都是疑云重重。无论我们何时从对神在特定情况下具有特殊命令的意志做出任何简单明了的辨别,转移到对神的意志赋予特征的工作中,也就是转移到用一般的词汇使神的意志特征化和系统化的工作中,我们都面临着过于简单化的持续危险。当然,神的意志可能是简单的,但也可能是相当神秘复杂的。即使是卡尔·巴特(Karl Barth,1886 – 1968,瑞士加尔文宗神学家——译者注)这个神的命令的坚定捍卫者也承认,对基督教伦理来说,告诉我们神的意志是什么不是一件容易的事情。运用我们的智慧和语言,通过概括其特征,我们总还是能大致判断出神给他的造物的意志。尽管神权理论可能是对神的命令的特征加以概括的最好方法,但这并不能得出这样的结论,即我们必须认为那种理论在每一个方面都是适当的,或者,在上帝的美好时光中,关于神学道德特征的某些新概括都不可能超越它。毫无疑问,我们的道德推理尽管充满着灵性,但仍然像造物自身生活的各个方面一样需要补救。

第二,权利语言并非是全能的,我的意思是,由于权利语言并非全能,它不能排除其他形式的道德语言和见解。就慷慨、尊重、义务、牺牲和怜悯来说,它们和权利一样都很重要。可能是动物权利一直以来作为一种观念强调其权利的重要性,以至于人们忽略了谈论同情和尊重的重要性。但可能对基督徒来说,我希望把这种语言看成是理所当然的语言……权利语言的功能之一是,对与其他生物一道过着一种未加开发的生活方式不断提供检验和标准。这种功能确实很有效,但通过它本身并不能为神的命令提供一种完整的、有效的正面解释。换句话说,基督教伦理并不仅仅是防止恶,而且要促进善。为了阐明、定义和追求与动物有关的善,我们需要比权利语言所能提供的更多词汇。可能在某些情况下,我们给予动物的应该比权利理论能完全给它们的更多,即使是我们犯下了错误,也能慷慨地给予它们。由于"慷慨"确实是一个很重要的概念,因此权利语言必须审慎地不对它加以限制,纵然是我们不能说服我们自己的"慷慨"具有表达"应该"的功能。对某些人来说,他们认为我们不是要简单地尊重权利(比如说麻雀的权利),而是要实际地寻求对它们的爱护和关心的关系,权利观不会设置任何障碍。对另外一些人来说,他们认为要把怜悯地对待特别种类的动物并为它们做出自我牺牲称作特别的英雄行为,权利观也不会提出什么异议。总会有些人在很多基督徒和圣者的鼓舞下,感到要在道德上追求英雄式的、自我牺牲式的行为。但是,这些人当然并不是权利语言通常所指向的人。简言之,在为动物和人类的积极利益而奋斗的过程中,基督徒将需要使用多样化的词汇。这里所说的一切是指,权利语言应该成为道德词库中的必要组成部分。

第三,我们需要重申的是,我们所说的权利彻底地、纯粹是上帝的权利。他独自赋予生命的意志使各种权利成为可能;他独自授予人类对权利的管家关系;他独自最终保证权利的彻底实现。从中可得出一个结论:正如随着我们精神的升华,我们对上帝的了解会增多一样,我们对其意志的本质的了解也会增多,并因此对他的各种权利有更多的了解。一些神学家把权利术语看成是描绘上帝与那种毕竟是活跃的、开放的创生活动之间关系的一种完全静态方式。但是,神权理论并不必然像他们的世俗相似物那样静态。可能性的变化始终伴随着我们对上帝的理解,不管是为了更好地理解还是更坏的理解。上帝的灵魂可能使得我们对自己在宇宙中的地位的理解发生变化,例如,使得我们在先前宗教改革时期关于个人灵魂超度的争论相比之下显得微不足道。这种理解可能是好的,也可能不是好的。在这两种情况下,认识上帝造物的权利并维护它是我们的职责……

问题随之而来:尽管有这三条严格的条件,但什么才能压制权利理论证明其合理的风头？答案或许显而易见。权利语言坚持要我们用那些适用于其他生物——人的词汇来构想关于动物的诉求。这就是为什么(一些人,或很多人)对动物权利犹豫不决或拒绝的原因:他们否认有灵魂的、能呼吸的其他生物的诉求能在任何真正意义上类似于人的诉求。在动物权利的问题上,其原因可能还不止这些,比如,基督徒还遇到了他们自己的学术史的局限性。经院哲学几个世纪以来把动物当成"东西"。其后果毫不奇怪:动物一直被当作"东西"来对待。由于反对动物权利的论点在知识上的复杂性,很实用性思考的论点通常会占有优势。**要接受动物拥有权利的观点,就必须同时接受不同于当前对待大多数动物的观点。**明确承认动物拥有权利就要同时承认它们拥有基本的道德地位。如果它们没有这种地位,它们就不可能提出诉求;而如果它们没有诉求,它们就不可能有权利。也许按照基督教的传统,基督徒比许多世俗同代人更容易理解关于权利争论的历史意义。那些否认非人类有权利的人更会深思动物无权利意味着什么;如果那些反对的论证不具有说服力,那必然是因为他们不愿意承认大多数动物受到了不公正的对待。

这里还存在争执。赋予动物权利就要承认它们可能被错待。按照神权理论,我们对动物所做的不仅仅是体验、便利或善心之类的事情。当我们谈到动物权利的时候,我们要把在客观上属于动物的东西作为一个正义问题,凭藉造物主的权利使之概念化。动物可能会被错待,因为它们的造物主在造物过程中也可能被错待。一些哲学家仍然坚执,不求助于权利的概念而为更好地对待动物提供一个理论框架,这是可能的。用这种方式是可能塑造一些更好的理论的,但会有多少,留待历史去评论。或许通过功利主义者的计算可能防止发生在动物身上的一些最糟糕的事情,但是动物的地位会因此从根本上改变么？语言和历史与那些想善待动物和想否认权利语言的合法性的人背道而驰。因为假设我们仍然接受数世纪以来经院哲学的传统基石——除了人类之外的一切在道德上都是无权利的,那么我们如何来颠覆这种传统呢？如果先前的事情在形成道德理论的过程中会引发模糊的忏悔要求,它只能得到这样的答复:忏悔是基督徒的主要义务。设若允许从道德评价上来对后果论的计算做出某些评论的话,那么我们将不得不承认基督徒具有很好的理由来审视他们自己已经创建的神学,据此可以重新从神学观点来进行思考。

但是,除了转变数世纪以来忽视动物权利的显见的实际需要之外,神权论要弄清楚全部神学的重要见解——特别是这样三个方面:首先是上帝创造现实世界的纯粹赋予性。除非上帝造物真的很漠然,否则,那些生物的生命都充满着他的灵魂,具有特殊的价值,并因而需要特别的保护。其次是需要有证据证明在上帝建立的契约关系中有选定的权力。人和动物形成了一个道德共同体,这不仅是因为他们具有共同的起源,而且是因为上帝选定他们与上帝自身处在一种特殊关系之中。天主教经院哲学一直否认人和动物是道德共同体的可能性。伯纳德·哈林(Bernard Haring)写道,"没有任何非理性之物可以成为邻里之爱、博爱等基督教德性的对象。"他还告诉我们,"没有任何非理性之物可以和上帝建立良好的关系。"经院哲学在这里所忽略和反驳的正是神权所假定的东西。因为人和动物是由上帝选定的,我们在上帝面前形成了一个有灵魂的生物缔约的共同体。第三,神权的观点对人在创造中具有类似于上帝的力量这个长期以来的等级传统赋予了意义。按照神权的观点,人类必须行使权力,但这个权力只能朝着上帝的目的。人类在这方面的独特意义在于人类具有察觉上帝意志的能力并在自己的生活中贯彻它。爱德华·卡朋特(Edward Carpenter)认为,人"使自己服从于神的提高创造力的使命,拯救那些他们自己也是其中一部分的秩序,并指导他们朝向他们的目标。"

那些否认动物的神权的人需要表明,他们对这些见解能够给出充分的现实,而不是参与到对非人类事物的道德蔑视中,这种道德蔑视在基督教传统中仍然具有持续下去的因素特征。

第五部分
宰杀和生命的价值

爱德华·约翰逊[*]

生命、死亡和动物

- 当人否认动物的幸福时,人是否既了解人的幸福,又了解了动物的幸福?所以认为人的幸福更高级是错误的,人对动物的感受是无知的。人类是作出判断的一方,而且只能从人类自己的观点出发。
- 人类意识的复杂性并不是人比动物价值更高的理由,因为每种生物的意识对其自身的价值都是最重要的,即便人比其他动物更了解它们(这不能证明),人的意识也不比动物对它们自身的意识更重要。

一

密尔说,"做一个不满足的人比做一只满足的猪好"。[①]此言有道理吗?密尔是如何知道的呢?麦克艾威尔(MacIver)这样说:

> 如果我在长满树虫的林中漫不经心地徒步行走的话,我就犯错了……但是这只是一个很小的错误,而且夸大它的错误是带有感情色彩的意见……为了避免可能犯下更大的错误,小错在所难免。如果我杀了一只科罗拉多州的甲虫的话,对甲虫来说我做错了;但是,如果我没有杀死它,那么对马铃薯的种植者和消费者来说,我就做错了,而且他们的利益更为重要。[②]

这些说法是这样的吗?麦克艾威尔是如何知道的呢?像密尔和麦克艾威尔那样,

---

[*] 爱德华·约翰逊(Edward Johnson)在新奥尔良大学教授哲学。他经常给道德哲学、社会哲学和政治哲学等专业期刊撰稿。
引自 Johnson, Edward, "Life, Death, and Animal," pp. 123-33 in H. Miller and W. Williams (eds.), *Ethics and Animal*. Clifton, NJ: Humana Press, 1983.

[①] Mill, John Stuart, *Utilitarianism* (1863). Many editions.
[②] MacIver, A. M., "Ethics and the Beetle." *Philosophy* 44 (1948), p. 65.

我们都相信,或者好像我们相信似的去行动:人的生命不知怎么就总是或通常比动物的生命更重要。实际上,只对人有利的快乐一般都被假定比非人动物的生命更重要;就像古德瑞彻(Goodrich)所言:"一般来说,人们都会坚持人的生命比动物生命更有价值:不管它多么伟大,没有多少动物甚至值得为它们牺牲一个人。"③我们是如此重要吗?我们是怎么知道这一点的呢?

你可能会说:我们完全知道。但是,我们最好要尽可能避免特殊的直觉主义。难道以前没有证明高傲的直觉,其洋洋自得的断定是完全错误的吗?例如,难道我们还没有看透其意在于证明奴隶制和种族歧视主义是合理的直觉吗?我揣测,我们已经逐渐明白了我们不知道(而且是从不知道)一个白人的生命比一个黑人的生命更重要,或者没有多少奴隶,无论他多么伟大,甚至值得牺牲一个奴隶主。现在,猪又是什么状况呢?

二

密尔告诉我们,"人具有的官能比动物的食欲更高尚,而且即使是它们知道这些食欲,除了满足之外,它们不会把任何东西看做是幸福。"我们如何才能说某物的官能比另一物的"更高尚"呢?密尔的标准是众所周知的。"在两种快乐中,如果有一种快乐对所有的或几乎所有体验过这两种快乐的人,给出了一种明显的偏好,不管是不是出于道德责任感而偏好它,那都是一种更让人渴望的快乐。"在系统地阐述这个标准之后,密尔就继续指出如何应用这个标准,不只是粗略地给这些快乐定级,而且把"更高尚"的快乐置于无可置疑之处。

> 如果有两种快乐,其中一种被那些非常熟悉这两种快乐的人所偏好,并把它置于另一种快乐之上,即使他们知道他们所偏好的这种快乐大量地不能得到满足,也不会因为其他快乐的任何数量而放弃这种快乐,那么我们就可以合乎道理地认为这种偏好的快乐在质上相比较而言远远超过其量上的价值。

因此,这就是"做一个不满足的人比做一头满足的猪好;做不满足的苏格拉底比做

---

③ Goodrich, T., "The Morality of Killing." *Philosophy* 44(1969), p.128.

一个满足的傻瓜好。"请注意,密尔恰恰没有诉诸于这个事实——我们情愿做不满足的人,也不做满足的猪。而且,他认为我们特别适合于做出判断。密尔不会同意傻子和猪的意见。"而且,如果傻子和猪具有不同的意见,那是因为他们只知道自己一边的情况。相比而言,另一方知道两边的情况。"

我们在这里已经注意到密尔的讨论存在着缺陷。伯特兰·罗素(Bertrand Russell)做了个傻里傻气的评论,他说:"功利主义者一直都莫名其妙地忧虑,要证明猪的生活不如哲学家的生活更幸福——如果他们已经坦诚地思考了这个问题,这个模棱两可的邪恶提议几乎不可能由所有的人用同一种方式来决定。"④密尔假定,我们可能"非常熟悉两边的情况"即猪的幸福和我们自己的幸福,而不是像猪那样只知道它自己的幸福。但这是值得怀疑的。在苏格拉底学习无知的过程中,他可能不知道无知就是福。要对付具有完全不同的感觉和能力的物种,我们必须处理的情况,是多么困难啊。到底有什么理由来假定任何人都真的知道一头猪、一只蝙蝠或任何其他的动物的情况是如何的呢?

> 你怎么知道切断飞行道路的不是巨鸟(ev'ry Bird),
> 难道是你的五官封闭了庞大的快乐世界吗?⑤

在这种非常困难的情况下,"非常熟悉两边的情况"根本不可能,因为可能使一个人快乐的能力极有可能使另一个人的快乐变得不可能。享乐主义者不可能到处去访问贫民区。苏格拉底不可能知道傻子在他的愚蠢中享受到的快乐;他至多能够拥有在知识上的替代物。像密尔那样,认为人当然能够熟悉其他"人"所特有的快乐并熟悉动物的快乐,这是没有道理的。"高级"快乐的效用可以改变一切,所以我们不再处于拥有或判断"低级"快乐的某种位置。在那种情况下,密尔阐述的"高级"快乐和"低级"快乐的合理性不复存在了。

密尔也认为,更丰富的经历(如果我们能有的话)总是使人处于一个更好的位置来判断快乐。但这忽略了堕落或道德败坏的可能性:或许享受一些快乐会把我们置于更

---

④ Rusell, Bertrand, *Autobiography* (London: Unwin Books, 1975), p.162, quoting a letter of 1902.

⑤ Blake, William, "The Marriage of Heaven and Hell," in Geoffrey Keynes(ed.), *Blake: Complete Writing* (Oxford: Oxford University Press, 1966), p.150.

糟糕的判断快乐的位置。正如卢梭所说的:"奴隶在他们的枷锁中失去了一切,甚至摆脱枷锁的向往:他们爱他们的奴役,就像尤利西斯(Ulysses)的同志们爱他们的残酷条件一样。"⑥

三

那种认为我们人类特别适合于对动物生命的价值做出判断的企图伴随着困难。引用与此相反的观点是有吸引力的。E. B. 麦克吉拉夫里(E. B. McGilvary)这样说道:

> 最好做一个不满足的苏格拉底——对谁而言最好这样做呢?对苏格拉底还是对猪?当然是猪啊!但谁会是猪呢?他不是不愿意做猪吗?对我们来说,他确实不愿意;但对他自己而言,并不一定就不愿意。谁知道在干干净净的猪栏里就没有什么值得猪珍爱的东西呢?那么由谁来决定?我们去请求什么样的仲裁者呢?
>
> 奇怪的是,在问及这样的问题时,我们常常忘记的是这些问题并没有抛到九霄云之外,迎刃而解。正是我们这些男人和女人们在发问;我们问这些问题就是问我们自己;为什么不为我们自己回答这些问题呢?我们对猪是否愿意成为猪的问题并不特别感兴趣。它们是否愿意并没有什么关系。我们关心的问题是:我们愿意成为什么?我们愿意帮助我们的孩子成为什么?我们将为未来致力于建设什么样的文明?⑦

菲利普·戴温(Philip Devine)在近期关于杀人的伦理问题的著作中,也提出了同样的观点,他在这本书中论证道:

> 我们不需要在抽象的意义上关心人的生命和动物的生命的相关价值,而只需要关心在人类做出决定的情境中他们的相关价值。当休谟说"在茫茫宇宙中,一

---

⑥ Rousseau, Jean-Jacques, *The Social Contract*, Book One, Chapter Two (1762). Many editions.
⑦ McGilvary, Evander Bradley, *Toward a Perspective Realism* (Lasalle: Open Court, 1956), pp. 292-294.

个人的生命并不比一只牡蛎的生命更为重要"时,甚至可以认为他是正确的,在这里,决定者不是牡蛎或上帝(或拟人化的宇宙),而是人,是那种与主体共同具有某些基本特征的生物,这种主体是值得那些不具备这些基本特征、不能成为主体的生物的尊敬的。进一步说,人——或者几乎所有的人——都能够比这个星球上的非人动物享有一种更丰富多彩的生命,包括在提出道德问题的过程中被预设为好的道德主体的这种丰富性。剥夺这种生命(或者使之受到伤害)比剥夺一个动物的生命是一种更大的伤害。当然,人们可能会说,人类不能完全判断蝙蝠或海豚的生命的丰富性,并因而无法判定它们的生命是不是与我们的生命一样有价值。但是,人们在任何情况下都不得不从他自己的观点来判断问题(可能从其他观点做出判断吗?),而且在由人类感知力所引导的人的行为中……没有什么是不恰当的。⑧

认为我们"关心我们愿意成为什么的问题"或者"人们在任何情况下都不得不从他自己的观点来判断问题",这听起来当然是现实的。但这在道德上是充足的吗?设想一下,我们(占据统治地位的种族的成员)为一个从属种族但不具有与我们一样重要的生命价值提出一个类似的辩护:"当然,人们可能会说,白人不能完全判断黑人生命的丰富性,并因而无法判定他们的生命是不是与我们的生命一样有价值。但是人们在任何情况下都不得不从他自己的观点来判断问题,而且在由白人的感知力所引导的白人的行为中没有什么是不恰当的。"如果这样一种论证不过是种族歧视主义的花言巧语的话,那么就不难理解,麦克吉拉夫里和戴温所提倡的那种观点除了是自我吹捧的物种歧视主义之外,还会是什么。如果前者在道德上有缺陷,难道后者不也是吗?

四

至此,关于我们如何才能知道人的生命比非人的生命更重要的问题,我已经拒绝接受两个观点。第一个观点是,我们处在判断动物的生命的地位,但是动物却不处于判断我们的生命的地位,因为是我们,而不是它们熟悉或者能够熟悉"两边的情况"。

---

⑧ Devine, Philip E., *The Ethics of Homicide* (Ithaca: Cornell University Press, 1952), p.49.

第二个观点是,我们知道我们的生命更重要,因为我们是做出判断的一方。现在,我要思考第三个观点,这个观点有点复杂。其基本思想是,我们知道我们的生命更重要,因为我们能够知道有关我们的生命的一切,而动物不可能知道关于它们的生命的事情;根据这个观点,人的心理复杂性,其本身并非(或必然)有价值,但是它允许我们以一种特别重要的方式评价我们的生命是有价值的。关于这个观点,存在许多说法。

康德坚持说,非理性的存在"只有作为手段的相对价值并因此称之为'事物'"。⑨他说,动物"没有自我意识,只是作为对某个目的的手段。"⑩他认为,我们对动物没有直接的责任,由此可以得出结论:动物没有权利,特别是没有对生命的权利。黑格尔说,动物"对它们的生命没有权利,因为它们没有欲求生命"。⑪ 他也否认动物是它们自身的目的,并把它们叫做"事物"。他这样评论道:

作为外在性,事物本身是没有目的的;除了对它本身的某种外在性之外,它不是无限的自我关系(infinite self-relation)。一个有生命的事物(如动物)在这个方面对它本身也是外在性的,而且它本身就只能是一个事物。⑫

动物缺乏理性、自我意识、无限的自我关系;它"缺乏主体性",因而也"只对它本身,而完全不对主体具有外在性"。认为动物作为一个事物对它本身是外在性的,也就是说它缺乏某种心理复杂性和反应性,而这是为人所具有的。"动物可以直观",黑格尔说,"但是动物的灵魂只是对它的客体而不是对它的灵魂而言的,它本身不过是某种外在性的。"亨利·约翰斯通(Henry Johnstone)这样说道:

人的存在是反应性的存在,一个无自动力的事物的存在没有反应性的存在。某人在不知道什么对他而言才是一个人的时候,是不能成为人的。正是完全凭借这种知识,人们才把他们所做的无论是有价值的还是无价值的东西都安置在生命

---

⑨ Kant, *Grundlegung zur Metaphysik der Sitten* (1785). Many editions.
⑩ Kant, *Lectures on Ethics* (London: Methuen, 1930), p. 237.
⑪ Hegal, *Philosophy of Right* (Oxford: Oxford University Press, 1952), p. 237.
⑫ Ibid., p. 236.

之中……从鱼、鸟、猫、狗自己的观点来看,动物不知道什么样的东西对它自身而言才是一条鱼、一只鸟、一只猫、一只狗。虽然它展示了它这个物种的行为,但它是在没有采取某种观点的情况下这么做的。鱼的行为就像是一条鱼——不是对它自己,而是对我们而言的。[13]

当前对关注反应性的流行说法承认动物(作为有意识的存在)有欲望,但强调人有比欲望更多的东西。哈利·弗兰克福特(Harry Frankfurt)[14]和理查德·杰弗瑞(Richard Jeffery)[15]也认为,尽管动物有第一级的欲望,但是他们缺乏第二级(或更高级)的欲望、意志或偏好。动物有欲求,但它们不是想要欲求;它们关心事物,但它们不关心它们有什么样的关心。盖瑞·沃特森(Gary Watson)坚持说,理解行动自由的钥匙在于区分两种不同的动机——欲求和价值。他写道:"就畜生来说,动机只有一个:食欲,或许还有情欲。畜生(或者像我们通常认为的那样)没有评价机制。"[16]类似地,理查德·泰勒(1976,p.282)同意以下观念:

> 人类主体能够评价他们是什么,并且某种程度上他们能够在这种评价上塑造自己,能够对他们是什么而承担责任,而在这个方面却不能说其他的行为主体和欲望主体(例如更高级的动物)也能够这样。[17]

所有这些不同的方面主要是:动物不能采用关于它们自己是什么的某种观点;它们不能接受或拒绝它们的欲求,并因而塑造它们的未来,而在这个方面人却可以;动物也不能以它们的未来回溯性地给它们过去的行为赋予意义(参见哈曼)。[18]

从论证的需要出发,让我们假设人和其他种类的动物之间存在某种区别,即我们

---

[13] Johnstone, Henry W., Jr., "On Being a Person," in Carl G. Vaught(ed.), *Essays in Metaphysics* (University Park: Pennsylvania State University Press, 1970), p.138.

[14] Frankfurt, G., "Freedom of the Will and the Concept of a Person." *Journal of Philosophy* 68(1971), pp.5-20.

[15] Jeffrey, Richard C., "Preference among Preferences." *Journal of Philosophy* 71(1974), pp.377-391.

[16] Waston, Gary, "Free Agency." *Journal of Philosophy* 72(1975), p.220.

[17] Taylor, Richard, *Good and Evil* (NewYork: Macmillan, 1970).

[18] Harman, Gilbert, "Practical Reasoning." *Review of Metaphysics* 29(1976), pp.431-463.

已经试图指出过的那些关注反应性的各种说法。权且说,人是有反应性和自我意识的,而动物没有。这样一种事实应该具有什么道德价值呢?为什么有反应性的生命比没有反应性的生命更重要呢?

五

一种答案可能会是:反应能力使其拥有者关心生命,介意死亡,而在这个方面动物却不能。根据一个普遍的观点,动物没有死亡的概念,因此不可能介意死亡,就像它们不介意有没有票去剧院一样。然而,理性的生物会介意,而且一般情况下都会介意,这就是乍看起来为什么杀害人是错误的原因。这种观点是正确的吗?

如果你能够想象死亡并因此介意死亡的话,你就会对避免死亡发生兴趣(interest);而如果你能够想象持续生存并且因此渴望持续生存的话,你就会对你自己的持续生存发生兴趣。但是你也可能会对生命有某种间接的或衍生的兴趣,这种兴趣是以你的其他兴趣为来源的。如果母牛喜欢咀嚼它的反刍物(假定其他方面都是平等的),她这样做是她的兴趣。⑲ 她受益于各种各样满足其欲望的机会:机会越多满足越好。但是,难道这不会使得母牛对持续生存感兴趣吗?满足欲望就是受益,在这样的时候,难道不是受益越多(假定其他方面都是平等的),其满足的机会也就越多(或许,二者相关的地方是直到满足到某种程度为止)吗?即使某个生物缺乏未来的概念,缺乏个体存活时间的概念等等,也会这样做。当然,如果某个生物有这些概念,由于它能够去关心其未来,那也会使得它对另一种生活发生兴趣。但是,缺乏这些概念并不意味着某个生物就对生命没有兴趣或要求:对生命衍生出来的那种兴趣仍然会存在。就生命似乎可能满足某个生物的欲望而言,实现这个生物所具有的兴趣,它才对生命感兴趣。

为使之简明扼要,我们需要区分积极兴趣和消极兴趣。粗略地说,消极兴趣就是那些若某物突然中止进行才能满足的兴趣。避免痛苦是一个消极的兴趣。体验快乐

---

⑲ 我在一个广泛的意义上使用"兴趣"这个词。我对满足我的欲望感兴趣,或者它们的满足促进了其他事物的平等。而且,如果我渴望得到的事情处于一种特殊的状态,或者一个特殊的事件或经历的发生,我就对那种事情、事件或经历以及其他事物的平等状态的实现感兴趣(但这与我"产生兴趣"或"感兴趣"的东西无关)。如果某些事情使我受益(或者没有它会伤害我),如果它对我有好处,如果它是我想要的东西(假定其他的事情都平等),它就是使得我有兴趣的东西。我有兴趣于对那些使我的生活变好的东西,或者阻止它生活就会变糟的东西。"兴趣"可能有一些更狭窄的意义,但是我会论证我在广泛的意义上使用它是有道理的。

是一个积极的兴趣。由于它们本质不同,消极兴趣对某物的未来生活没有什么控制,因为不论某物死了还是活着,这些兴趣都可能实现。某物对避免痛苦感兴趣的事实不见得足以使他对生存感兴趣;实际上,在一些情况下,这种事实可能使他对死亡感兴趣。有时候,这就是自杀和安乐死的含义。由于非人动物和人一样能够感觉到快乐,它们都对生存感兴趣,尤当生存能够给它们提供享受许多自然快乐的机会之时。

这个观点解释了动物如何会对生存感兴趣,而且同时解释了理性人对生存的兴趣如何有着重要的差异。像动物一样,人对生命的兴趣来源于他们对其他事物的兴趣。但是,人也会对生命具有完全不同的兴趣,因为他们还可能关心自己的未来。如果一个动物的未来处于无法减轻的痛苦之中,那么它就会缺乏对生命的兴趣,应该杀掉它。但是,就一个人而言,我们不能立即得出同样的结论。一个人想要继续活着的愿望可能比他的(或她的)生命不断遭受痛苦或挫折这个事实更为重要,这是完全可能的。在正常情况下,人对生命有两种兴趣:依赖于其他兴趣的兴趣和那种依赖于关心未来的兴趣。

我早就认为,满足动物的(积极)兴趣对它是有好处的,满足的机会越多越好,这样一来,凭借它们的兴趣,动物就能拥有对未来生活的兴趣。但这是正确的吗?[20] 任何欲望都有两种处理方式:满足它或者摆脱它。摆脱某个生物的欲望的一种方式就是消灭它,这样,他就不会再有任何无法实现的欲望了。为什么不在所有情形中都用这种方法来处理呢?就人来说,我们会诉诸于人们关心的是使用哪种方法来处理无法实现的欲望(或其中一部分欲望)。但是就动物来说,这种诉求是不可能的,因为动物没有(通过假设可知)高级欲望所必需的观念性的能力。如果一个动物有什么欲望,或者它依据什么欲望行动对它无关紧要的话,那么,这种欲望是被满足还是被消灭对它又会有什么关系呢?动物的一切问题似乎就是持续去满足欲望(在平衡的意义上)。如果是这样的话,就动物的兴趣而言,那就有理由认为动物应该一杀了之。

然而,要注意的是,人们只是拥有详细表达他们渴望欲求的东西这种高级欲望或偏好,这还不够。因为在最高偏好的水平上,这个问题完全会再次出现:我们应该满足这种元偏好(meta-preference)或者把它消灭它吗?人类比动物具有更复杂的偏好结

---

[20] 我把这个异议归结于 Susan Wolf。

构,这一切都是真的。如果人和动物之间存在真正差异的话,那似乎就是人不可能拥有最高级的意志(a highest-order volition):元欲望(meta-desire)一定会无限地消退(在这个方面,人们或许会理解为什么黑格尔谈论人时使用了"无限的自我关系"这个词的部分动机)。

这是一个晦涩的学说。但是,即使人们会接受这个观点——人是有着无限反应性的,并在这个方面与动物完全不同,人们仍然不得不解决这个顽固的直觉——作为一个普遍的政策,消除动物的欲望不像满足它的欲望那样是可以接受的。

强调人的反应性的观点可能会同意无理性的生物也对生命感兴趣,但是这种观点暗示着理性生物对生命有着更强烈的兴趣,因为一个理性生物会对自己的持续存在感兴趣。然而,还不清楚这是否为在每一次的冲突情况下选择人的生命而放弃动物的生命提供了某种合理性。我们经常会判定,增加一个人满足其兴趣的机会比满足另一个人的某些欲望更为重要。然而,我不明白的是,我们何以会认为人的任何欲望本身都比动物的那种兴趣更为重要。

六

反应性生物有一种非反应性生物所缺乏的对生命的兴趣,但还不那么清楚的是,为什么这应该赋予反应性生物对生命的更大诉求,或者应该使其生命更有价值或更为重要?为什么心理复杂性就应该那么有价值呢?无论是对物种歧视主义者,还是对反物种歧视主义者,"它有价值"都同样是一个共同的假设。彼得·辛格甚至说:

> 拒绝物种歧视主义并不意味着所有的生物都具有平等的价值。自我意识、智力、领会与他人富有意义的关系的能力,等等,与遭受痛苦的问题没有联系,因为痛苦就是痛苦,不管这个生物有没有能力感受痛苦,这些能力会与维持生命的问题有关联。坚持认为具有自我存在意识的,能够抽象思维的,会规划未来的,交流行为复杂的诸如此类的生命比没有这些能力的生命更有价值,这种说法并不武断。[21]

---

[21] Singer, *Animal Liberation* (New York: New York Review/Random House, 1975).

为避免物种歧视主义,辛格的首要规则是,"我们应该对动物的生命给予相同的尊重,就像对那些在相似的心理水平上的人的生命给予相同的尊重一样……"㉒但是,为什么要"在相同的心理水平上"这样的条件呢?为什么心理复杂性就有价值呢?一个回答是,心理上复杂的生物经历了比其他生物更大的快乐和痛苦。另一个回答是,心理上复杂的生物能够结成和另一个生物的关系,在这个方面心灵简单的生物是做不到的;这个观点要求我们把道德的本质看做是契约性的。第三个回答是,心理上的复杂性具有内在价值。

在这里,我没有时间来逐一讨论每个答案的缺陷。㉓ 不过,我不得不尽可能通过比较人的生命和非人的生命的价值阐述带给道德反思的困难。

我认为动物是有意识的。㉔从论证的需要出发,我愿意承认(大多数)动物的意识不是自我意识,这种自我意识是一种比"纯粹"意识更加"复杂"的心理状态。但是这种复杂性具有什么道德价值呢?我倾向于这种观点:每一个心灵都具有对他自身而言的价值。那些"发疯的"、"智力迟钝的"、"幼稚的"者的心理不需要有什么错误的"内在价值"。这些人不会因为我们不想变成那个样子,就对他们本身没有价值。即使我不能听到,每个心灵也都有一种声音。就像萨缪尔·亚历山大(Samuel Alexander)关于孩子问题所说过的:"我们喜欢孩子,因为他们是孩子,而不是因为他们将成为大人。"㉕他表示,孩子们是讨人喜欢的,因为他们的心理朴素,没有怨恨。因此,他说,孩子就是小家伙(dog)。开弓没有回头箭,孩子成长为大人是必然的事情。伟大的微生物学家 H. S. 杰尼斯(H. S. Jennings)说,

> 在长期对这个组织的行为进行研究之后,(我)彻底被折服了,假设寄生变形虫是一个庞大的动物,它们就会走进人们每天的经历之中,它的行为将立刻对它的快乐和痛苦、饥饿、欲望和类似东西的状况产生效果,就像在相同基础上,我们认为狗也会这样做一样。㉖

㉒ Singer, *Animal Liberation* (New York: New York Review/Random House, 1975).
㉓ 特别是后面的两段,参见我的学术演讲, *Species and Morality* (Princeton University, 1976)第四、第五章.
㉔ Griffen, Donald R., *The Question of Animal Awareness* (New York: Rockefeller University Press, 1976).
㉕ Alexander, Samuel, "The Mind of a Dog," in *Philosophical and Literary Pieces* (London: Macmillan, 1939), p.115.
㉖ Jennings, H. S., *Behavior of the Lower Organisms* (New York: Columbia University Press, 1906), p.336.

尽管理查德·泰勒(Richard Taylor)缺乏丰富的实践基础,但他认为:

> 数百万年来萤火虫存在的光环在我们看来似乎是没有意义的,但如果我们能以某种方式从其内部来看待其存在的话,即使是萤火虫,对我们来说似乎也是完全不同的。㉗

最后,我们考思一下牡蛎这个非常"邪恶"的生物。柏拉图争辩说,"如果你没有理性、记忆、知识和正确的判断,你一定不会意识到你是否使自己得到了愉悦……你将过着不是人的生活,而是某种海肺(sea lung)或者一种身体蜷缩在硬壳里的海洋生物"(斐利布斯,Philebus 21b-c)。笛卡儿论证道:

> 有人最有可能会说的是:虽然动物没有向我们展示它们会思考的行为,但是,既然它们的身体器官与我们相差无几,由此就可以推测:附属在这些器官上会有某些像我们在我们自己身上所体验到思想,只不过这种思想还不是那么完美。对此,我无需赘言,只需指出:如果它们会像我们那样思考,它们就会有像我们一样的不朽灵魂。但这是不可能的,因为不相信所有动物具有灵魂,也就没有理由相信部分动物具有灵魂,它们中的许多动物,诸如牡蛎和海绵体之类不完满的动物,简直难以置信它们会拥有灵魂。㉘

甚至彼得·辛格也把牡蛎排除在外。㉙ 我不知道牡蛎是否有意识。我的观点是,如果它们或任何其他的生物有意识,如果有理由相信它们有意识,那就没有理由把它们的意识对它们自己的价值贬到比我们的意识对我们自己的价值更低。在桑塔亚那(Santayana,1963 - 1952,美国哲学家、作家——译者注)的文章中,他确信罗素放弃了他在善与恶的客观性上的早期信仰,桑塔亚那㉚就柏拉图的论证做了以下的评论:

㉗ Taylor,Richard, *op. cit.* , p. 267.
㉘ Descartes,Rene, *Philosophical Letters* , translated by A. Kenny(Oxford:Oxford University Press,1970) ,pp. 207-208.
㉙ Singer, *op. cit.* , p. 186.
㉚ Santayana's influence on Russell's recantation is documented in Bertrand Russell, *Portraits from Memory and Other Essays* (New York:Simon & Schuster,1956) , p. 96.

它是一个从个人偏见出发的论证(而且,在伦理学中没有类似的其他论证);但是,那个需要做出回答的人做出这样的回答,不是因为答案是自明的还是不自明的,而是因为他是那种需要做出回答的人。他被那个类似于牡蛎的观点给震住了。然而,如果没有记忆和反思,没有混合着令人厌烦的武断映象,那么毫无变化的快乐恰恰就是神秘的、骄奢淫逸的,或许就是牡蛎找到的善……这样一种彻底的享乐主义确实是不通人性的;它动摇了所有习俗抱负的根基,而且不可能成为政治生活或艺术生活的基础。这就是我们要反对它的理由。尽管善本身不会追求我们的人性,但我们的人性也不可能取消那种我们在世界上追求的、不能用共同标准衡量的善。人们在不可能满足把纯快乐作为目标的情况下的劳作是由于他们想象的需要,或者更是由于某种只属于人的想象控制了他们的存在。㉛

如果我们把伦理学奠定在自我断定的基础上,就像麦克吉拉夫里和戴温或者像更为深刻的桑塔亚那所主张的那样,我们在道德上就能够把牡蛎和猪排除在外,因为它们是饱食之徒,但我们要为此付出代价:那些自我断定的人要把犹太人、黑人、智力迟钝的人、我、甚至你都排除在外(与排除牡蛎和猪具有相同的理由)。人们想在这里刻画出一条界限,却又经不起任何推敲。虽然这种结果并不令人奇怪,但对于任何相信伦理学的逻辑性的人来说,却是百思不得其解的。

㉛ Santayana, George, *Winds of Doctrine* (New York: Charles Scribner's sons, 1913).

卢斯·西格曼[*]

为什么死亡没有伤害动物

- 动物逃避死亡,不等于它们了解"生存",想要"生存"意味着一种估价的能力。
- 了解了生存,才能具有是否继续活下去的欲望,这是一种绝对欲望,而动物没有绝对欲望,所以对动物的伤害不算伤害,杀死它们也不算宰杀。

一个主体如果能遭受不幸(不仅仅是不快乐的经历),那么他一定拥有欲求以及能评价一些事物。我们在这里讨论的不幸是死亡,并探究这种死亡对动物来说是不是一种不幸,我们必须质问是不是动物不想死,或者在什么意义上动物不想死。当然,在某种意义上,动物不想死实质上对所有动物都是真的,这表现在当它们的生命受到威胁时会表现出极度的恐惧。然而,盲目地抱住生命不放和主动想要生存不是一回事,因为后者对生命有所估价。这样一种欲求生存的生命是人才能有的。正是这一点才使得"死亡对一个人来说,是一种不幸,甚至是一场悲剧"这个主张符合常理。伯纳德·威廉姆斯(Bernard Williams)阐述过类似于此的观点。[①]

威廉姆斯引入了一个很有用的概念"绝对欲望"(categorical desire)。这种欲望不仅仅是指活着的、视为当然的欲望(就像饿了就想吃的欲望),而且更是指回答了一个人是否想要维持生存问题的欲望。回答这一问题既可以是肯定的,也可以是否定的。威廉姆斯讨论过被他称之为"合理的、前瞻性的自杀欲望"。这种欲望是绝对的,因为它解决了(否定性地)而不是设想一个人持续生存的问题。在两个选择中,人们可以用某种欲望来正面解决这个难题,例如,活着是为了抚养孩子还是为了著书立说。这样的欲望给了人们继续活下去的理由,他们给生命赋予了所谓的目的或意义。在他们一生的实质性生活期间,大多数人都有一些这样的欲望。

---

[*] 卢斯·西格曼(Ruth Cigman)曾在剑桥大学研究哲学,现在爱奥纳大学讲授哲学。
Ruth Cigman, "Death, Misfortune, and Species Inequality," *Philosophy & Public Affairs* 10, no. I (Winter 1981). Copyright©1981 by Princeton Unversity Press. 重印业经普林斯顿大学出版社同意。

[①] Bernard Williams, "The Makropolous Case." in *Problem of the Self*.

威廉姆斯指出,一个具有第二类绝对欲望的人很容易招致死亡的不幸……他说:"一个人想要某些东西会想到非它不可、别无他求的这样一种程度;死亡正是这样的东西,使主体除去了大量欲求。"因此,拥有绝对欲望的一个主体"有理由把可能的死亡视为应该避免的不幸,而且,从这一角度看问题的话,我们有理由把他的真实死亡看做一种不幸。"对死亡的恐惧不是来自死亡产生痛苦……它可能完全来自想要做某些与其生命有关事情的合理推论。此外,我们同情死去的人,准确的理由是死亡妨碍了某些欲望的实现,而不只是死亡终止了绝对欲望主体本来可以实现或不能实现的诸种可能。

在以上的讨论中,可以看得出,我并不认为动物也具有绝对欲望或任何这类本质。但假如这类本质可以归属到动物那里,应该如何来思考这个问题呢?首先,动物在本质上会具有像人那样的关于生和死的观念。一个绝对欲望的主体必定是:或者理解了死亡永远终止了可能未来,并且使其无法作为一个主体或任何一类有意识的存在;或者他必须领会并拒绝这种死亡的观念,赞成一种不朽的信念。不管哪个方面,这种从生到死转变的基本性质和只居其一的性质必须加以理解——至少必须领会为什么人们用这些术语思考——因而,"X 是人活着的理由"这个观念的全部意义必须加以掌握。

如果一个人具有关于长远未来的可能性的相关概念,具有关于作为一种价值对象的生命的相关概念,具有关于意识、主体及其毁灭的相关概念,具有关于悲剧和类似不幸的概念,他用这些方法完全能够理解生和死。只有通过一种想象力的跳跃,才能将这些概念同时归属于人和动物;这种跳跃的确更具有诱惑性,但也更具有危险性,因为它的荒唐并不能一眼识破。例如,在某些情形中,一些动物能够体验一种相对复杂的感情,而且这些感情涉及像人一样认识不幸、他者面临的危险、潜在的损失等这类事情。我看没有任何理由要坚持把同情、焦虑,甚至悲伤等归属于某些动物;我只是想否认反物种歧视主义者主张的那些感情、他们视为当然的全部意识,给人们指明一种方法,合理地描述动物对死亡的终结、死亡的潜在悲剧意义等方面的理解。这种理解对于绝对欲望的主体来说是必要的……

汤姆·雷根*

为什么死亡会伤害动物

- 动物具有偏好,而死亡剥夺了它的偏好被满足的可能。动物能够意识到"将来",它们有心理世界,死亡终止了一个心理个体的存在。
- 绝对欲望不是判断死亡是否是伤害的标准。

那种认为动物的死亡和宰杀动物不会造成伤害的认识具有重要的影响。人们有时候认为,只要是无痛苦地致使动物死亡,只要它们死亡的时候不遭受痛苦,我们就不应该有道德异议。为了食物,要选择仁慈的方法宰杀动物;为了科研目的,要道德地利用动物,在争论这些问题时,上述观点常常占尽上风。例如,在把动物用于科研目的的情况中,经常有人告诉我们,如果对动物实施麻醉,它们就没有感觉,因此就不会遭受任何痛苦,在做完测试、实验或用实验解释之后,如果动物在恢复意识之前就"牺牲"了,那么,从道义上说,一切都是光明正大的……然而,这完全忽略了我们所看到的另一种伤害——剥夺性伤害(harm done by deprivation)。而且,天亡是一种不可逆转性的、根本性的剥夺。说它是不可逆转性的剥夺,是因为一旦死亡,生命将永远消失;说它是根本性的剥夺,是因为死亡提前终止了所有实现满足的可能。一旦死亡,那些曾经拥有偏好的个体,那些能够在这方面或那方面实现满足的个体,那些能够自主选择的个体,就再也不能这样做了。死亡是终极的伤害,因为它是终极的损失——是生命本身的消失。

卢斯·西格曼教授就这种看待动物死亡的观点进行了讨论[①]:考察一下她的理由是会有所收获的。用她的术语来说,死亡对某一特定的个体是一种"不幸",这个特定

---

* Tom Regan, *The Case for Animal Rights*. Berkeley:University of California Press,1983. 重印业经加利福尼亚大学出版社同意。

① Ruth Cigman,"Death,Misfortune and Species Inequality," *Philosophy and Public Affairs* 10,no.1(Winter 1980):47-64. Excerpt reproduces in this volume.

② Bernard Williams,"The Markropolous Case," in *Problems of the Self* (Cambridge:Harvard University Press,1973).

的个体必须具有西格曼所追随的伯纳德·威廉姆斯所说的"绝对欲望"②的能力。西格曼写道:

> 这种欲望不仅仅是指活着的、视为当然的欲望(就像饿了就想吃的欲望),而且更是指回答了一个人是否想要维持生存问题的欲望。回答这一问题既可以是肯定的,也可以是否定的。威廉姆斯讨论过被他称之为"合理的、前瞻性的自杀欲望"。这种欲望是绝对的,因为它解决了(否定性地),而不是设想一个人持续生存的问题。在两个选择中,人们可以用某种欲望来正面解决这个难题,例如,活着是为了抚养孩子还是为了著书立说。这样的欲望给了人们继续活下去的理由,他们给生命赋予了所谓的目的或意义。在他们一生的实质性生活期间,大多数人都有一些这样的欲望。③

西格曼争辩道,虽然动物"在生命受到威胁时会表现出极度的恐惧","盲目地抱住生命不放",但它们没有这种"绝对欲望"的能力④。这是因为动物对以绝对欲望为先决条件的死亡和生命缺乏必要的理解。直到"一个人具有关于长远未来的可能性的相关概念,具有关于作为一种价值对象的生命的相关概念,具有关于意识、主体及其毁灭的相关概念,具有关于悲剧和类似不幸的概念"时,人们才会把死亡当成不幸或伤害。因为"这种理解对于绝对欲望的主体来说是必要的",既然动物缺少对这种欲望的理解力和能力,那么,死亡对动物而言就不是一种不幸,不存在伤害。⑤

这里仍然存在许多模糊的地方,而且在某些情况下它们也许是根深蒂固的。死亡对一个特定的个体是一种不幸,西格曼争辩道,但这个个体必须具有"长远未来的可能性"的意识。然而,多长才算"长远"? 这不是一个无聊的问题。动物能意识到自己的

---

③ Cigman,"Death,Misfortune",p.58.
④ Ibid.,p.57.
⑤ Ibid.,59.在应用到人和动物时,我假定不幸和伤害是同时存在的。还不能在很清晰的意义上认为,某些事情对玛丽是不幸的,但她并没有受到它的伤害,或者,虽然她受到了某些事情的伤害,但她没有感受到不幸。因而,我假定,当西格曼否认动物的死亡是一种不幸时,她的含义是,这对它们不是一种伤害。在这个方面,不管我的观点听起来是否合理,但至少没有歧义。此外,参见 Nagel 的"死亡",见 L. W. Sumner,"A Matter of Life and Death,"*Nous* 10(May 1976):145-171.

未来;为了在未来实现它们欲望的满足,它们现在就有意识地采取行动,此论根据何在?已经有人提出了这个问题。它们曾经对自己的未来有长久的把握,就可以描述为它们对自己的"长远未来的可能性"有把握吗?例如,有一群狼朝着指定的方向跑了几小时,甚至好几天,到达了指定的目的地后,停下来并等待;就在这时,一群游荡的驯鹿出现了。我们会吝啬到不用它们意识到"未来的可能性"这样的词汇来描述和解释狼的行为吗?⑥ 如果可以的话,那它们对这些完全以未来为导向的可能性的把握,是否符合西格曼所说的"长远未来的可能性"的要求呢?显然,对这种不清晰的概念,只有在西格曼自己拨开云雾见青天之后,我们才能说出个子丑寅卯。

不过,假设动物在这方面先天不足——它们对未来可能性的意识从来就没有包含它们对长远未来可能性的意识。由此会得出什么结论呢?得出的结论是:动物不能制定长远的计划或为设置长远的目标,然后它们当前的行为也不会有意地实施这些计划或实现这些目标。拿西格曼的例子来说,写一本书是一项长远的计划;一个人有了计划之后就要以这项计划为开始,而且在未来还没有到来之前就要着手实现这项计划。如果一个人没有长远未来可能性的意识或对它不理解,那么他就不会为自己制定这样的目标。这显然是有道理的。但是,这不能得出这样的结论——如果个体缺乏对长远未来可能性的理解,他就没有长远未来的可能性。相反,即使我们用西格曼的观念来假设动物未能很好地把握长远未来的可能性,但随着时间的推移,动物的确具有某种心理特性。如果把不可预见的发展撇开的话,就像费多(Fido)今天是一只狗一样,明天、后天乃至遥遥无期的未来,它仍然是一只狗。因此,像这样一只动物的夭折的确会缩短它的生命,这不仅是一个生命组织的生存在生物学意义上终止,更确切地说,是一个具体个体的存在在心理学意义上的消失。正是后面的这个事实,而不是动物自身是否具有对长远未来的可能性的意识,在解释死亡对它们来说是不是伤害或者不幸的问题上起着决定性的作用。当死亡对它们而言是一种剥夺,是一种损失的时候,特别是当它们的死亡是违背它们的福利,哪怕是假设它们自己在维护生存和避免死亡时没有偏好的时候,死亡对它们来说仍是一种不幸、一种伤害。

除了西格曼否认死亡对动物是一种不幸的理由不够充分外,我们还应当根据她的

---

⑥ Barry Holstum Lopez, *Of Wolves and Men* (New York: Scribners, 1978).

观点注意到那些刚刚出生或即将出生的人的情况。一切问题都取决于她如何理解拥有绝对欲望的"能力"(capacity)(用她的话来说)这个概念。例如,她可能把这个概念理解为"潜能"(potential),因而,胎儿和幼儿具有绝对欲望的能力,尽管实际上他们什么也没有拥有;或者,与之相反,她可能想把这个概念理解为"才能"(ability),因而,一个人具有绝对欲望的能力,当且仅当他真正具有这种能力之时。她是怎样理解"能力"这个关键概念,关系重大。如果她所接受的是后一种解释,不但是胎儿,甚至连小孩、许多智障者和老年人都属于这一类,把死亡当成是西格曼所说的动物的死亡:因为跟动物一样,这些人缺乏绝对欲望的能力,他们的死亡跟动物的死亡一样,不存在不幸。这是完全与直觉相左的。没有人会接受小孩的夭折不是伤害、不是不幸的观点。大部分人会认为小孩的夭折是死亡那张悲惨面孔的典型范例——死亡的丑陋深深地刺痛了人们的软肋。西格曼通过重新解释潜能来迁就自己的观点:因为小孩具有绝对欲望的潜能,死亡对他们来说是一种不幸。遗憾的是,这种观点产生的问题远远超过它能解决的问题,因为不仅仅是小孩,胎儿也有绝对欲望的潜能。当然,西格曼教授显然不会同意死亡对胎儿是一种不幸。⑦

然而,一个更基本的问题又出来了,这涉及到西格曼教授如何理解"死亡是一种不幸"这个主要概念。一般情况下,她用"悲剧"、"悲惨"这些术语来描述死亡的不幸。用这种方式看待死亡,毫无疑问至少把大部分动物死亡的不幸排除在外,因为把一个动物的死亡看成是"悲剧","悲惨"是滥用别人的轻信。不过,我们从中应该推测的结论不是动物的死亡对动物有否造成不幸或伤害;而是这种伤害或不幸还必须"悲惨"(tragic),这一规定是不能让人满意的。

把所有人的死亡都看做"悲惨",是对"悲剧"这个概念的贬低。很明显,对于那些长期遭受无法治疗的痛苦和折磨的病人来说,死亡是对度日如年生活的一种解脱。更可能被人看做悲惨的是他们的生活现状,而不是他们的死亡。特别是与一个人的美好愿望相比较起来时,人的完满度也是有所不同的。凡·高的死是"悲惨"的:他奉献了那么多,而生命却给予他很少。但对于毕加索的死,却没人觉得"悲惨"。莫扎特的死是"悲惨"的,而韩德尔(G. R. Handel,德国作曲家。——译者注)的死却不"悲惨"。肯

---

⑦ Barry Holstum Lopez, *Of Wolves and Men* (New York: Scribners, 1978), p. 55.

尼迪兄弟的死是"悲惨"的,而莱特兄弟(Orvill Wright 和 Wilbur Wright,美国飞机发明家、航空先驱者,1903 年成功地试飞第一架可操纵的动力飞机。——译者注)的死呢?对许多人而言,死亡悲剧的典型,就是小孩的死亡,之所以这样说,是因为死亡的不可改变性和不可逆转性否弃了他们有享受一个完满生命的任何机会。尽管小孩除了潜能之外,没有能力具有"绝对欲望",但他们的死是悲剧,这表明绝对欲望并不是构成死亡是否成为悲剧的必要条件,就像毕加索的死不是悲剧一样,它表明有没有绝对欲望或者一个人在死之前是否实现了这些欲望,并不是死亡能否成为悲剧的充分条件。

由此不能推论出死亡不是悲剧,不是伤害,不是不幸。一方面,这些概念——悲剧、伤害、不幸是有差别的;另一方面,当我们说毕加索的死不是悲剧,这并不是说他的死没有伤害或不幸。活得长一点很有可能也是毕加索所向往的,他的去世,无论痛苦与否都是一种伤害,因为这毕竟是生命的消失。但是,把悲剧这个概念运用到他的死亡上就是把悲剧强行放在一个不适当的位置上。所有悲惨的死亡都是伤害或不幸,但并不是所有伤害或不幸的死亡都是悲惨的。那么,即使假设我们承认西格曼关于"动物的死亡从来就不是悲剧"的观点(但这并不表明我们都要向她做出这方面的重大让步),⑧也不能推论出我们就同意否认死亡对个体是(而且常常是)一种伤害或不幸。那便导致动物夭折是无痛苦的,就不会折磨它们,但它们还是受到了伤害。正是这种夭折的伤害,而不仅仅是经常使用的痛苦的方法,有时应当引起伦理学上的警觉。

---

⑧ 例如,那些拯救鲸鱼的人不可能因为哲学家们认为"悲剧"是一个不能应用到动物之死亡的观念而改变他们的说法。这些人情愿坚持说,为了商业贸易目的而捕杀鲸鱼的确是悲剧。不管怎么样,哲学家的限制必然使得悲剧的分析狭窄化,并排除了使用语言在这个方面的正当性。

第六部分
对待养殖场动物的问题

彼得·辛格*

反对工厂化养殖场

对于大多数人来说,尤其是那些住在市内和城郊的人,与非人动物的最直接接触就是在餐桌上:吃它们。这一简单的事实是我们对其他动物的态度的关键,也是我们要做些什么才能改变这些态度的关键。但人类利用和滥杀动物以供食用,从受到影响的动物数量来看,远远超过了为了其他目的而虐待动物的行为。每年仅美国养殖并屠宰的牛、猪、羊就有上亿头;家禽的数量更是让人难以置信,高达30亿(也就是说,当你看到本书的这一页时就有约5000只鸟类——大部分是鸡——被宰杀)。就在那里——我们的餐桌上,附近的超市或肉店里,我们直接接触到了有史以来对其他物种从未有过的最大剥夺。

一般说来,我们并不知道我们的食物背后隐藏的是滥杀动物。"养殖场"在我们脑海中浮现的图景是:房子、谷仓,一群母鸡在一只雄赳赳的公鸡的带领下在庭院里追逐,一群从田里赶回来挤奶的奶牛,屁股后面或许还有一只母猪正在果园里刨食,一群哼哼叫的小猪,正跑得欢呢。

极少养殖场还有着让我们向往的传统观念中的田园。然而,我们仍然认为养殖场是一方乐土,远离工业化的、以利益为取向的城市生活。在为数不多思考养殖场的动物生活的人中,很少人知道现代养殖场饲养动物的方法。有些人猜疑动物是不是施行无痛屠宰,而任何跟随过运牛卡车的人肯定知道,运载这些动物的条件非常拥挤。但是没人会怀疑,这种运输和屠宰只是它们安逸舒适的生活结束之后短暂而必然的结局,这种生活充满着动物生存天然的快乐,却没有野生动物为生存而必须忍受抗争的艰辛。

现代养殖场的现实与这些假设的舒适生活相距甚远。从一开始,养殖场就不再由纯朴的农民来经营了。它是一种商业经营,而且那是大商业。过去的三十年来,大公司的加入和流水作业法的引进已经将饲养变成了"农业综合企业"(agribusiness,大型

---

* 选自彼得·辛格,*Animal Liberation*. ⓒ New York Review of Books,1975,由 Random House,New York. 发行。

农场,其业务包括农产品加工、农机制造及化肥生产等——译者注)。

最早从传统养殖场较为自然的环境中分离出去,进入高度紧张的现代集约养殖的动物是鸡。遭此厄运的鸡是因为对人具有两大用处:鸡肉和鸡蛋。现在获得这些产品已有标准的大规模生产技术。

农业综合企业鼓吹者认为,工厂化养鸡业的兴起是农业经营的成功典范之一。二次世界大战结束之际,餐桌上的鸡肉还比较少,主要来自独立的小农或是那些产蛋场不要的公鸡。现在,餐桌上的鸡通常称"肉鸡",来自类似于种植的大公司高度自动化工厂所生产的百万只鸡。这些公司拥有或控制着美国98%的"肉鸡"供给。[①]

把鸡从庭院里的鸟类变成制造的产品,重要的一步是把它们关起来。今天,一个"肉鸡"生产商一天能从孵化站孵化出1000只、5000只,甚至更多的小鸡。他们把鸡直接关进一个无窗的长木棚里——通常是在地板上,当然也有些生产商用分层的长棚,目的是使同样大的木棚容纳更多的鸡。在饲养棚里,各种环境都受到控制,使鸡仔不费饲养就能很快成长。悬挂在棚顶的机械能自动给鸡喂养饲料和水。棚内灯光是根据农业研究人员的建议来调整的,比如:为了让鸡仔迅速成长,头一两个星期需要24小时的强光照射;之后,灯光要调暗些并且每隔两小时交替开关,因为小鸡在睡眠一段时间之后又准备进食了;最后,大概是在六周左右,小鸡已经长得很大,棚里变得更挤,这时灯光要一直保持阴暗,因为阴暗的灯光能降低拥挤感。到第八、九周末,每只鸡站立的空间只有半平方英尺那么大——不到一张A4的纸张上要站立3.5磅的鸡。在常光下,鸡在这种又拥挤又缺少天然出口的空间里会引发打斗:用嘴啄对方的羽毛,有时甚至互相厮杀致死并被同伴吃掉。阴暗的灯光能减少这种情况的发生,鸡在最后几个星期就几乎在阴暗中度过。

啄羽打斗、同类相食,用肉鸡生产商的话来说就是"恶行"。但这并不是自然的恶行,而是肉鸡生产商把鸡群控制在拥压的饲养环境中的后果。鸡是高度社群性动物,在饲养庭院里发展了一种等级,有时被称为"啄食顺序"。在食槽或其他地方,鸡会听命于那些等级更高的鸡,等级低的受制于等级高的。在这种等级真正确立之前会有一定的冲突,

---

① Harrison Wellford, *Sowing the Wind:the Politics of Food,Safety and Agribusiness* (New York:Grossman Press, 1971),p. 104.

但这只是一种实力的较量,并非实际的身体接触,不过足以确立某只鸡在群体中的地位。动物行为学领域的名人康拉德·劳伦兹(Konrad Lorenz)描述了小鸡群的行为:

> 动物之间互相了解吗?它们当然了解……每一个饲养家禽的农民都知道……动物之间存在一种确定的顺序,每一种动物都畏惧比自己强的对手。不需要互斗,它就能从一些小纠纷中知道哪些鸡是它该畏惧的,哪些鸡又是该敬畏它的。在保持它们在啄食顺序的位置上,不只是身体的力量,还包括勇气、劲道、自信都起着决定作用。②

其他研究表明,90只以下的一群鸡就可形成稳定的社会秩序,每只鸡都清楚自己的地位;但是一万只鸡簇拥在一个小棚里的情况完全不一样。③ 因为它们经常打斗也很难建立社会秩序。像人类和其他的动物一样,这些鸡除了很难辨认其他的同伴之外,极度拥挤的空间也导致鸡群易急躁和兴奋。农业方面的杂志报道了这种情况,而且也经常提醒读者:

> 近几年,啄羽行为和同类相食现象已经上升到可怕的程度。毫无疑问,这是由于对蛋鸡和肉鸡在技术和管理上完成了实施完全集约化经营带来的转变……在这些引发"恶行"的经营上,最常见的缺陷就是:烦闷,在通风不畅的房子里过度拥挤……喂食空间缺乏,食物不均衡或饮水短缺,而且还有严重的虫害感染。④

显然,鸡农必须阻止这种"恶行",因为这会让他们赔钱;可是,尽管他们明知空间拥挤是根本原因,但却无动于衷,因为在行业的剧烈竞争中,降低鸡群的密度就意味着降低利润。如果扩大空间,他不得不花同样的金钱来支付各类开销:鸡棚、自动喂食设备、室温和通风用的燃料以及劳动力,而同样的鸡棚能卖出的鸡却更少。因此,他们不

---

② K. Lorenz, *King Solomon's Ring* (London: Methuen and Co. 1964), p.147.
③ Ian Duncan, "Can the Psychologist Measure Stress?" *New Scientist*, October 18, 1973.
④ *The Smallholder*, January 6, 1962; quoted by Ruth Harrison, *Animal Machines* (London: Vincent Stuart, 1964), p.18.

会努力去增加开支,减少鸡群的挤压。非自然的养殖方式造成了鸡的"恶行",但为了控制鸡群,饲养者会使得鸡群生活的环境更加不自然。采用暗光照明就是其中一种。另一种更为极端的方法是"切喙",这已经被广泛用于这一行业,即把鸡的头放进一个类似切纸机样的设备,切掉鸡的部分嘴喙,还可以选用"热刀"(hot knife)的方法切割。一些饲养者声称这是无痛切割,在动物学家 F. W. 罗杰·布兰姆贝尔(F. W. Rogers Brambell)领导下的一个英国政府专家委员会被委派调查集约经营的问题,发现了不同的后果:

……在角质和骨头之间是一层薄薄的高度敏感的软组织,类似于人的指甲下的活肉(quick)。当热刀切过复杂的角质、骨头和软组织时,会引起剧痛。⑤

饲养者用来阻止"同类相食"的方法——"切喙",确实降低了鸡群间互相伤害的程度。用布兰姆贝尔委员会的话来说就是,它"剥夺了鸟类成员十分有效而又具有多功能的那部分东西",然而,它显然无益于减少在鸡棚里挤压造成的不正常的同类相食……

塞缪尔·巴特勒(Samuel Butler)曾经写道:"母鸡就是蛋生蛋的一种方法罢了。"巴特勒确实很幽默;而乔治亚州一家饲养着225000只蛋鸡的家禽公司主席弗雷德·C.哈雷(Fred. C. Haley),把母鸡描述为"一种产蛋的机器"时,他的话更有深意。在突出他作为生意人的态度时,他又说到:"生蛋的目的就是生财。一旦忘了这个目的,我们便不知道还能做什么。"⑥

这种态度不仅仅是美国人才有的,一份英国农业杂志告诉其读者:

毕竟,现代的蛋鸡只是一种有效的转化器,将原料——也就是饲料——转变为成品——鸡蛋。当然,维护成本较少。⑦

---

⑤ *Report of the Technical Committee to Enquire into the Welfare of Animals Kept under Intensive Livestock Husbandry Systems* (London: Her Majesty's Stationery Office, 1965), para. 97.
⑥ *Poultry Tribune*, January 1974.
⑦ *Farmer and Stockbreeder*, January 30, 1962; quoted by Ruth Harrison, *Animal Machines*, p. 50.

在美国和欧洲的鸡蛋行业杂志上经常能发现这类的评论,这表明了这一行业的普遍态度。可以预料,这种态度给蛋鸡造成的处境也好不到哪里去。

与养"肉鸡"一样,饲养"蛋鸡"有很多程序,但也有些不同。蛋鸡也要切喙,以防止在拥挤的空间里发生同类相食的现象;因为它们的饲养时间比肉鸡长,所以通常要切两次。我们发现,新泽西农业大学的家禽专家建议养殖户在鸡长至一到两个星期时就应该切喙。这个时候切,鸡的压力更小,而且,由切割不当带来的死伤也更少。不管怎样,这个办法还得继续用,在蛋鸡长到 20 周时,还必须再次给它们切喙。⑧

与"肉鸡"一样,饲养"蛋鸡"不需给予个别的照料。纽约北部的一个家禽饲养者告诉当地的采访记者,他一天只需花 4 个小时来照料 36000 只蛋鸡,而他妻子照料两万只"种鸡"(还没有下蛋的小母鸡),"一天只需 15 分钟。她只需在晚上检查自动喂养机、自动供水器并清理头一晚死去的种鸡。"

这种照料不能给鸡带来任何快乐,记者这样描写到:

> 走进养鸡房,立马就有反应:完全是人间地狱。因为害怕人的攻击,约二万只鸡发出又大又吵的叫声,猛然退缩到鸡棚最远的一侧。⑨

洛杉矶西北 50 英里处的尤利乌斯·戈德曼(Julius Goldman)鸡蛋城,是世界上最大的产蛋基地,有两百万只母鸡,每个长方形砖头建筑中关着九万只鸡,每 5 只鸡关在 16×18 英寸的格子笼里。当美国《国家地理杂志》对新养殖方法进行一项热心调查时,蛋城的副执行官本·谢姆斯(Ben Shames)给记者解释了饲养这么多鸡的方法:

> 每栋楼里有 110 排鸡笼,我们会记下其中两排笼子里的饲料和产蛋量。当产量低于赢利点时,就会把这九万只鸡卖给加工商做成鸡精或鸡汤。不用统计全栋每排鸡笼的情况,更不用统计单只的鸡;有两百万只鸡在手头上,我们只能统计样本。⑩

---

⑧ *American Agriculturist*, July 1966.
⑨ *Upstate*, August 5, 1973, report by Mary Rita Kiereck.
⑩ *National Geographic Magazine*, February 1970.

164　　　如今几乎所有的大鸡蛋生产商都把鸡关在笼子里。开始是一只一个笼子,目的是饲养者能容易辨别哪些鸡不能产下足够的鸡蛋赢利,换回粮食。这样的鸡就会被宰了。后来,他们发现可以将更多的鸡关一个笼子里,如果一个笼子养两只鸡,那么摊到每只鸡的成本就会降低。这只是刚开始的情况,正如我们所看到的,如今根本就不存在记录每只鸡下蛋的事情。对鸡蛋生产商来说,用笼子养鸡不仅养的数量更多,可以一起关在一栋房子里给它们取暖、喂食、饮水;更大的好处是,那些事情都可以由节省劳动力的自动装置来完成。

这些笼子层层叠放,一排排地安上食槽和水槽,中央供给器会自动填满食物。笼子的下方是有斜度的铁丝网,斜面坡度通常是 5:1。在这种坡度上,虽然鸡很难站稳,但是鸡蛋就能沿着斜坡滚到笼子最前面,方便收集。在更为现代化的工厂里,就用传输带把鸡蛋送到打包机处打包。

一个来自纽约《每日新闻》报社的记者访问了新泽西州法国小镇(Frenchtown)家禽养殖场,想要看看典型的现代产蛋养殖场。在那里,他发现:

> 在法国小镇养殖场里,每一只 18×24 英寸的笼子都装了 9 只鸡,这些鸡像被无形的手硬塞进去似的。它们在笼子里几乎没有活动的空间。
>
> "事实上,在那么小的笼子里最多只能装 8 只",养殖场的出租人,奥斯卡·格罗斯曼(Oscar Grossman)承认,"但为了从它们身上攫取更多利益,就必须这么做。"⑪

实际上,就算按格罗斯曼先生每只鸡笼装 8 只鸡的话,还是非常拥挤;装 9 只的话,每只鸡只有 1/3 平方英尺的空间。

1968 年,农业杂志《美国农业家》在一篇题为"鸟的压榨"文章中告知读者,把 4 只鸡放在一个 12×16 英寸的笼子里,每只鸡就可只占 1/3 平方英尺的空间。那时,这大约只是一个新奇的想法而已;但数年以来,鸡的养殖密度一直在增大,《美国农业家》1974 年在关于纽约一家罗切斯特(Rochester)附近的兰斯德尔(Lannsdale)养殖场的报

---

⑪ *Daily News*, September 1, 1971.

道中,再次提到同样的养殖密度,没有认为这个密度就是不正常的。[12] 我在产蛋行业的杂志中发现很多类似的高密度养殖,很少发现明显的低密度养殖。在美国养殖场的几次访问,我得到的是同样的后果。我了解到的最高的养殖密度是在纽约莫里斯山(Mt. Morris)的汉斯沃斯(Hainsworth)养殖场,在这里,4只鸡能挤进12×12英寸或者是仅一平方英尺的笼子里,而且记者还说:"在汉斯沃斯养殖场,地方不足时每个笼子能装5只鸡。"[13]也就是说,每只鸡只占1/4或1/5平方英尺。照这种比例,每张A4大的纸张就是2到3只母鸡的生存之地。

在美国或其他"发达国家"的现代产蛋养殖场的标准条件下,鸡的天性已经丧失殆尽。这些鸡不能四处行走,不会刨抓泥土,不会以灰尘浴身,不会搭窝,也不会伸展翅膀。它们已经不再是鸡。它们不敢去惹事,弱小的鸡总逃不过强者的攻击,这些"强者"已经被反常的环境给逼疯了……

现在猪、牛的集约养殖也非常普遍;但在目前所实施的集约型养殖场经营形式中,小牛肉行业是性质恶劣、最应受到道德谴责的,其残暴程度堪与通过漏斗强制给鹅喂食相比,即强制给鹅填食以将变形的鹅肝制成肥鹅肝酱。饲养小牛肉的关键是喂养一定量的高蛋白食物(这种高蛋白食物本来是用来减少世界上贫穷地区的营养不良的),以这样的方法来喂养的那些贫血的小牛,可以制成肉质细嫩,血色清淡的牛肉,以供给昂贵餐馆的顾客食用。庆幸的是,这一行业的规模不及家禽、牛肉、猪肉的生产;但无论如何还是值得我们注意,因为这个行业不管是在对它所影响到的动物的剥削程度上,还是作为给人类提供营养的一种无效到荒谬程度的方法上,均代表着一种极端。

小牛肉是幼牛身上的肉,原先是指尚未断母乳就被宰杀了的小牛的肉。这样的牛肉,比起来自那些已经开始吃草的小牛的牛肉颜色更淡,肉质更嫩。但是小牛肉的数量不多,因为牛仔在出生几个星期之后就要开始吃草。所以,小牛肉没有什么盈利,少数可获得的牛仔也是来自牛乳公司不需要的公牛。对于奶牛饲养者而言,这些公牛是废品,因为奶牛品种做不成好牛肉,所以牧场主会尽快卖掉这些牛。这些牛在出生一两天之后就被卡车运往市场,在那里它们没有母牛的照顾,在陌生的环境里又饿又怕,

---

[12] *American Agriculturist*, August 1968, April 1974.
[13] *Upstate*, August 5, 1973.

卖掉后立即被送到屠宰场。

在美国,这种方式曾经是小牛肉的主要来源。如今,牧场主用一种最先在荷兰发明的方法能使小牛活得时间更长,而肉的颜色不会变黑、肉质不会变老。这种方法喂养的小牛,出生时是 90 余磅,等到卖出的时候就有 325 磅。小牛肉的价钱很高,因此饲养小牛肉成为赢利的行业。

这里的技巧就在于把小牛养在非自然的环境里。如果把小牛养在户外,由于天性,它们会到处走动,肌肉很快就会发达起来,肉也就变结实了。同时,它们也会吃草,身上的肉自然就失去了新生牛肉的颜色。所以,小牛肉生产专家在买回小牛之后就把它们关在一个禁闭的空间里。在经过改建的谷仓或者是专门建造的棚子里建上一排排木厩,木厩宽 1 英尺 10 英寸,长 4 英尺 6 英寸。在木棚原有的地板上再覆盖上板条的地板。为防止它们在木厩里转动,小牛都用链子拴着脖子,当它们长到不能在厩里转身时链子才会取下。木厩里没有稻草之类的铺垫,避免牛吃了会破坏牛肉的颜色。

这些小牛在棚里生活 13 到 15 周,直到要屠宰时才放出来。吃的全是液体食物:掺入维他命、矿物质的脱脂奶粉和催长药物……

牛在狭窄的板条木厩生活很不舒适,更沮丧的是根本无法活动。躺下时它必须隆起背,几乎是坐在腿上;但如果有更多的空间,腿就可以伸向一边。牛天性喜欢转过头用舌头给自己舔洗,在木厩里都不能转动,自然也就不能舔洗。光秃秃的地板又硬又不舒适,所以牛起身或趴下时会让它们的膝盖很艰难。而且,有蹄动物生活在铺上板条的地板上更难受。板条地板就像挡畜沟栅,那是牛避之不及的,只不过这些板条连得更紧密些。但是,板条之间的缝隙必须大到足够给牛排粪或冲洗,而这意味着板条之间的缝隙大到了使牛感到不舒服的地步。⑭

小牛的特殊本性也暗示着这一行业对动物福利缺乏真正的关心。很明显,这些小牛很想念母牛,也渴望有东西可以吮吸。像婴儿一样,小牛也有吸奶的强烈渴望。但它们没有乳头可以吸,也没有任何其他的可吮吸之物。在被关起来的第一天——可能就是它们生命的第三、四天,它们就从一个塑料桶里喝东西。牧场主也曾尝试用人造乳头来饲养,但要保持乳头清洁无菌的难题很难攻克。没有适合的替代品,就经常看

---

⑭ Ruth Harrison, *Animal Machine*, p. 72.

到它们疯狂地试着吮吸木厩;如果你把你的手指给它们,它们就会像婴儿吮吸拇指一样立即吮吸起来。

不久之后,小牛产生反刍需要——吃下粗饲料,再从胃部回到口中咀嚼。因为禁食饲料,无物可反刍,所以它们又会去啃吃木厩,做这些徒劳的尝试。因为小牛的肠道长期很少挪动,消化紊乱,它们的胃溃疡是常见的现象。

这似乎还不够,事实是:它们被刻意弄成贫血。一位小牛肉生产商对记者说:

> 小牛肉的颜色是从昂贵的牛肉市场获得高利润的重要因素……在一些档次较高的俱乐部、旅馆、餐馆里,"牛肉色浅"是首要的要求。小牛肉浅色或粉色,部分跟小牛肉的肌肉缺铁有关。⑮

所以饲养时会刻意保持低铁的标准。正常的牛能够从草或其他的纤维素里获得铁,但小牛禁食这些食物,因此牛肉属低铁。淡色或粉色的牛肉其实是贫血的肉。这种颜色的肉备受买家青睐,需求量也高。肉的颜色不会影响味道,相反,营养价值肯定不高。

用这种方式饲养的牛事实上是不快乐也不健康的动物。尽管小牛肉生产商会挑选最强壮最健康的牛来饲养,用掺入药物的食物作为日常饮食,只要它们有轻微的病症就给它们打针,但它们的消化系统、呼吸系统和感染性疾病还是很普遍。在一批小牛中,1/10 在禁闭的环境里活不过 15 周。在如此短的时间,死亡率达 10% 对于牛肉养殖商来说是巨大损失,但因为餐馆方面出价甚高,生产商们还是可以承受这个损失。如果读者认为这个费力、奢侈、痛苦的生产过程,仅仅是为了迎合所谓美食家对于白色柔软的小牛肉的需求而存在,那么就不再需要更多的评论了。

---

⑮ *The Stall Street Journal*, published by Provimi, Inc., Watertown, Wisconsin, November 1973.

斯坦利·E. 柯蒂斯 *

食用动物的集约养殖问题

- 集约养殖对动物、对消费者都是有益的。
- 虐待、疏忽不符合饲养场主的利益,所以他们不会有意虐待动物,对饲养动物的剥夺可以从其他方面弥补,而且也不是集约养殖必然的结果。
- 养殖满足了动物的基本需要,对养殖产业的批评是可以反驳的。

1. 食用动物的集约养殖

成千上万的美国人要吃食物,但他们却不会亲自去种植、栽培。如同任何其他的生意一样,食物生产也是一种生意,也受到经济作用的影响。①动物养殖场有变得更多、更大、更集中的趋势,这种回流的情况,就像那些家庭经营零售水果店再次出现在每个城市里居民区,独立快餐店再次出现在城镇大街道上一样。

第二次世界大战后不久,牛乳、牲畜、家禽的集约农场已呈蔚为壮观的景象。20世纪50年代的家禽行业、牛乳行业以及60年代的牲畜养殖业,明显加快了把农耕动物从泥泞的土地和牧场赶进封闭栅栏的运动。今天,这场运动还在持续。究其原因,围绕动物福利来考虑还不是最主要的。无可否认,动物的集约养殖产生了很大的边际效益,但也出现了许多新问题。②

导致农耕动物集约养殖的一个主要原因是与土地的责任管理制度(responsible land management)有关。饲养动物强烈需要广阔的土地,但在美国许多地方,不仅对此制定了不合理的土地管理制度,而且一直以来大面积饲养动物被证明在经济上是不划算的。

---

* 斯坦利·柯蒂斯(Stanley Curtis)任教于乌巴马平原的伊利诺伊大学动物科学系。他的著述包括《农牧业的环境管理》(University of Iowa Press,1983)

Cortis,S. (1986-1987), *Advances in Animal Welfare*, Washington,DC:Huamane Society of the United State. 经发行人同意再版。

① Halcrow, H. G. 1980. *Economics of Agriculture.* New York:McGraw-Hill Book Co.
② Crutis, S. E. 1983. *Environmental Management in Animal Agriculture.* Ames,IA:Iowa State University Press.

导致农耕动物集约养殖的另一个重要因素是劳动力。家庭经营的养殖场依赖于廉价的劳动力。饲养动物是需要每周每天都得干的活,要达到一定的生活水平,就像作为整体的社会需要达到一定生活水平一样,需要外界的帮助。现在,家禽、牲畜、牛乳的生产商越来越需要从一般劳动力资源中雇佣工人,做那些之前是给家庭成员干的杂活。当然,如果要吸引工人的话,就要付得起丰厚的工资。尽管近几年许多农村的失业率比较高,但农场主常常不得不提供吸引人的雇佣条件,因为这项工作很辛苦,而且在某些方面根本不诱人。因此,动物生产商不能不把他们的规模扩大到、把他们的工作专业到足以说明支付雇佣劳动力增加的开支是合理的程度。

导致农耕动物集约养殖的第三个因素就是动物排泄物的处理。养殖场的动物会排出大量的粪便和尿。如:一只猪排泄的粪便相当于三个成人的量。当然,处理大量粪便的任务与养殖场的经营规模一样重要。由于过去20多年兴起了环境保护的热潮,各种规章制度开始实施,过去在许多山岭和峡谷可以自由地放牧被有效地禁止了。按照实用原则,只有在封闭的生产设施里才能储藏粪便。

在广泛采用动物集约经营的系统背后,土地、劳动力、粪便这些因素都起着很重要的社会经济作用。这些因素引起的变化影响着动物的福利。关于这点,我们要提及这些变化给动物带来的好处。其中一个就是,大大缩短了季节性养殖的周期。与一年到头在自然环境里或刚刚萌芽的人工养殖棚里大规模养殖相比较,在农场房子里管理新生的或刚孵出的、年幼和成年的动物要更容易的多。这对于动物也有好处。而且,由此导致牛乳、家禽和牲畜贸易发生变化,提高了食物生产、加工、分配方面的经济效益。自由产业经济方面效益的最终受益者是使用来自动物的食用产品的消费者。

在动物本身的生活上,要加强生物管理还需要做更多有利的事:(1)比起在放牧场,在封闭的房子里提供营养均衡的稳定食物和干净的水要更容易些。(2)在美国很多区域,野生凶猛的肉食动物掠夺幼小的动物是棘手的问题。自《圣经》时代以来,密集的动物管理设施如羊圈就是用来阻止这方面问题。(3)表面带孔的地面通常用在动物养殖设施中,把家禽家畜和他的排泄物分开,以防止他们养成令人讨厌的不卫生的习惯,如,食粪、在粪便中打滚。由于肠道感染是引起养殖场各种动物疾病,甚至死亡的主要原因,因而带孔的地面极大地改善了这些生物的生存环境。(4)由于这些动物就在身边,或者单个管理,或者饲养在一个小群体里,管理员能更详细地对每一个体进行观察;能够很快发现它们的伤害和疾病,便于采取并实施治疗措施。

有意思的是,除了养殖技术上的改变,大型集约农场的管理人员还认为,细致地照料动物也是动物生产中获得利润的关键。还能想到任何其他问题吗?优良的家畜科学管理是成功养殖动物的必不可少的条件。

随着养殖场规模的扩大,提高管理质量的要求也就提出来了。在许多农场里,动物养殖不再是附带的行为或是多家企业竞相吸引管理者关注的行业之一。动物养殖行业越来越多的管理人员成为了致力于某个物种的多才多能的内行。对受过良好教育和培训的管理人的需求,已经使得动物集约养殖设立了特殊的课程。

最后,养殖规模的扩大导致了大宗土地的买卖交易等经济活动,或多或少在持续波动(Halcrow,1980)。这一般会提高个体公司的利益,而且使用来自动物的食物的消费者也是这类经济的最终受益者。

在农业中,仅仅关注生理、行为、免疫和解剖等动物适应环境的指数还不够。另一个问题是:产量降低与栖息的特定环境有着怎样的关联?为了研究既定环境对动物行为的量方面的影响,我们还必须测量它们自身的生产特性。如上所述,动物对压力所表现出明显的反应,一般认为是消极行为。但要把这种表现颠倒过来,唯一的办法是调整那种不能通过增加动物养殖量来修复的环境。再者,动物身上存在明显的压力表明它在试着弥补某种环境的侵犯。这些尝试也许会成功,而且这些尝试只是轻微地干预了它们的表现。当然,从动物的整体福利来看,一定的生产系统带来的压力是否包括一个不被认可的环境,这个问题仍然存在。关于这一点,随后再讨论。

2. 虐待、疏忽和剥夺

从人道管理上看,养殖动物和其他的职业一样,养殖场主有好的,也有差的。评论家们举出虐待动物的事例时,指的是由差的养殖场主经营的农场。非人道地对待生物,使动物不健康又不多产,从而造成经济损失。在遭遇经济危机时,那些差养殖场主是第一个撤出养殖活动的对象。

据称,动物在养殖场主那里遭受的折磨分为三类:虐待、疏忽和剥夺。[③] 虐待是指

---

③ Ewbank, R. 1981. Alternative: Definitions and Doubts. In: *Alternatives to Intensive Husbandry Systems.* Potter Bar, United Kingdom: Universities Federation for Animal Welfare.

明显的主动的残酷行径,如,用棍子打它们。疏忽是明显的消极行径,如,把动物关起来,不给它们食物和水等主要资源。人们都认为虐待和疏忽很残酷,在很多年前,州法律和联邦法律也规定其不合法。进步的养殖主既不饶恕也不鼓励这种残酷行径,任何与之相反的言行都会招致诽议。而且,虐待和疏忽都会构成或导致严重的压力,明显是反生产力的;养殖场主们这么做显然不理性。

剥夺是最微妙的一种残酷行为,也最难评判。它包括剥夺动物相对次要的生活资源以及那些法律还没界定的动物的实际需求。生活在集约经营环境下的动物是否遭受剥夺是人道行为主义者、农场主和科学家们争论的主要话题。如果动物遭到剥夺,那么就要开发那种减轻剥夺、经济可行的方法以供农场主采用。当动物在它们所居住环境的特性影响下,不能表现出某些特殊的行为活动时,它们所遭受的这种压力,从拟人化的角度来推测是有吸引力的;然而,如果能采取辨别需求并满足需求的科学方法,那么,既能在人道方面也能在经济方面把环境设计和环境管理做得更好。

3. 生理需要、安全需要和行为需要

不言而喻,如果不能满足动物的需要,那么它们的福利就或多或少处在危险之中。但这里必须记住的是(这个观念稍后也会展开讨论):降低动物的某种福利并不必然就把动物置于某种道德上不能接受的环境中;也许动物需要的只是更少的福利("少"到在道德上还能接受的量)。

不管怎样,研究显示:参照亚伯拉罕·马斯洛为人类设计的需要层次理论,农耕动物有一个需要层级,而在绝大多数的集约养殖体制中,动物的基本需要都能得到满足。④ 最基本的也是最重要的是动物的生理需要,如,食物的需要,对环境的身体需要、生物需要,以及健康需要。这些需要都好理解并能得到满足。

其次是动物的安全需要。尽管动物免受环境因素伤害的需要很重要,但比起生理需要,这些安全需要似乎还不是那么苛刻。就动物的福利和经济利益而言,天气灾害、掠夺行为,以及在设计、操作和运行上都很糟糕的设备设施仍然是可大幅削减的费

---

④ Crutis, S. E. 1985. What constitutes well-being? In: Moberg, G. . P. ed. *Animal Stress*. Bethesda, MD: American Physiological Society.

用。⑤

最后的需要层级是动物行为的需要。大部分科学家讨论的问题是:有合理的证据来说明农耕动物存在行为需要吗? 事实上,不存在这样的行为需要,尽管许多科学家认为,可能存在着某种行为需要,不管多么困难都要对此加以揭示。⑥ 但是,要从根本上评估农场动物的福利就要回答两个问题(第二个问题是非常难回答的):(1)动物有主观感情吗? (2)有什么迹象可以证明这种感情?⑦ 关于动物心理活动的知识只能通过某一时段间接的实验来获得,因此任何结论都不可靠……

4. 摘要和结论

是啊,农场主面临动物福利的两难困境。他们所采取的养殖体制一方面要受制于他们自己的和其他公民的人道关怀;另一方面还要受制于与其他人自由竞争做生意的现实。只有当我们了解到关于动物遭受的痛苦并因而具有的福利比现在我们所知道的更多时,这种困境才能解决。问题不在于动物有没有感情;人们对此的看法也是众口不一。问题是:生活在这样养殖体制下或别的体制下的动物是怎样感受的? 伊恩·邓肯(Ian Duncan)和玛莉安·道金斯(Marian Dawkins)相信,"通过仔细的实验,我们也许能够找到证明动物主观情感的间接证据。这应该是我们的最终目标。这里肯定会存在很多的问题,但它们不是不可超越的。"⑧

如何解决这些问题呢? 我们如何才能实现一望即知某种养殖体制会给农场动物带来苦难呢? 我们如何才能开发经济上可行又被社会接受的农场动物的养殖体制呢? 答案是:我们只能通过研究不断地学习这些知识。

人道行为主义者用一切可能的方法支持对农场动物的福利进行真正科学的调查研究,这个时机已经成熟。这个提议并非异端、幼稚或荒谬。我扼要地将这个提议加以概述,并在原来的观点上加入一些新的见解,同时做出务实的分析和综合,其合理结

---

⑤ Crutis, S. E. 1985. What constitutes well-being? In: Moberg, G. P. ed. *Animal Stress*. Bethesda, MD: American Physiological Society.

⑥ Hughes, B. O. 1980. The assessment of behavioural needs. In: Moss, R. ed. *The Laying Hen and Its Environment*. Boston, MA: Martinus Nijhoff Publishers.

⑦ Duncan, I. J. and Dawkins, M. S. 19983. The problem of assessing "well-being" and "suffering" in farm animals. In: Smidt, D. ed. *Indicators Relevant to Farm Animal Welfare*. Boston, MA: Martinus Nijhoff Publishers.

⑧ Ibid.

论如下：

1. 消费者取自动物的食物需求旺盛,这种需求还会持续数十年。大部分消费者决定是否消费这些食物是根据食物的营养、方便度和味道,而不是以道德问题为依据。那种希望动物养殖场在美国消失的想法是愚蠢的。想要这些饲养的动物经历尽可能少的痛苦,尽可能多的福利,我们就应该确保它们的需要和感情充分为人所理解,满足它们的需要,保护它们的感情。

2. 食用动物的养殖是一种商业行为。因此,它受制于经济的作用。

3. 全社会(包括动物生产商)要求作为食用的动物不遭受任何形式的折磨。因此,作为食用的动物养殖也受制于人道的因素。

4. 经济因素和人道因素并非总是相容的。在两种因素中采取折衷的办法必然会涉及养殖体制的设计。这种折衷办法会在动物福利的稳定时期和生产体制可接受的边际效益范围二者出现严重冲突时产生。

5. 畜牧业会很快采取适当的技术,尤其是在成本—效益比例达到最佳状态的时候。

6. 用食动物生产商至少要具有社会上一般公众的人道观念。任何与之相反的言行都会招致诽议。

7. 如果生产商采用了不人道的养殖技术,那是因为他们或给他们建议的人是无知的。任何这样的无知都是因为缺乏科学知识,而不是缺乏对动物一般福利的关心。

8. 那些关心动物、想要改善作为食用的动物福利的人应该尽可能多地了解这些动物的需要和感情。同时,我们要寻求改善生产的设备设施和管理体制的设计,满足动物的需要,支持它们的合理感情。所有想要促使作为食用的动物的可能福利达到最高水平的人,应当大力支持这些方面的基础研究和应用研究。

巴特·格鲁泽斯基 *

反对为食物而饲养并宰杀动物的问题

- 功利主义无法证明饲养动物是合理的。饲养耗费了大量资源，是生态恶化和饥饿横行的原因。
- 人虽然比动物的意识更复杂，但这种优势并不比动物的快乐或痛苦更重要。
- 吃素具有合理性。单个个体成为素食者对于改变动物的现状是有意义的。

一个人应该这样活着：尽量减少世间痛苦的总量，尽量增加世间快乐的总量，这种重要的道德观被称为功利主义。在本文中，我阐述了古典功利主义关于反对饲养并宰杀动物作为食物的观点。然后，我将予以审视最近有人提出来的若干表明功利主义主张饲养动物作为食物的论点。在本文中，我把非人动物叫做动物，把人这一动物叫做人（类）。尽管这样的用法意味着某种精英统治论，可能会冒犯一些人，但是，如果我们遵守普遍的用法，本文的基本论点会得到更好的阐述，虽然这样做可能会使本文了无新意。

功利主义反对为食物而饲养并宰杀动物的论点

根据 J.S. 密尔的古典功利主义观点，只要行为是趋向于给最大多数人产生最大的幸福，它就是正确的。就我们的目的而言，这种说法将有助于把这个普遍的口号理解为关于个体行为可预见后果的一个具体原则。在这样理解的基础上，我们想回应这样的事实，即绝大部分的行为有几个相互排斥的可预见的后果，而这些后果具有不同的价值（比如，碾压一个人致死，有六种可预见的后果，而我们对其中一些后果的评价可能会高于另外一些）。把这些不同的可能后果加以计算的一种方法就是给每个可预见的后果标示一个数值，以代表其意愿度（desirability）（或其非意愿度）。首先，根据其可能性，有一个可能性就增加一个可预见后果的意愿度，然后，把这些可能性及每个可预

---

* 巴特·格鲁泽斯基（Bart Gruzalski）在东北大学教授哲学，他是道德哲学、政治哲学、社会哲学等专业期刊的撰稿人之一。

Bart Gruzalski 的论文《反对饲养并宰杀动物作为食物的问题》，pp. 251-263，H. Miller and W. Williams (eds) Ethics and Animals. Clifton, NJ: Humana Press, 1983.

见后果的意愿度相加,我们就会得到采取这个行为所期待的意愿度,这个期待的意愿度大致就告诉了我们,这一行为将会产生一定的价值性后果的几率。根据古典功利主义这样的理解,如果一个人使得其行为必然避免产生痛苦的后果而带来快乐的或幸福的后果,那么这个行为就是正确的(用更专业的术语表达是:若其期待的意愿度与任何选择所期待的意愿度是一样的)。① 在应用这一观点时,我们将使用关于后果的标准概念:只有当其行为者本来可以实施其他一些行为以阻止某个事件的发生,却实施了这个行为产生了这个事件,那么这个事件才是这个行为的后果。② 例如,我的杯子里装满了水是我把杯子放到水龙头下的后果,如果我把杯子放到柜台上(这是我本可做到的另一个行为),这个杯子将是空的。

从功利主义者的观点来看,我们有充足的理由认为,为食物而饲养并宰杀动物是错误的。当我们饲养动物时,动物会由于被关押、运输以及宰杀等种种相关行为而饱受痛苦;而如果我们不为食物而饲养动物,它们就不会遭受痛苦。因此,根据功利主义,这些行为是错误的,除非有其他后果能够超过动物所承受的这些痛苦的价值。当然,这些行为除了给动物带来痛苦的体验之外,确实还有其他的后果,最明显的后果就是把动物变成了一道道美味佳肴,一种种可口的食物。但是,享受食用动物是否能超过动物因捕杀而带来的痛苦,是值得怀疑的。一家人在肯德基烤鸡块店食用鸡块时,他们从吃鸡块中所体验到的快乐真的就超过鸡成为纸碟包装的卷心菜过程中不得不经历的沮丧、痛苦和恐惧吗?

功利主义者在证明为食物而饲养动物是合理的时,其貌似合理的理由甚至比前述反问句所蕴涵的理由更经不起推敲。为了证明饲养和宰杀动物以获取新鲜肉这一行为是正当,他们认为,不仅荤素通吃的人的快乐必定超过动物的痛苦,而且没有哪个可选择的行为能够预先知道快乐超过痛苦,达到一个更好的平衡。既然吃素是一个可选

---

① 尽管边沁和密尔对功利主义在可预测后果方面的解释在20世纪曾经一度失去了支持者,我在本文引用的这个解释,最近被采用在 Richard Brandt, *A Theory of the Good and the Right* (Oxford: Clarendon Press, 1979), pp. 271ff,我也为之做了辩护,在 "Foreseeable Consequence Utilitarianism", *Australian Journal of Philosophy*, 59, No. 4, June 1981.

② 讨论后果这个概念的人包括 Lars Bergstrom, *The Alternatives and Consequences of Actions* (Stockholm: Almqvist and Wiksell, 1996), p. 91; D. Prawitz, "A Disscussion note on utilitarianism." *Theoria* 34 (1968), p. 83, and J. Howard Sobel, "Utilitarianism: Simple and General." *Inquiry* 13 (1970), pp. 398-400.

择的行为,而且它产生了品尝的快乐和健康,没有给动物增加痛苦,那么,由此可以推知,如果一个人愿意增加幸福的总量,而不增加任何不必要的痛苦,那么他就不应该饲养、宰杀或食用动物,因为任何这样的行为都会带来不必要的痛苦。尽管以上论证看起来有一定的道理,但是,一些哲学家还是对此提出了反对意见,虽然他们也接受功利主义者为把动物作为食物而做出的辩护。

异议之一:人道地饲养动物

根据前述功利主义者为饲养、宰杀动物而做出的辩护,即使我们只计算动物所涉及到的快乐与痛苦,在功利主义的立场上将其作为食物也是正当的。詹姆斯·卡吉尔(James Cargile)对饲养哺乳动物做出了辩护,其陈述如下:

> 每年我都会从一个附近的猪场买几头猪来养,以宰杀作为食物。我给这些猪充足的空间及食物,每头猪都享受着美好而短暂的生活。如果它们能活长点,那该多好啊!但我相信,美好而短暂的生活总比没有生命好……这些动物获得了人们愿意给它们的最好的东西,我可没看到素食者们也像我一样给了它们那么多好东西。③

卡吉尔总结道:"为了猪的幸福,我比绝大多数素食者做的更多。"

在《动物的解放》一书中,彼得·辛格声称:我所指的那些动物饲养者的观点,也就是卡吉尔提出的论点

> ……会受到这样的反驳,即只要指出,在现代工业养殖场,动物的生活缺乏任何快乐,这种生存方式对动物绝不是什么好事。④

卡吉尔并没有忽视这一重要而又与道德相关的看法。他承认,我们应该禁止"残

---

③ James Cargile, "Comments on 'The Priority of Human Interests,'" p. 249 in *Ethics and Animals*, H. Miller and W. Williams(eds,)(Clifton, NJ:Human Press,1983).
④ Singer, P. *Animal Libration* (New York:Random House,1975), p.241. 那些不熟悉动物是怎样变成肉的人将会从辛格著作的第三章得到启发。

酷地饲养动物"。不过,他的饲养方式并不残酷。如果我们按照卡吉尔所做的那种方式饲养动物,动物的生活拥有更多的是快乐而不是痛苦,这样,卡吉尔就会说,我们所做的增加了世间的快乐总量,因而从功利主义的立场来看,我们所做的就是正确的。

这种动物饲养论建立在如下各种主张的基础之上:

(1)这些被饲养的动物,假如我们不饲养它们的话,它们就不会有快乐。

(2)这些被饲养的动物,其快乐增加了世间幸福的总量。

(3)这些被饲养的动物,它们感受的快乐超过了它们所感受的痛苦(如果不是这样的话,动物饲养就是不道德的行为)。

(4)不存在别的措施会增加世间的可预见的幸福数量。

我们有理由假定(1)、(2)、(3)是对的。更为重要也更为现实的是第(3)条,它假设的是为消费而被饲养的动物遭受的痛苦是来自关押及宰杀,但这一论点的核心是不存在别的人道的动物饲养能够预见到产生更多快乐⑤,能够考虑的另一种选择就是素食主义。我们可以表明,素食主义能够在总体上产生更多可预见的快乐,而毫不奇怪的是动物饲养观并没有为饲养动物作为食物提供某种功利主义的合理性。

如果我们采取素食者的选择,停止市场化饲养动物,我们将不需要耕作那么多土地来养活同样数量的人,这些人以前是通过饲养动物作为食物来养活的。因为每亩植物大约比动物产生多十倍的蛋白质。⑥ 因此,如果我们关心的是,养活同样数量的现在要养活的人,尽可能多地产生动物的快乐,那么我们就有另一种可行的选择,这种选择

---

⑤ 根据功利主义的理由,动物饲养观可以争论得更强烈,彼得·辛格在"Killing humans and killing animals"(*Inquiry* 22,1979,pp.145-156)中修正了一些他在 *Animal Liberation* 中说的话,区别了有偏好生物的自我意识(包括愿意继续活着的偏好)和有感觉但没有偏好的生物。当一个没有偏好的动物被杀,唯一的不良后果就是,死亡的痛苦和失去未来的快乐。因此,如果我们通过用其他动物代替被杀动物来使其死亡的痛苦最小化,并防止其失去未来的快乐,那么,卡吉尔式的人道动物饲养方式将产生可预见的快乐。正如辛格所说:

普遍被宰杀的一些作为食物的动物是没有自我意识的——鸡就是一个例子。假设一只动物属于不可能具有自我意识的物种,我们可以说,饲养并宰杀这样的动物不是错误的,假如它过着快乐的生活,那么被宰之后,它将会被其他另外一只动物代替,这只动物将过着同样的快乐生活,并且如果第一只动物不被宰杀,另外一只就不存在。(p.153)

不过,我对辛格所说的可代替性的论证是有异议的,理由与反驳卡吉尔的动物饲养论相同。

⑥ 或者,考虑一下来自 Frances Moore Lappe, *Diet for a Small Planet* (New York:Ballentine Books,1975),p.14 的下述说法:

想象一下在实际中这两个画面意味着什么:每天的报酬只是把自己置入一个桌上放着八盎司牛排的餐馆;一个房间坐满了 45 到 50 个人,每个人面前放着空碗。购买一份牛排的"食物价钱"能使每个人碗里盛满煮熟的谷类食物。

将比"饲养动物作为食物"能更好地完成养活同样数量人的任务。这一选择就是,允许利用当前在饲养家畜方面90%的闲置资源。这些以前用来支持动物买卖的资源——闲散的耕地、空仓房——将会用于饲养其他类别的动物,如:花鼠、兔子、蛇、鹿等类似的非交易的动物,由于受到动物饲养的影响,目前这些动物的数量有限。我们将会使用目前用于交易的动物的资源来饲养这类动物,而这类动物将体验到卡吉尔的羊群和猪群所感受的快乐——不会遭受关押及宰杀的痛苦。野生动物不会被迫去体验关押的沮丧及愤懑,或是被动地等待挨个被宰的恐惧。是的,我们不养猪不养鸡就不能给猪或鸡带来快乐,但是,我们没有理由认为这些动物的快乐就不及花鼠、兔子、草原犬鼠和蛇的快乐。这一说法驳斥了动物饲养论的核心观念——如果饲养家禽,动物快乐的总量会得到最大限度的提高,除非我们最终要宰杀这些动物作为食物,否则我们不会这样饲养动物。

然而,从功利主义的观点来看,允许我们使用目前用于饲养家畜的90%闲置资源,这一方针可能不是人们所愿意的。世界上很多人遭受蛋白质缺失的痛苦,甚至死于蛋白质的缺失。1968年期间,在美国,我们用两千万吨这些本应该由人类消费的植物蛋白质去饲养家畜(除了奶牛)。尽管这些家畜提供了两百万吨的蛋白质,但在这一过程中浪费掉了一千八百万吨蛋白质,而这些蛋白质每年能消除世界上90%的蛋白质缺失。因此,更人道地使用我们的农业资源将会消除人类的痛苦,而又不会给用于交易的动物增加任何额外的痛苦。人们普遍认为,减少现在存在,将来也将独立存在于我们的选择之外的人类的痛苦这一政策是一种比涉及制造额外痛苦这一政策更能使快乐最大化的有效方法。如果这是对的,那么,根据功利主义的观点,把我们目前用于饲养家畜的资源用在救济饥饿者这一政策将是合理的。

向素食主义者靠近,很可能要涉及到两个政策的结合。其后果将会减缓人们的饥饿,同时增加野生动物的数量。批判动物饲养论,其核心要表达的是,这两个可供选择的政策的任何一种,都要增加快乐并减少痛苦,而没有给动物增加任何额外的痛苦。

异议之二:动物的快乐与痛苦无关紧要

虽然饲养动物作为食物不是增加动物快乐总量的最好方法,但有人可能会认为,

巴特·格鲁泽斯基 195

那是增加动物和人类快乐总量的最好方法。⑦ 在阐述古典功利主义饲养动物作为食物的观点时,我指出过,我们没有道理去认为食用这些动物所带来的快乐会超过动物遭受被关押、运输及宰杀等种种相关行为带来的痛苦。食肉的功利主义者可能会反对我所说的,他们认为我高估了饲养动物作为食物而使动物体验到痛苦的不良后果,而且一旦这种高估动物痛苦是错误的,功利主义对食肉的辩护似乎就可以被理解。

有人会以为,我之所以出现这种误算,其中一个根源在于我的模糊假设——动物的痛苦与人的痛苦具有相同的客观的不良后果;动物的快乐与人的快乐也具有同样的客观价值。纳维森争辩道,动物的快乐与人的快乐不能等同。他的论证分为两步。第一步:人类有更高级的能力。这些能力是建立在我们的这些能力之上的——即能准确地意识到将在我们面前展开的未来的能力,能准确地意识到已经消失在我们面前的过去的能力,以及诸如此类的能力。我们与低级动物不同,人类具有

> ……自我概念的能力,能形成长远计划,能理解其周围环境的基本事实,并智慧地把它们应用于其计划之中,而且合理并努力地实施其计划。⑧

有鉴于这些"高级能力",纳维森进行了他的第二步论证:

> 难道没有理由说,具有复杂能力的动物遭受的痛苦,其意义、其品质、其最终效用,不同于简单动物遭受的痛苦吗?假如某个简单动物经受了巨大的痛苦,而复杂动物,比如,贝多芬,克尔凯郭尔,或是你——可爱的读者也经受了同等程度的痛苦,又怎么来考虑呢?当我们被人问到:如果比较一头受伤的奶牛与一个受

---

⑦ 任何这样的论证都不能无视这个异议:如果用各种谷类食物来救济饥饿者,将使人类的快乐最大化,但这些谷物却被用来饲养家畜。(p.190)对这个异议做出的一个回应就是:救济饥饿者将仅仅鼓励他们进一步繁殖自己的后代(指有越来越多饥饿的人——译者注),因此,救济饥饿的人只会产生更多的饥饿人群。如果这个异议是正确的,那么从长期看来,用饲养家畜的食物去救济饥饿的人们,将不会是一个带来最好后果的方法。因此,通过饲养家畜来使人类的快乐最大化这个问题仍将出现(除了吃肉并让营养不足的人挨饿,还有其他的选择。比如,一种综合政策——食物援助,支持农业,计划生育等可能拯救生命而不使后代挨饿,因此,这将会是功利主义的政策选择。)人类的快乐是否使得动物的痛苦变得合理这个问题在更乐观的情况下也会被提出:假设全世界供人类消费的蛋白质,其缺失会减缓,那么,饲养动物以满足人类胃口的偏好不会会被允许呢?

⑧ Jan Naveson,"Animal rights", *The Canadian Journal of Philosophy* 7(1979), p.166.

伤的人,其不良后果或是受到某种挫折的东西,难道认为后者比前者更重要是荒唐的吗?⑨

纳维森试图得出的结论是:与简单动物相比,复杂动物的快乐与痛苦更重要。因此,从严格的意义上说,我们的家禽家畜是非复杂的动物,而作为复杂动物的人类吃肉的快乐就是非常重要的了,其重要性超过了非复杂动物家禽家畜所必然承受的痛苦。

但纳维森的论证是失败的。人类能够预见未来,而动物不能预见未来(我们认为这样),这个事实并不能表明我们就有享受快乐的更大能力。值得怀疑的一个理由是:此类预测才能强化了我们这样一种能力——不能理解还没有呈现在我们意识中的任何东西。纳维森在吃包有腌肉的牛肉卷时,却预测到了即将到来的哲学变化,或者贝多芬在开音乐会时,完全不会由于这种以未来为中心的心理活动,意识到吃除了能带来一些快乐之外还会有别的什么。但是,即使我们假设人类比动物更有享受生活的能力,纳维森所说的那种能力也只能表明:由于思虑或恐惧而导致心烦意乱,人类可能不那么会享受生活,特别是享受吃带来的快乐;而站在人类的立场上来论战,人类比动物更有享受生活的能力又是至关重要的。然而,对动物而言,纳维森的思考不仅没有支持动物的痛苦是微不足道的主张,反而具有讽刺意味的是支持了这样的结论,即动物能够强烈地感受到由于被关押、运输及宰杀所带来的痛苦,因为它们无法分心去以未来为中心而减缓这种强烈的感受力! 总而言之,就相关的痛苦与快乐而言,我们所能说的就是,动物与人的痛苦与快乐同等重要。

异议之三:鉴于动物无论如何都会死,人的偏好很重要

尽管我们不能理所当然地贬低动物感受的重要性,但有人认为我高估为食物而饲养的动物所遭受的痛苦还有另一个理由。不论我们饲养动物与否,动物必然会死,必然要体验在死亡过程中的任何痛苦,因此,无论动物经受怎样的痛苦,一般都与必然的死亡有关,而与我们饲养动物作为食物无关。减少因饲养动物给动物带来的痛苦是很重要的,因为动物遭受痛苦的主要原因是被关押而导致的沮丧。既然被关押妨碍了动物的利益,而不吃肉又妨碍了人类的利益,那么,满足动物少受关押的利益与满足人类

---

⑨ Jan Naveson, "Animal rights", *The Canadian Journal of Philosophy* 7(1979), p. 168.

吃肉的利益，二者之间在快乐的总量上似乎没有什么实质性的差异。因此，我们不能根据功利主义谴责吃肉行为，因为不论是吃肉还是不吃肉带来的是同样数量的快乐与痛苦。

  动物遭受痛苦的主要原因是由各种各样的限制所导致的沮丧感。圈养的动物，为了完全适合饲养，必定受到某些方面的限制。如，限制活动（卡吉尔的猪会漫山遍野去觅食吗？）、限制社群性行为（卡吉尔的猪会十个、二十个地抱团结伙吗？）、限制饮食（卡吉尔的猪能吃到栎果吗？）。尽管圈养动物是人们精心选择饲养的，但从行家的眼光来看，我们有理由相信

  ……自然的、本能的冲动和行为模式……适合于更高程度的社群性组织，这在古老的野生物种中已经存在……但这在圈养化的过程中，即使不是全部、也几乎没有这种现象了。⑩

  只要有饲养动物的地方，即使是人道地饲养，不可避免地就会有大量的痛苦。问题是多少这样的痛苦是由吃肉的快乐可以证明是合理的。父母在家看"未成年人不宜"的电视获得快乐，而孩子被关在房间体验到沮丧，前者的价值会超过后者吗？如果由于赞成满足父母的偏好而使得这两者不能做出清晰的比较的话，那么就很难想象任何人会合理地声称，满足吃肉的偏好和由限制其空间、饮食、社群活动给动物带来长达数个月的痛苦，前者的价值超过了后者。

  此外，还有另外两个因素使得功利主义为食肉而做出的辩解是不合理的。第一个因素集中在为满足荤食者吃肉的胃口而导致圈养动物的死亡类别和数量。第二个因素提出了一个问题：胃口的快乐证明了饲养动物作为食物是"合理的"，从最终的分析来看，是否这就表明与满足这些胃口相比较，动物遭受的痛苦是微不足道的。

  尽管动物在屠宰房是尽可能地施行无痛宰杀，但它们还是会因为听到、看到、闻到

---

⑩ W. H. Thorpe in the Brambell Report, quoted in Singer's *Animal Liberation*, p.135.

宰杀而感到恐惧。动物的肉体是在恐惧中,是在陌生的环境里被连连戳杀的。⑪

在这些"人道"的屠宰房,动物先是被拴住,然后用枪击或电击致其晕死过去,之后才实施无痛宰杀。在小一点的定点屠宰房,由于这些电击设备太贵而没有装置,而且快速宰杀的技巧并不熟练,人们可能会想象得到,它们在棍打、射击、切割动物时必然会常常碰到受伤、尖叫的动物,这些受到惊恐的动物甚至更难宰杀。

我们已有的关于动物的知识表明,就体验恐惧、疼痛、忧伤、焦虑和压力来说,这些有感觉的动物是与人相似的。人们有理由相信,人类关于死亡本质的知识也能告诉我们有关其他动物的死亡过程。对人类来说,最可怕的死亡包括死亡过程中的恐惧。当没有恐惧这一因素时,特别是当死亡的过程对死亡者来说早已是意料之中的事情时,死亡可以是很平静的过程。从对人死的最细微的观察以及对圈养动物主要是在陌生而又恐惧的环境下被宰杀的观察中,我们可以得出这样的结论:比起野生动物在野外经历的最悲惨的死亡,饲养动物被宰杀的经历不会更惨烈,但却比野生动物因疾病或年老在熟悉而无恐惧的环境下的死亡更惨烈。另外,由于作为食物被饲养的成年动物,其寿命比同类野生动物更短,由此可知这种动物比同类野生动物的死亡总量更多。因此,从死亡的数量及质量来说,作为食物被饲养的动物就会产生与死亡有关的大量痛苦和恐惧,而这一后果是由于人类饲养动物作为食物直接导致的。

这是饲养动物——即使是"人道"地饲养——可以预见的部分不良后果。⑫ 为了证明我们提出这些可预见的动物痛苦是合理的,我们不得不问道:可预见的吃肉快乐,

---

⑪ Richard Rhodes 认为这样的宰杀是"必要的",有关报道说,他在一个正在宰杀猪的屠宰房所感觉到的和观察到的是"尽可能地人道的"工作。他写道:

家畜栏窄得像个漏斗:后面的屠夫催促猪向前移动,每次一只猪移到活动的梯子上……它们从未上过这样的梯子,它们在尖叫着,嗅到它们将要嗅到的味道。我不想过度戏剧化夸张,因为你以前已经读到过所有关于杀猪的事情。观看猪的恐惧是一种令人害怕的经历。("Watching the Animal," *Harper's*, March 1979, quoted in Singer, *Animal Liberation*, p.157.)

⑫ 动物工业(即使是"人道"的饲养方式)存在其他两个可预见的不良后果。第一,从了解到动物被视为我们宰杀以满足自己胃口的生物,及至了解到动物被看做是产肉的机器,以及了解到它是现代肉类工业重要活动的组成部分,只是迈出了一小步。因此,在肉类生产的幌子下,即使是在"人道"动物工业的可预见后果之中,也是这种每天施加在动物身上的残忍。第二,动物在被运输时所经历的恐怖、痛苦。以下的数字很典型:"一头 800 磅的小公牛在运输的途中,减掉 70 磅,或者 9% 的重量不是新鲜事。"(Singer, *Animal Liberation*, p.118)。这种减重不仅仅是在动物肥胖的部位,而且也是在动物的头部及小腿,这表明"在动物身上受到了巨大的压力"(p.120)。这个描述不过是动物运输恐怖史中的一例,但却很典型地表明动物在运输中经历的痛苦及恐怖的数量。

其价值超过了这些可预见的不良后果,这种说法有道理吗?我们首先得弄清楚这个问题的含义,因为它意味着:我们从吃肉中得到的快乐抵得上动物在饲养行为中遭到的任何痛苦。不过,这种解释还没有抓住这个问题的本质。毋宁说,我们只是对快乐总量感兴趣——这种快乐只在我们吃肉时产生,而吃可口的蔬菜却不会产生。这种快乐的总量是我们吃肉的后果(与吃一般的东西相对)。既然世界上很多人发现素食也很可口,我们就有理由认为吃蔬菜带来的快乐完全可以代替吃肉带来的快乐。因此,吃肉的快乐不但很少而且并不重要。由此我们可以说,从功利主义来说,任何上述为吃肉的辩解都是毫无道理的。

异议之四和异议之五:烹饪素食不方便

试图以功利主义为依据为吃肉做出辩解,还有另外两个相关的问题。第一个问题是由纳维森提出的,他指出:"虽然吃荤能获得的每种快乐,吃素也能获得,但是吃素的饮食受到限制。"⑬纳维森承认,对我们大部分人来说,这一点不是根本性的问题。不过,值得问一问的是:对于一个注重从丰富多彩的饮食中吸收更高营养价值的人来说,对于一个认为无肉的饮食会很乏味的人来说,这一点是否算是根本性的问题呢?这个问题的实质在于:为满足那些偏好吃肉才能获得饮食多样性的人的胃口而使动物遭受痛苦,这是否是合理的?站在动物的立场上来辩论,可以有简洁有力的理由来认为,满足这种偏好并不会证明动物必然要承受的痛苦是合理的。我们施加给动物的部分痛苦是单调的饮食所导致的沮丧以及强烈的乏味感。如果人们认为不断提高人的多样性饮食带来的快乐,其价值超过了动物这种强烈的乏味感,就不要假定"为了避免某些人的沮丧而使得动物的大量沮丧"的做法是合理的,尤其是在导致这两种沮丧的原因都是相同的时候,比如,都是由于饮食缺乏多样性。当我们想到动物所遭受的各种各样的痛苦,都是为了保持人类盘中餐的多样性时,我们就更没有合理的理由认为:满足人饮食多样性的这种偏好是对动物遭受相关痛苦的弥补。

第二个与功利主义者赞同吃荤而不吃素相关的问题是:对大部分吃杂食的人来说,吃荤是一个根深蒂固的习惯。既然江山易改本性难移,似乎就可以说,一个人转变到吃素会导致严重的不便和沮丧等代价,而沿袭旧习继续吃肉就可以避免。但是,有

---

⑬ Jan Naveson, "*Animal Rights*," p. 14.

几个理由认为,这个代价不能证明继续吃荤是合理的。

第一,这个代价是一个较短的变化,而要避免动物不必要的痛苦却是一个长期的且持续不断的后果。一旦饮食习惯得到转变,不但新的素食者不会给动物增添不必要的痛苦,而且很可能其后代的饮食习惯中再也容不下吃荤的行为了。因此,尽管从根本上改变饮食习惯需要创新、探索以及首创精神,但其好处是避免了动物数年或几十年的痛苦,而且这样巨大的好处远远胜过改变饮食习惯所带来的不便。

第二,对很多人来说,改变饮食习惯是一个令人兴奋、令人满足的探索。这种探索的部分收获是寻找到新的烹饪乐趣。对于很多人来说,不仅能够做顿不放丁点儿肉的饭菜是有益的事情,而且发现蔬菜是水淋淋的配菜也是很有趣味的事情。

第三,获得了饮食的满足感并知道了这是一件不增加动物痛苦的事情。

第四,从诸多的饮食方式中,选择了一种比吃荤更加健康的饮食方式。⑭

现在,是把这些观察和思考纳入到我们的中心问题的时候了:从饲养动物和吃荤中得到的快乐后果,其价值是否超过了为了使我们体验到这些快乐,这些动物不得不经受沮丧、恐惧和疼痛?一旦当我们把注意力集中在这些不能选择其他饮食方式替代的快乐之上,我们似乎就没有理由来相信还存在任何别的什么快乐。

异议之六:要影响动物的痛苦,个人是无能为力的

最后一个基于功利主义理由为吃荤做出的辩解是建立在这样的主张上,它认为:对于那些不自己饲养动物的人来说,不买肉不吃肉并不会给动物痛苦的总量带来什么不同的变化。假设我从一个零售商那里买了肉,而这个零售商的肉是由大型产肉工厂提供的,因为肉的供应商实在太多,即使我不吃肉,我的行为也不会给动物饲养的总量起到任何作用。因此,即使我很关心阻止动物的痛苦,但也没有任何动物会因为我是一个素食者而不遭受痛苦。但是,如果我很喜欢吃肉,而成为一个素食者会让我感到痛苦,那么我还是应该吃肉,因为继续沉浸在吃肉的习惯中,我获得了我自己的快乐,却没有给任何其他有感觉的动物制造任何可以避免的痛苦。

问题不在于我的行为对肉类生产行业的影响微乎其微。之所以这样说,是因为如

---

⑭ 素食者的胆固醇及动物的脂肪更低,而纤维成分更高。并且没有经常被用于饲养家畜的危险添加剂(比如,用来刺激生长的荷尔蒙,用来减少与压力相关疾病的抗生素)。

果我有一个改变肉类工业生产的小小机会,那么我的行为的一个可预见后果也可以阻止大量动物的痛苦。这样的行为也会给阻止动物的痛苦带来大量的机会,比如,一个小小的牺牲也可能带来一个巨大的收获,因此,根据功利主义的理由,我有义务那么做。相反,问题倒是:在大量的肉类买卖情况中,个人的无能为力这个问题相当严重。食肉者辩解道:只有大量的行为能够改变肉类的生产,单个人的行为不可能使这种情况发生改变。既然无论我做什么,肉类的生产还是维持原貌,按部就班,肉类生产的任何改变都不是我的行为导致的后果,因此,我的行为对于作为食物的圈养动物的痛苦没有任何可预见的效果。据此看来,可以得出这样的结论:如果我是一个行为功利主义者,从行为本身可预见的后果来评判我的行为,或者如果我关心的是做那些能使世界上的痛苦总量尽可能少的事情,那么,在选择继续吃肉还是选择成为一个素食者时,我就没有必要去考虑那些由肉类工业施加给动物的痛苦。

要回应功利主义为吃肉而做出的这个辩解应始于这个假设:我吃与不吃肉将不会改变其他人的消费,比如,如果我改变我的饮食习惯,其他人吃肉多些还是少些与此没有关系。这个假设允许功利主义者推论道:我成为了一个素食者,我就减少了对肉的需求,那么肉的生产将会最终减少,更重要的是,动物的痛苦也将相应的减少。⑮ "我成为了一个素食者不会影响其他人的消费"这个假设是重要的,因为这使吃肉辩护者不能声称,"我没有吃的肉,最终还是会被那些以前不太吃肉甚至完全不吃肉的人给吃了"。

但是这些假设必须加以否定,部分原因是它否认了功利主义为吃肉而辩护的核心问题,不无相关的原因就是它明显不切实际。⑯ 肉类工业的很多部门边际效益很低,比如,一个人成为素食者之后"浪费掉"的全部的肉,事实上将会被回收到其他的市场——那些更为丰盛的市场或纯粹的食物市场。⑰ 当然,一旦我们抛弃"我不吃肉不会改变其他人的肉消费"的假设,行为功利主义者还是能够重新纳入思考加以讨论——我成为了素食者,作为一个示范可以给其他人起到带动效应。不过,为吃肉

---

⑮ 我很感激简·纳维森提供了这个论点。
⑯ 但是,请注意:1973 年,美国人均消费 175 磅的红肉,超过 50 磅的鸡肉(*Information Please Almanac*, 1975)!
⑰ 正如 Human Press 一个编辑所说的,我们可以得出这样的结论:宠物的主人应该试着尽可能避免用肉制品。请注意,商业上用的猫干食、狗干食的三个主要成分是:玉米、小麦、大豆。我们也可以得出这样的结论:人们应该避免用肉制品来喂鸟。比如,花生油可以替代硬肪油来喂像啄木鸟之类的鸟。

辩解的功利主义者将会回应说：其他市场和消费者会消化个人或少数人没有消费的那些肉类，因此，即使我不吃肉的这种行为会与那些跟我学的人的行为连接在一起，也不会给由肉类工业导致动物痛苦的总量带来什么不同。在这个争论中，一个关键的问题是：一个人成为一个素食者，他的这种示范是否可能预见到改变其他人的吃肉消费，以至于达到减少动物痛苦这样一个程度。尽管我认为一个人的示范在有效地减少动物痛苦方面是完全有可能的，但即使此言不谬，要实现这个目标还是遥遥无期。比如，假设很多人成了素食者，由此就会使得肉有剩余，从而暂时降低肉的价格。但接下来的后果可能会是：那些以前买不起肉的人将会进入肉类市场，成为吃肉的消费者，而且，即使肉价回升到正常之后，部分新消费者仍可能继续买肉消费。退一步说，即使肉价长期低迷，这种低价肉本身也很难确保动物生产的削减以及动物痛苦的相应减少。反过来，降低肉价可能会带来始料未及的后果——一些肉类生产商将会进一步改进工厂化饲养动物的方法以图盈利，而这些方法将肯定会给动物带来更为严重的痛苦，因为他们将对动物采取限制其饮食等其他限制行为。显而易见，如果有足够的人群不再吃肉，肉价也降低到足够的程度，那么，肉类产业人员和养殖场主就会停止生产肉类并因此停止给动物带来痛苦。但这一系列的论证完全依赖于广泛而有争议的经济概率，面对它，反对为吃肉而辩解的最强烈的批评是：辩解者打着"方便、快乐或不习惯"的旗号，就是想抓住导致动物强烈痛苦的机会，哪怕是一个极小的机会。既然这个批评针对这种微乎其微的机会都是软弱无力的，那么，我们是该审视这两个既不依赖那些经济上的可能性，同时也表明我们肉类消费导致动物痛苦的论点的时候了。

每个论点都依赖这样的普遍理念：如果大量的行为一起产生了某些群组有价值或无价值的后果，那么，其中任一部分后果与任一个个体行为的关联是随机的，而非指定的。让我们来思考一下大卫·里昂（David Lyons）的下述例子：

> 如果需要六个人把一辆车推上山，而我们不知道只要六个，便叫了八个人来做这件事，我们要说的是什么呢？如果这八个人都推车了，并且都同样卖力，都同样拿出了自己的力量，我们可以说，因为本该更少的人做这事，这八个人中只有部

分人实际上对推车起到了作用吗?⑱

里昂的结论是,只要我们不能区分结果所需要的那些行为和结果不需要的那些行为(这种区分是我们感到有趣的一种假说),每一个这样行为都是促成群组效应(group effect)的起因。里昂并不试图去分析"促成某事的起因"这个概念,因为这个任务实在太艰巨,在此不能完成。但是,我们肯定有理由认为,当很多行为同等地促成某种效应,我们在原因上就要把这种效应的部分价值归属于每个个体的行为。不管以什么方法来解决对"促成某事的起因"的描述,我们要描述的是这个主张——当很多行为促成了某个共同的后果时,会有某些价值性后果要归结为每一个这样的行为,因为事实上每个行为都有助于那个后果的促成(更专业地说,我们假设,如果 n 个行为都同等地促成了 E,而 E 的值是 V,那么每个行为对这个价值性后果就是 V/n)。

第一,"促成某事的描述"能反驳"一个个体在肉类市场中是无能为力的",这涉及到两个步骤。第一步,我们假设:很多人的确成为了素食者,这就导致了肉类需求的减少,但没有哪个具体的行为是发生这种结果所必需的,而肉类需求的减少却通过削减肉类的生产减少了动物的痛苦。既然动物痛苦的减少具有积极价值,那么,动物痛苦减少的原因——肉类需求的减少,也是具有积极价值的。由此看来,促成某事的起因的分析是可行的。既然很多行为促成了肉类需求的减少这一有价值的后果,那么就会有一些价值性后果要归功于每一个素食者的行为,因为事实上每个这样的行为都有助于降低肉类的需求。因此,在我们假定的条件下,每个行为对这个价值性后果都部分地包括减少动物痛苦这个积极价值。

第二步要求我们以这个现实的假设——足够多的人很有可能成为素食者,改变肉类生产——来代替这个不现实的假设——足够多的人事实上成为了素食者,改变了肉类的生产。不管足够多的人将成为素食者以削减肉类生产的可能性如何,这种可能性就是个体的人成为素食者将有助于减少动物痛苦这种良善的可能性。因此,那也就是一个人成为素食者将会采取形成正面价值性后果的行为的可能性。既然成为了素食

---

⑱ David Lyons, *Forms and Limits of Utilitarianism* (Oxford:Clarendon Press 1965), p.39.

者,我们就有可能阻止或者至少有助于阻止动物由于被关押、宰杀的恐惧而不得不经历的某些痛苦,根据行为功利主义的理由,我们必须这么做。

第二,"促成某事的描述"也能反驳这个异议——一个人的行为对于增加或减少动物的痛苦是无能为力的。这个反驳无需假定人们成为素食者。相反,这个论证干脆集中在行为功利主义的核心观点上——一个行为是正确的,仅当没有其他可供选择的行为能避免痛苦的后果或者带来快乐的后果。在目前肉类市场的情况中,吃肉的人促成了肉类需求,而正是这个需求本身才是肉类生产的原因,因而也是涵盖在肉类生产中的动物遭受剧烈痛苦的原因。因为原因可以用它们所产生的后果的价值这个术语来评价——致使二十个人死亡的泥石流是坏事,可是由于暴雨结束了干旱带来的饥荒而成为好事——对肉类的普遍需求具有巨大的消极价值,因为它导致了动物的痛苦。既然个体的买肉行为导致了这个恶果(对肉的需求),某些消极价值后果就要归结到每个买肉的行为,因为每个这样的行为都在原因上产生了致使动物痛苦的普遍的肉类需求。重要的是,成为一个素食者是可以避免导致动物痛苦的其他可选择行为。因此,人们应该成为一个素食者,如果他正在试图做最理想的行为——既不带来痛苦的后果也不带来具有消极价值的后果。总之,如果一个人正努力地以这种方式来生活——尽可能减少世间痛苦的总量,并尽可能增加世间幸福的总量,那么,他将不会在当今的市场上去买肉,因为任何这样的行为都会促使饲养并宰杀其他有感觉动物作为食物这种残忍的、剥削的活动。[19]

---

[19] 我很感激 Henry West 鼓励我去写享乐行为功利主义者描述我们对动物的责任;我也很感激 William DeAngelies, Michael Lipton, Stephen Nathanson 以及其他对我的原版本进行过评论的人。原版本是我于 1979 年 12 月在东北大学哲学与宗教系的一个讨论会上读到的;很感激 Human Press 出版社的主编,他给了我很多有益的建议;我还很感激 Sharon B. Young,因为她对原版本做了很多有益的评论,并和我分享了她对素食烹饪法的积极探索;最后,我很感谢 Barbara Jones, Walter Knoppel,因为他们以一种智慧、有效、让人听了津津有味的方式最先给我介绍了素食主义。

简·纳维森*

为吃肉而辩护

- 素食主义者对罗尔斯的立约者的身份的扩展(扩展到了动物)是不合理的,动物无法成为立约者。其一,人类作为立约者中的一方,从吃素这一约定中毫无利益可图。其二,动物无法领会什么是契约,也无法信守契约。

在过去几年中一直有这样一种错误的趋势,就是采取罗尔斯著名的正义理论作为契约论道德理论的模型。因此,我必须首先解释,为什么说这是一个错误。

从道德契约论来看,道德是在一种理性的、独立的、自利的人当中达成的契约,只有订立这样契约的人才能从中获得某些利益。在这样一种理论中,具有根本性的是契约双方互相知道对方是谁,他们想要什么——他们具体想要什么,而不只是他们作为一般成员想要的那种一般的事物。现在,罗尔斯的理论通过契约把双方做了限定——在他们不知道双方是谁的情况下,他们做出的选择。但是,如果能做出那种限定,为什么我们不再进一步并使之具体化——一方不仅不知道他或她是哪种人,而且也不知道他或她究竟是不是人,甚至可以做出这种假设:你可能被证明是一只猫头鹰,或是害虫,或是一头奶牛。我们可以想象那种可能性会使得结果完全不同……(我相信,一些素食主义的支持者是受到这种诱惑的,并无限地扩大了罗尔斯的这种"无知之幕"。)

道德构成的这种"契约"自动地担当在各方面限制人的行为的作用。在某种意义上,它是对无限制自利的放弃。不过,它却是完全自利的。从长远来看,通过限制某些行为(或偶尔对其他类似行为的限制)——对大家更为不利并因而也对自己不利的普遍放任,这种观念是超前的产物。由这个特征产生了众所周知的问题,而我并不认为已经解决了它。我只能说,这是一个重要且合理的道德观念,值得在当前的环境中进

---

* 简·纳维森(Jan Narverson)在加拿大滑铁卢大学教授哲学。其近著是《解放的理念》(*Libertarian Idea*, Temple University Press,1989)。
Jan Narveson, "Animal Rights Revisited." pp.56-59 in H. Miller and W. Williams(eds.) *Ethics and Animals*, Cliffton, NJ: Humana Press, 1983.

一步探究。

这种道德观的一个主要特征是,它解释了我们为什么会有这种观念并且它的双方都是谁。我们之所以拥有它,是因为长远自利的合理性;而它的双方包括所有的或只具备以下两个特征的人:(1)和不同意这种道德观的人相比,他们因赞同这种道德观而能获利,至少将来能获利。(2)他们有能力建立或维持某种契约。那些没有这种能力的人明显不能成为它的一方,而在那些具有这种能力的人中,如果他们不能从中获利,那么,不管别人可能从中获利多少,他们都没有理由去签订它。

在这些条件的限定下,动物为什么没有权利就很清楚了。因为在"动物权利"的两方面都有明显的缺点。一方面,通过自愿禁止(例如)宰杀动物或禁止"把动物当作手段",人类一般从中一无所得。另一方面,动物一般不能以任何方式与我们建立契约,即使我们想让它们这样做。这两点都值得简单展开一下。

(1)当我说到人类从原则性地采取措施限制伤害动物的行为中"一般一无所得"时,我的意思在某方面还是有所夸张,举例来说,动物作为我们的食物对我们来说有可能并不是好事,或者有关动物的某些其他事情需要限制人类的行为,这可能对我们的长远利益有好处。除了要讨论一下一些人认为"更好地对待动物,我们就能获得纯洁的心灵"这个说法之外,这些问题在此我大多不予理睬。这里所说的"纯洁性"如果是指道德纯洁性的话,那么这还是一个需要求助于契约论道德观的问题。不管怎么样,那些人喜欢用他们所喜欢的方式对待动物。问题是其他人不善待动物(例如,吃它们的肉)是否就要被禁止,并且,所谓的"纯洁的心灵"在那种情境中是否具有吸引力。

从契约论来看,为了道德的主要动机也是各不相同的。人与人之间互相畏惧具有充分正当的理由。我们所有的同伴都有能力做伤害我们的事情,而且不仅仅有能力这样去做,而且也喜欢这样去做;甚至他们的理性能力(或者至少是计算能力)只会把事情做得更糟糕。这就需要做出相互的限制。请注意,动物也会(多数动物)伤害我们。但是这种危险在多数情况下仅是个别的,受到了限制的,而且在那些情况中,我们可以采取各种各样的方法来对付,比如,把动物关入笼中,向动物开枪,等等。对此,一般不需要什么道德措施,而且这些措施是否有效也是个问题。在任何情况下,我们都会从食用动物中有所获益,而如果道德平台的主要基础在于限制宰杀动物以谋取自利,那么显而易见的是,在动物的情形中,这样一种道德基础从我们大多数人的观点来看是没有价值的。我们顺其自然才是可取的。

（2）具有建立契约和维持契约的能力又会怎么样呢？我猜测，过去在这方面动物受到非常严重的诽谤。真正凶残的行为只是人类物种才会有的一种现象。但是，禁止动物杀死动物或者人，仅仅是来取乐，那就没有充分的理由认为这么做是出于道德原则。相反，依据道德原则才不是他们取乐的真正想法！

这里的真正问题是在动物具有不同能力的情况下，动物是否有资格适合道德评判的问题。在某些动物物种中，只有少数的个体经过多年高度的专门训练之后，才有能力以相当简单的方式与人交流。但这并不预示着，动物就能普遍签订像契约这样明显很复杂的事情。当然，契约可以是心照不宣的，不用书写的，甚至不必说出来。即使我们假定在这样模糊不清的某种情况下提出一项人类之间的"契约"，那也是普遍心照不宣的。除了在一些相当特殊的情况下，人类没有建立禁止人们之间相互杀戮的契约；我们所有（或实际的）反对杀戮的知识均来自于常识和我们祖先的教诲。我们仍然可以很合理的说，当一个人的确杀死了另外一个人，那么他或她（在其他的事情当中）就利用了限制中的"不公正优势"（unfair advantage），这种限制是其同伴对他或她多年以来就使用了的。但是任何此类事情都能合理地涉及到动物吗？我看未必。

因此，总体上来说，只要是说到权利，看起来很清楚的是契约论就把动物排除在权利之外了。很大程度上，我们是依据我们的自利去对待它们的，它们也不受到假想契约的制约。确切地说，我们在它们身上的利益当然是有争议的问题，但在这样道德观上，我们据以对待它们的那些条款是不言而喻的。

当然，根据这种观点，这里还有一个明显的问题是关于对待我所称之为"边缘化的情形"（marginal cases）：幼儿、低能者、残障的人在与我们的关系中存在不同的程度上与动物相同的情况，难道不是吗？是的，但是这两种情况在各种方面都是完全不同的。其一，我们一般从恶待这些人中不能得到任何利益，但却能常常从善待他们中获益良多。其二，边缘化的人必然是家庭中的一员或是其他组织中的一员，这使得他们成为爱的对象或这些组织其他成员利益代表的对象。即使恶待一个具体的边缘人存在某种利益，那也还存在其他善待他的人的利益，而且他们本身明显就是在契约论前提下道德共同体的成员。其三，必须加以指出的真正问题是关于安乐死的道德问题和不同时代不同社会赞成杀婴的道德问题。总体看来，我认为，我们赋予边缘人相当强势的权利,这对于契约论而言不是不可以逾越的障碍。

我们依然认为,不管是谁,遭受痛苦不是一件好事。但尽管如此,我们也认为它不至于糟糕到要求我们成为素食主义者。当然,这里的"我们",我指的是我们当中的大多数人。那么,我们当中的大多数人认为,尽管遭受痛苦相当不好,并且对动物来说正值年幼却变成了汉堡包也是相当不幸的,然而,从整体上来说我们把它们作为食物是正当的。如果契约论不是错误的,那么这些态度也就不矛盾。也许事情本来就是这样的。

第七部分
在科学研究中的动物待遇

西德尼·简丁*

在科学研究中的动物利用

- 目前在日用品、化妆品、科学、医学等产业和领域中大量使用动物。
- 动物实验中存在大量不合理和残忍的使用。
- 新的技术手段应该替代活体动物实验,如计算机模拟、低等生物和植物替代方案、细胞组织培养等。

尽管每年因用于科学实验而死于人类手中的动物只是所有死亡动物的 5%,但是,这一死亡数量——大约 5 亿——并不是一个微不足道的小数目。[1] 如果我们从科学智慧和道德标准对在科学背景下允许利用这些动物做出明智判断的话,我们至少要告知自己关于它们被利用的大致情况:例如,它们被用于什么目的,在什么情况下利用,用何种法律保护等等。

1. 种类与数量

(1) 产品测试

动物被常规地用于检验消费产品的安全。在动物身上施行急性中毒和慢性中毒的测试,以便确定以下商品使用高低剂量的毒性反应,如:杀虫剂、除害药物、防冻液、制动液、漂白剂、圣诞树喷雾、银铜器擦亮剂、烤箱清洁剂、除臭剂、毛皮鲜艳剂、泡沫浴液、雀斑霜、眼霜、彩笔、墨水、防晒露、指甲油、拉链润滑剂、油漆涂料、食品添加剂、化学溶液和地面清洁剂。实验的动物可能被强迫喂食这些产品,或涂抹在其皮毛上,或

---

* 西德尼·简丁(Sidney Gendin)在东密歇根州立大学教授哲学。他经常在道德哲学、政治哲学和社会哲学等专业期刊上刊发文章。

选自西德尼·简丁:"在科学研究中的动物利用",载汤姆·雷根主编《动物的死亡:从宗教视角看科学研究中的动物利用》(*Animal Sacrifice: Religious Perspectives on the Use of Animals in Science*)。Philadelphia: Temple University, 1986。再版业经出版社同意。

[1] 这是一个世界范围内由于科学目的杀死的动物的估数。不包括苏联和中国的相关数据。美国估计死于科学实验的动物约 1500 万到 2 亿,保守估计也有七千万到 1.2 亿。在国家公布的数据中,日本排在第二位,约 1900 万。依我估计,苏联和中国的数据也与美国相当。

进行皮下注射,或被滴进眼睛里……

(2) 行为研究

利用动物的行为研究可能涉及到动物的痛苦,也可能不涉及。在许多情况下,这些实验是一些典型的研究实验,在这些实验中,老鼠或仓鼠被要求钻迷宫、移动杠杆或做一些可比较的工作。老鼠要是成功完成任务的话就会受到奖励,失败的话就会受到惩罚。如果老鼠移动的不是指定的杠杆或移动得不够快,它就可能得不到食物或受到一次小小的电击。在其他的大一点的动物(通常是灵长类的动物)身上做的典型的心理实验就不同了。例如,把黑猩猩们从它们的母亲身边带走,而由一个柔软的貌似黑猩猩的玩具充当它们的代理母亲。幼小的黑猩猩们可能会有不同的不适,而科学家就可以观察它们对代理母亲的依赖程度。

(3) 教学目的

动物也供课堂教学使用。高中生学习基础解剖经常解剖青蛙。青蛙通常是死的,但是有时先是由学生自己给青蛙致命的一击。高中生,特别是大学生并不局限于解剖青蛙。老鼠、仓鼠、天竺鼠和猫也被用于供学生学习利用,但其中大多数学生都没有意愿要成为生物学家。解剖学所面对的一个基本事实是:解剖只是动手学习的方法……

(4) 在生物体内的实验

在制药行业,动物被活生生地用于所谓的在生物体内进行的实验。新的药物和疫苗在人类可购得前,通常会在动物身上测试它们的药效和安全。

(5) 急症医疗

动物被用于急症医疗的情况。例如,杀死灵长类动物,将它们的器官直接移植到人类身上,在合适的捐赠者出现之前短期维持人的生命……

(6) 长期的医学研究

动物被用于长期的医学研究,包括对癌症、艾滋病和疱疹的研究。

(7) 生物学研究

动物被用于"纯"生物学研究。通常情况下,研究人员在脑海中并没有特定的医学目的,而只是试图去推进科学知识的发展。在科学研究中,某些最为重要的医学进步都偶然产生于纯生物学研究的过程,这已是老生常谈。

在任何一个国家,关于动物被用于科研目的的数据统计表充其量都只是一个差不离的估算而已。尽管这些国家都有数据,但事实上没有人做过精确的计算。例如,在英国,大量的动物用于由政府机构投资的实验,其次用于药物公司。在美国,保守估计每年用于此类目的的动物大约是7千万到9千万。不过,也有人估计低至每年1500万,而少数人认为最合理的估算是每年1.2亿只②……

2. 统计数据的背后

除了数据统计,一些动物利用的细节也应引起我们的关注。首先应引起我们注意的是德莱兹(Draize)测试——眼睛刺激物测试;接下来,我们将考察一些动物的具体利用——这些争论早就在行为研究、药物测试和癌症研究中就产生了。我们的目标不是去解决问题,而是更好地去理解这些研究所引起的伦理的和科学的分歧。

(1) 德莱兹测试③

在化妆品行业,检验产品安全最常用的方法之一就是德莱兹测试,它是以它的发明者约翰·德莱兹(John Draize)命名的。约翰·德莱兹在1944年研制出这一方法。测试由以下内容组成:把兔子放在刑具里,固定其头部,然后把测试物滴进其某一只眼睛,另一只眼睛用来检验效果。测试发生几天后可能会导致兔子眼睛眼角膜模糊,眼睛大出血、溃烂甚至失明;与此同时,它们时刻承受着相当大的刺激和疼痛。确实,疼痛有时是如此剧烈以至于你会发现它们试图磨破自己的后背,从刑具中挣脱出来。④兔子特别适合于这类实验,因为它们的泪槽不发达,不容易抹掉或稀释测试产品。

在美国,每年零售化妆品的销售量总计约一百亿美元,品种近似于两万四千种,其中包括约八千种成分……其实,还有数以百计的生产化妆品的小企业,比如,现在名声大振的"慈美公司"(Beauty Without Cruelty),它所生产的化妆品、洗漱用品及某些衣服既不在动物身上实验也不用动物的身体部分制成。

---

② 关于七千万的"惯常"估计,见 Scientists Center for Animal Welfare(SCAW) Newsletter(1984,6—10月),第2页。关于一亿,见 B. E. Rollin, *Animal Rights and Human Morality* (Buffalo:Prometheus Book,1981),第90页(参考:Rollin, *Animal Rights*)。关于二亿,见 R. Ryder, *Victims of Science* (London:National Anti-Vivisection Society,1983),第24页(参考:Ryder,Victims)。最低估计一千五百万,见 Perrie Adams,"The Need to Conduct Scientific Investigations," address to the American Psychological Association,1984(参考:Adams,"Need")。

③ 德莱兹测试是两个主要的商业测试之一,它激怒了动物福利和动物权利组织。另一个测试是 LD-50 测试。LD 代表致死的剂量。在这一测试中,动物被强制喂食一定剂量的筛选出的有毒物质。剂量不断增加到直至50%的动物致死的程度。更多的细节可以从前面提到的罗林(Rollin)和雷德(Ryder)的书中找到。

④ T. Ward and L. Hunt,"Animal Rights in the Classroom," *National Anti-Vivisection Bulletin* (Fall-Winter,1983),p. 19.

（2）行为研究

尽管行为研究不是心理学家的专属领域，并且尽管心理学家有时也在非心理学期刊上发表他们的成果，但是我们应该限制在心理学期刊上的这类研究，因为这是一个存在争议的领域。⑤

在 1975 年《变态心理学杂志》的一篇论文中⑥，研究人员报告了对盲猴的面部表情和群居反应的研究实验。首先，将五只出生十九天的猕猴的眼睛切除，然后，把小猴和母猴分开，将它们放在分开的笼子里，测试小猴在母猴的呼唤声中需要多长时间才能触摸到母猴的笼子。以此对比非盲猴的这一互动实验的结果。研究人员得出的结论是：盲猴的面部表情与有眼睛的猴子的正常表情是一样的。

猫则常常用于大脑损伤的实验。1977 年《比较生理心理学杂志》上发表过几个这样的案例。来自爱荷华州大学心理学系的研究团队提供了这样一项报告：

> 由于猫的反常梳毛行为是由其上丘来调节的，由此推导出猫受到了铁棒击打而导致的损伤，将上丘这个结构摘除后的研究结论表明，猫的反常梳毛行为是量变的过程。用外科手术去除其受伤组织后的猫和听觉皮层、视觉皮层受伤的猫可以作为可控群组（control group）。⑦

研究人员发现："受到铁棒或震荡损伤的猫，其反常梳毛动作不能除掉粘在其皮毛上的带子。"

哈佛大学的实验则是在定期的间隔时间内对其喂食或电击的情况下，训练松鼠猴推杠杆。实验的目的是要比较在这两种定期的方式下猴子咬软管的情况。先是把猴子牢牢捆绑在限定的椅子上，在它们前面放置一根用来咬的软管，然后连续不断地电击猴子的尾巴，以此来测试猴子被迫咬软管的情况。最后把这方面的反应与用各种巧妙的食物引诱方式的反应进行比较。这些动物还被用于进行不同剂量的苯丙胺的实

---

⑤ 行为研究中提到的五个案例的更多细节及作者的引述可以在 Jeff Diner, *Physical and Mental Suffering of Experimental Animals*（Washington, D. C.: Animal Welfare Institue, 1979）(hereafter referred to as Diner, *Suffering*). Diner 的 200 多项实验调查的年限范围是 1973—1978 年。

⑥ Diner, *Suffer*, p.6.

⑦ Ibid., p.59-60.

验。这些研究中的各种不同的结果适时地刊登在 1977 年的《行为的实验分析》第 27 卷上。⑧

在马里兰州佩里·堡因特（Perry Point）退伍军人管理局医院，狗被关在一个实验室，限制在一个桌子上，它们必须踩住一个测试反应的嵌板才能避免电击。后来它们的膀胱被切除，输尿管外露，以至于它们的小便样本可以不经过膀胱的储存而直接获得。在实验手术结束后："它们又将被置于各种定期间隔的令人厌恶的漫长实验中"——事实上它们将遭受 140 次强度为 8 毫安的无可逃避的电击，这种电击每星期进行五天，每天持续五小时。如果同时施用镇定剂的话，研究人员得出的结论则是："随着电击速度的加快，狗在冬眠灵的持续作用下回避电击的反应速度变慢了。"他们还发现狗的心率和泌尿量"在药物的作用下表现出了并不一致的结果。"⑨

史蒂芬·麦尔（Steven Maier）和马丁·塞利格曼（Martin Seligman）博士花了四年时间用 150 只狗做了"习得性无助"（learned helplessness）的实验，在这项实验中同样不可避免地使用了电击。狗受到电击的反应还用来与猫、老鼠、灵长目动物及其他物种的反应进行比较。结果发现：当它们的反应完全迟钝，做什么都不可能逃避疼痛时："习得性无助的效应在有习得能力的物种身上表现得相当普遍"。⑩ 另一方面，人们认为习得性无助可以作为一种研究抑郁症的人的实验模式。不可控事件的效应会影响一个人的自我观念、自信心、进取心，甚至导致自我封闭。一个抑郁症的人不同程度地会使自己缺乏那些"习得性无助模式确证或没有确证"的各种特征。⑪

即使是在心理学界，利用动物进行行为研究也是最具争议的领域之一⋯⋯

（3）药物测试

药物测试是医学研究的一个核心部分，以前酞胺哌啶酮（反应停）的使用就最为戏剧性地凸显了这一领域曾遭遇的严重问题。酞胺哌啶酮曾被介绍给妊娠妇女用于治疗晨吐，而且用于人之前已经在很多物种身上进行了实验，但妊娠妇女使用了它之后还是会导致新生儿的畸形⋯⋯

---

⑧ Diner, *Suffer*, p. 6.
⑨ Ibid, p105-107.
⑩ Ibid, p111-117.
⑪ Ibid, p116.

有了酞胺哌啶啊这一悲惨的前例,利用动物实验进行研究,以试图预见药物对人的不利影响变成了一种潜在的困难。一个人不能仅凭从动物实验的研究中就自然而然地推断出信息:这些研究对人的安全只能产生要么是必要的条件要么是充分的条件。易言之,对其他动物物种无害或有积极效果的药物,但有时却被证明对人存在高度的危险。青霉素就是一个很有趣的例子:即使是很少的剂量也会使天竺鼠送命。其他的药物如肾上腺素、水杨酸盐类、胰岛素、可的松和氯苯甲嗪(敏克静)都对人非常有益,但却会使很多动物毙命。药物不仅有剂量特性,也有物种特性。由于物种的独特性,它们在药物的吸收、新陈代谢、排泄、妊娠期及其他一般性生物功能方面都会有所不同。

利用动物进行中毒测试存在的另一个潜在困难是动物不能描述它们的感受,包括疼感及痛苦等药物引起的副作用。例如,它们不能向我们描述在药物的作用下产生的头痛、头晕及恶心的感觉。最后,用动物测试的行为几乎都是短期的研究行为,但一些化学物质的负面效应可能要在人的体内滞留很长时间才会暴露出来……

(4)癌症研究

在所有疾病中,癌症是最令人恐惧的。正因为此,我将集中关注医学在动物癌症研究上的详细讨论,下面的论述将最大程度地涉及整个医学领域的情况。

在过去的几个世纪里,严重损害人的健康是传染性的疾病和基于营养的疾病,而今这些疾病已大大减少。人们普遍认为,是医学的进步改变了曾经把引发传染性疾病的原因归结为个人卫生和公共卫生条件,而将注意力集中到已被发现的基因所作用的各种因素。发现维他命是营养科学的基础,但它们在健康中所起的作用与动物实验几乎没有任何关系。[12] 不管怎么说,这些疾病的减少就已经意味着死亡的增加是其他原因造成的。当今,在死亡的中年人中,三分之一是死于癌症。当然,癌症有很多种,并且它们总发生身体的特定部位——乳房、肺、淋巴腺、胰腺、食道、直肠及胃——这些都是癌症易发的主要部位。在过去的大约30年中,直肠癌和胃癌的发病率减少了,但很多其他的癌症却有了增长,增长最快的是肺癌。在英国,从1951年到1975年肺癌的

---

[12] 在很多怀疑论者及其著作关注了医学在减少传染病中的作用。这些著作有:Rick Carlson, *The End of Medicine* (New York: Wiley, 1975), James Giles, *Medical Ethics* (Cambridge: Schenkman, 1083), and Victor Fuchs, *Who Shall Live?* (New York: Basic Books, 1975)。

发病率增长了 136%。而早在 1914 年,流行病学就成功地识别到不同种类癌症的起因,其中大约 85% 的癌症是由于环境所致,如过度暴露在阳光下(皮肤癌),吸烟(肺癌),抽烟斗(唇癌和舌癌),工业污染(各种血癌、肺癌及其他癌症),以及致癌的食品添加剂(诸如此类的各种癌症)。在男性中,40% 的癌症是吸烟所致;结肠癌被发现与肉类的食用有关;乳腺癌则与吸收脂肪有关;石棉、乙烯基氯化物和苯等也都是致癌物。具有讽刺意味的是治疗癌症的 X 光(放射疗法)和抗癌药物也可能会致癌。

这是怎么被发现的呢?它们的发现并不是通过动物实验而主要是来自于流行病学的研究。相应地,利用动物测试癌症产品,却让很多人看到了令人苦涩讽刺的一面。在许多场合,实验人员宣称,被测试的物质早就发现对人体有害……

此外,批评家们还宣称,基于动物的研究(尽管公众很反对)往往效果不佳。老鼠是癌症研究最受欢迎的动物。自 1955 年以来,国家研究癌症研究所(NCI)筛选出 50 万种化学物质对老鼠进行实验,试图找出对治疗癌症有效的药物。国家癌症研究所不仅在老鼠身上实验这些化学物质是否有效,而且还利用这些化学物质在动物身上催生癌症。但是,老鼠的癌症多是肉瘤(癌症生长在骨头里,连接性的组织或肌肉中),而人的癌症则多是癌组织(癌长于膜上)。因此,批评家们声称,尽管这些筛选有的会产生好的结果,但从筛选结果中发现的药物没有一种能和筛选之前已发现的十种主要抗癌药物一样有效。⑬

3. 可替代品

这些对在科学中利用动物的批评并不认为我们应放弃科学。而且,他们坚决主张必须开发可替代品。这些可用来替代的东西是什么,他们可替代的可能性又是什么?其主要因素简列如下:

a. 生理学与解剖学关系的数学模型和计算机模型;

b. 利用较低等的生物如细菌和真菌进行诱变性实验;

c. 发展高尖端的科学仪器技术,包括小量次等细胞的使用,短期细胞系统(悬浮细胞、活组织检查和整体器官灌注)的使用和组织的培养(用营养介质保持活细胞 24 小时或更长时间);

---

⑬ Reines,"Cancer Research with Animals," *NAVS Bulletin* (Summer,1984),p.8.

d. 更多依赖于人的研究,包括流行病学、药品监测和认真规范人类自愿者的使用。

我将要讨论的是前面的三个方面,因为在这三个方面利用动物进行研究的科学家们争论得最为激烈……

(1)模型

计算机模型是经常提到的比任何动物实验都要好的用于科学目的的模型。尽管这一说法可能有点夸张,但事实是,计算机模型对于很多目的而言确实很有用,并且,未来对它们的依赖会使它们发展得更好。尤其是,在计算机模型中,用数学术语能很好地理解和定义生理学系统,容易获得良好的程序(在随之而来的讨论中,我们会提到大量的例子)。某些复杂性系统很难理解,因此在这些领域不存在程序。当然,在这种情况下,批评者就声称,没有比依靠动物实验更好的模型了;并且,动物不像程序那么难以获得,而是唾手可及。

当数学家说到计算机模型时,他们指的不是大东西的小摹本,理解这一点很重要。数学家希望构建的是能够反映生物的系统。尽管数学的细枝末节错综复杂,但我们至少可以这样说:这些系统是由生物信息的输入和信息分析的输出的关系状态来组成的。也许有个例子能够说明问题,这个例子源自于位于温斯顿－塞勒姆(Winston-Salem)的鲍曼·格雷(Bowman Gray)医学院艾伦·布雷狄(Alan Brady)博士的报告。[14]

依布雷狄所见,葡萄糖耐量测试就是通过计算机以某种方式模拟从而在实质上推进研究的一个例子。计算机模型为研究人员提供了探索的环境条件,避免了动物实验既不切实可行又不合乎道德的情况。计算机模拟也比动物实验能更有系统地组织材料,因而更适用于生理学教学使用。计算机使用者首先进入操作程序,接着等待葡萄糖的注入,掌握葡萄糖的用量,初期胰岛素的浓缩,然后得出血压的数据,确定某种常量比率。编程操纵这些数据,得出模拟结果。显而易见,用计算机模型进行葡萄糖耐量的测算会更快,远快于使用现实生活中更为庞大的一排排的"动物",又不会引发一连串的价值争议。布雷狄指出,作为一种附加的收益,在生理学上的计算机模拟比动物实验更经济,因为费用基本等于在程序开发的初始投入。

那些反对动物实验、迫切需要更为强烈地依赖计算机模型的人,常常夸大了目前已取得的成绩,不过,那些宣称要坚持限制当前计算机模型使用的人来说,恰暴露了他

---

[14] Alan Brady, Scientists Center for Animals Welfare, *Newletters* (September 1983), p.5.

们的偏见和想象力的缺乏……

一些解剖部门已经开始对模拟实验产生兴趣。他们发现,他们可以用仿真动物来教授医学生解剖和施行许多其他的重要外科技术。这些仿真动物也能流血、眨眼、咳嗽、呕吐、换气,甚至在必要的时候"死亡"。最近,康奈尔兽医学院麻醉学主席查尔斯·尚特(Charles Short)博士,开发了一种名叫"复活狗"的狗模型。它能适应为了练习和改进动手操作心肺手术技巧的一系列广泛的技术需要。例如,如果一个学生进行心脏按摩时用力过大,一个特定的信号就会响起,如果按错了位置,就会响起嘟嘟的不同叫声;而白色灯则表明按摩到位。通常,兽医学生用真狗做的话会导致其心脏受到损害,这时又要去对狗进行抢救。狗的死亡可以说明他们做得是多么的糟糕。复活狗有股骨的搏动,因而也可用于特定注射器的注射练习。[15]

(2)低等生物的利用

艾姆斯(Ames)测试是所有用次等生物取代动物实验中最有名的实验,它由位于伯克利的加利福尼亚大学的布鲁斯·艾姆斯(Bruce Ames)博士研发的。尽管艾姆斯测试实际上发现因基因突变产生的物质(致突变性),但艾姆斯相信,这一方法也能够检查出致癌的物质(致癌性)。这种观点是基于许多的致癌物质也是变异而来的看法。艾姆斯采集疑似致癌的物质并把它放入营养素培养基中,沙门菌种系开始在那里滋长。如果被测试的物质真的是变异的,那么沙氏门菌的生长表明了基因的突变。大约80%的致癌物质用这一方法去测试,结果都证实是基因突变。而不会致癌的物质用这一方法去测试,只有10%的物质发生了基因突变。这说明致癌与基因突变之间具有密切关系,并且使艾姆斯测试成为一种检测推定癌症致因的优势方法。[16] 不过,艾姆斯测试并不是某种批判基于动物测试的实验。沙氏门菌在其中生长的培养基,实际上一开始使用的是老鼠的肝脏。在这个方面建立实验,准备一些肝脏或其他的东西是必要

---

[15] American Fund for Alternatives to Animal Research, *News Abstract* (Winter, 1983-1985 and sever earlier issues).

[16] Bruce Ames 发表了140多篇以基因突变为主题的文章,我很感谢他给了我这么多的资料,其中最新的资料有:"A New Salmonella Tester Strain, TA 97, for the the Detection of Frameshift Mutagens: A Run of Cytosines as a Mutational Hot-Spot," *Mutation Research* (1982, no. 94) 315-330 页;"Revised Methods for the Salmonella Mutagenicity Test," *Mutation Research* (1983, no. 113) 173-215 页;及"A New Salmonella Tester Strain (TA 102) with A:T Base Pairs at the Site of Mutation Detects Oxidative Mutagens," *Proceedings of the National Academy of Science*, U.S.A (1982, no. 79), pp. 7445-7449.

的,但不一定需要老鼠的肝脏。事实上,艾姆斯曾经从尸体解剖那里获得了人的肝脏,而他之所以优先选择老鼠的肝脏在于它易于获得。然而,人道地杀死老鼠用于沙氏门菌诱发突变性变化,受到许多人的青睐,他们反对在老鼠体内诱发癌症的动物实验。目前,这一实验已在大约3000个实验室成为了标准实验。

另一个耐人寻味的利用细菌的例子是对水污染的测试。规范的程序是把鱼浸没于含量不同的污水中进行测试,同时观察哪种含量的污水会使50%的鱼致死——一种LD-50测试的变种测试法。但贝克曼仪器厂(Beckman Instruments Company)使用了发光细菌种系作为生物鉴定有机组织,这种光生代谢的细菌比鱼的中毒敏感率高出6倍,并且这一测验只需花半个小时,而用鱼测试则需要96个小时才能得出结果。[17]

最后,使用植物合成有效药物及作为在生物体内研究的主体的工作也已开始。确实,近来的研究进展是如此巨大,以至于有人认为:"当前的文献资料记载了足够数量的生物测定技术,所以任何有益的生物实验活动都可以不用完好无损的动物进行研究"。[18]国家癌症研究所目前已筛选了四万多种植物品种用来在生物体内进行抗肿瘤研究实验,并且很多种类已确定能够高效地抵抗肿瘤。当然,在它们被允许用于包括人的临床实验之前,它们的安全性会先在动物身上进行观察。但是罗伯特·夏普(Robert Sharpe)博士认为,植物本身在实验中会给自己诱发癌症。他指出,尤其是在对白血病的传统测试中,用土豆取代老鼠的实验证实了这一点。[19]尽管NCI已经用植物做了25年的肿瘤研究,但是这仍然是一个相当奇特的前沿领域。

(3)组织培养

组织培养研究要求保持细胞在生物体外存活。自19世纪20年代,动物细胞就开始在实验室培育了。在早期,细菌有可能感染使得组织培养的利用受到很大的局限。而今天,抗菌素消除了这一局限,而且组织培养几乎在世界上的任何一个研究所都是可行的。

细胞组织通常在这样一种介质中如在盐溶液中增补各种血浆和血清使这一环境

---

[17] Dallas Pratt, *Alternatives to Pain in Experiments on Animals* (New York: Argus Archives 1980), p.214.
[18] N. R. Farnsworth and J. M. Pezzuto, "Practical Pharmacological Evaluation of Plants," *Lord Dowling Fund Bulletin* (no. 21, Spring 1984), pp.26-34.
[19] Robert Sharpe, "Science Now," *Lord Dowling Fund Bulletin* (no.20, Autumn 1984), pp.40-44.

尽可能与自然环境相似。在组织培养外建立细胞组是现代病毒学的核心。很多病毒在这一介质中长势良好，并能使生物化学家观察它们的所有变化。这当然确实需要对病毒引起的疾病进行临床诊断。病毒学最成功的商业应用是小儿麻痹症病毒疫苗产品，小儿麻痹病毒疫苗起初生长在猴子的肾细胞里，但现在一般长在人的细胞里。狂犬病疫苗现在也能在人的二倍体细胞中培养，而并不一定要在活体动物身上进行。

细胞培养在癌症研究中非常重要。例如，我们可以研究特定的荷尔蒙在肿瘤细胞培养上的影响，这些培养一直是从乳癌细胞的外科切除中获得的。如果荷尔蒙抑制了细胞的生长，这对治疗来说将是一个很有希望的征兆。另一个有发展希望的研究涉及到把已知的癌细胞放进受精的鸡蛋中。这就会导致胚胎中发育的细胞向癌细胞发展，它们进一步生长就与恶性肿瘤联系在一起了。一些研究人员坚持认为，将癌细胞植入活体动物以观察恶性肿瘤的发展的标准实验是不切实际的，因为肿瘤在动物身上的生长远远慢于在受精鸡蛋中的生长速度……[20]

现在，这方面的研究正在取得进步。例如，肝脏在药物的代谢作用中具有重要地位，并且，在将肝脏放入组织培养之前，用预备的肝脏培养药物是可能的。一些研究已经在测试药物的致癌活动方面取得了成功。因此，对活体生物肝脏的依赖问题有望得到解决。事实上，斯坦福大学生物学教授费利普·哈纳沃德（Philip Hanawalt）博士认为，这一天已经到来。哈纳沃德坚持认为，利用培养的细胞进行研究就能阐明老鼠癌症的起源与人的癌症起源的不同之处。"新的实验技术，如对由一个细胞到另一个细胞克隆DNA的分析、杂交细胞的利用等技术突飞猛进，这使许多利用动物活体来研究致癌机制的方法已经过时。"[21]

---

[20] 在这些研究人员的论述中，关于脑癌的论述未必完全正确，但关于常见的乳癌和肺癌的论述却是正确的。
[21] Quoted Dr. Robert Sharpe " Cancer Research : Moves Away from Laboratory Animals ", *Animals' Defender* (July-August, 1982) , p. 62.

C. R. 加尔里斯特 *

不限制利用动物研究的问题

- 在神经生物学中,反对活体实验是不正确的,也阻碍了科学的发展。
- 使用活体动物实验是不可避免的,认为实验动物的痛苦超过了科学进步的价值,超过了人类的福祉,这是对我们道德情感的侮辱。

目前,一项被称为《现代化研究法案》的议案,摆在国会面前,正在获得国会的有力支持。这一议案将会禁止绝大部分外科手术的实验利用动物;在理论上,同样的实验知识常常可以通过计算机模型、细菌实验等等来获得。[1] 这项议案将建立一个检查委员会,它至多允许一个给定类型的实验可以利用活体动物来做。支持这一立法的人认为,这部法律在道德上是势在必行的,并且它不会对生命科学的研究产生严重危害。我想争辩说,这一议案对行为神经生物学是灾难性的,对道德情感也是一种侮辱。

行为神经生物学试图建立一种以神经系统作为中介产生行为现象的方式。通过研究行为的结果,它是这样作用于以下一个或多个程序的:(1)构建部分神经系统,(2)模拟某一部分,(3)注射药物改变神经功能。这三项程序经年未改。最近补充了一项(4)记录与电刺激有关的行为。这四项程序至少会造成动物的某些短暂性痛苦。他们过去频繁使动物遭受剧烈的痛苦,而现在他们偶尔才会这么做。此外,他们还经常损害动物的正常功能,这种损害有时候是暂时性的,有时候是永久性的。

从开始,行为神经生物研究就引起了道德非难,对此实验者也经常有防御性的反击。这一争论内容几乎在200年里都没有改变过。思考一下下面的段落,它写于1800年后不久:

---

* C. R. 加尔里斯特(C. R. Gallistel)任教于宾夕法尼亚大学心理学系。他经常在心理学专业期刊上的刊发文章。选自 C. R. 加尔里斯特《美国心理学家》(*American Psychologist*),36(4)357-362。1981年版,美国心理学会。再版得到了出版社和作者的同意。

[1] Broad, W. J. Legislating an end to animals in the lab. *Science*, 1980, 208, 575-576. (News and Comment).

在我结束这个导言之前,我希望在某种程度上申明那些用活体动物做实验的生理学家是无罪的,就从他们受到粗暴的指责,并因而彻底遭到反对的地方来开脱他们的罪责。我不能自诩完全能证明他们的行为是合理的,我只是指出大部分指责生理学家的人也应受到同样的指责。例如,难道这些人没有去或从来都不曾去打过猎?爱好运动的人为了他们自己的快活损伤如此多的动物,而且常常是以如此残酷的方式损伤的,他们又怎么会比那些为了传授知识而迫不得已损坏动物的生理学家更人道呢?不管我们假定的那种权利给予动物是否合法,可以肯定的是只有极少数人以各种各样的方式损害那些动物,那些动物由此受到的伤害是最小程度的,是微不足道的;而我们身边的绝大部分动物,我们饲养它们,就是为了杀死它们来满足我们的需求。我几乎难以理解这种看法——为传授知识而杀死它们一定是错误的,而为获取食物而杀死它们却是正确的。

我承认,如果可以在动物之外获得实验对象,那么使动物遭受枉然的痛苦的确很残暴。可在动物之外获得实验对象是不可能的。用活体动物做实验是生理学最伟大的发现之一。活体动物与动物死尸之间的差异迥然不同。最有才华的技工在看了机器运转之后都不能发现这一机器的所有情况,那么最博学的解剖学家又怎能仅仅凭借研究有机体生物的外表来有效地设计像动物身体一样极其复杂的机器呢?要找出其中的秘密,观察动物健康状态下所有功能的同步运转是不够的;最为重要的是研究神经错乱、某类功能或某一功能的影响和中止。这取决于这类器官或某一器官的功能是什么,及其与其他功能的关系的分析,这才构成了用活体动物实验的技能。不过,要在某种程度上精确地做到这一点,考虑到实验中各种状况或意外都会产生的不可确定的或不可两全的结果,成倍地增加被试动物是不可或缺的条件。对于生理实验,我应该充满诱惑地说:*perdenda sunt multa;ut semel ponas bene.*(塞尼加语,译为:耗费多多,产出多多)——这也是慈善机构说过的。②

就我而言,上述引言包含了行为神经学家和反活体解剖者之间的争论中的大部分

---

② Le Gallois,M. *Experiments on the Principle of Life*(N. C. Nancrede & J. G. Nancrede,Trans.)

基本事实和立场。首先让我概述一下我所认为的事实：

1. 实验手术给动物带来了痛苦和悲伤。

2. 研究人员注意到动物的这种痛苦。自 1847 年早些时候发现了乙醚，他们就开始使用麻醉剂来减少或抑制这种痛苦，不管在哪里，这种减轻或防范都不会影响实验的结果。

3. 如果缺少某些实验手术，就无法建立起神经系统与行为之间的关系。

4. 行为神经生物学家做的很多实验，比如普通的科学实验，回想起来可以说是浪费时间，从某种意义上说，他们根本没有证明任何事情，也未产生新的洞见。

5. 从任何大致具有确定性的实验的启发中，无法在事先识别那种浪费时间的实验。在高度不确定性的情况下，这种判断是必然的。正如理论的重大发现所展示的那样，这种不确定性的一个必然结果是，任何试图通过事先评估它们的可能的意义来减少神经行为实验，必然会带来很多的"假反对"，不能消除"假肯定"。也就是说，事先压制神经行为实验会导致否定那些其可能事实上很重要的实验，而允许那些其事实上被证明不重要的实验——这是毫无疑问的，不管事先的评价是如何严格和繁琐……

这五项陈述应被看做这样一个事实：试图以否定这五项中的任一项来推进某种支持或反对活体解剖者的立场，都是以否定其所依赖的整体条件来回避道德问题。研究具体历史案例的学者最为重视这些条件的强制行为。任何一个考虑限制神经行为实验的人都应详尽地分析这一案例，即对脊髓神经的后根和前根分别与感官功能和运动功能有关的发现。

1822 年弗朗科斯·马让迪（Francois Magendie, 1783-1855，法国神经病学家、外科医师，首先证明脊髓神经前根与运动功能有关，脊髓神经后根与感觉功能有关，并描述了脑脊髓液和第四脑室马氏孔。——译者注）发现，在小狗身上，其外围神经的后根和前根在脊髓柱的外面连接，它们能分别作用于相应的安适状况。马让迪曾有一段时间思考了这一问题，即切除一个神经根对于由神经作用的腿的行为或身体的某部分到底会产生什么影响？在他熟悉的其他动物中，神经根系是在脊髓中混合在一起的。只有在打开脊髓后才可以单独切断它们，在人类发现麻醉药之前，要不损坏脊髓而做到这一点是不可能的。在小狗身上发现了神经根系的解剖效应后不久，马让迪就开始打开一只 6—8 周大小的小狗的脊髓，切断神经前根或后根，或两根都切断。在反复多次的实验之后,他发表了包含三页手稿的著名结论:神经后根传递感官信号,而神经前根传递运动信号。③

由于以下原因,马让迪的实验把由神经生物学研究引起的道德问题摆在了格外引人注目的位置,这些原因是:(1)这些实验结果极其重要;(2)实验利用的动物是小狗,实验中必然施行的外科手术使小狗遭受的疼痛是剧烈的,且未经麻醉来使之减轻(麻醉的发现是25年之后的事);(3)这一时期一些领先的神经系统科学家(其中最著名的是英国家剖学家查尔斯·贝尔[Charles Bell])也做了其他类似于此的实验,但没有取得至关重要的发现;(4)由于这些实验迅速走红,有时还在公共场合进行,因此激起了广泛的道德谴责,并推进了19世纪英国的反活体解剖运动。

让我来详细阐述这四个方面的看法。首先,关于结果的重要性,我的阐述不如引文好,这个引文出自格兰菲尔德(Granefield)最近出版的关于贝尔-马让迪在历史上领先性的争论一书中:

> 发现后根和前根就是感觉神经根和运动神经根是生物学史上最重要的发现之一。这一发现的重要性从未受到质疑;正如E.H.艾克坎特(E. H. Ackerknecht)最近对我说的"它可能是继哈维之后生理学史上最重大的单个发现,并且它在实用医学上比哈维的发现有更直接的影响。尤伯格(Romberg)关于神经学的书是此类书籍的第一本,如果缺少了这一发现,这本书的出版是难以想象的。"
>
> 和哈维的比较绝不是无用的,因为正如在哈维的发现之前,心血管系统生理学都是非推理性的一样,在发现脊髓神经根系的不同功能之神经系统生理学也是不遵从严格推理的。它第一个毫不含糊地确定了神经系统的功能定位,并直接使研究脊髓反射成为可能。对脊髓反射的研究在谢林唐(Sherrington)那里达到了顶峰,这一研究引出了整个中枢神经系统生理学的现代概念。④

---

③ Magendie, F. Experiences sur les fonctions die raciness des nerfs rachidien. *Journal de Physiologie Experimentale et Pathologique*, 1822, 2, 276-279.

④ Cranefield, P. F. *The Way In and the Way Out: Francois Magendie, Charles Bell and the Roots of the Spinal Nerves.* Mount Kisco, N. Y. : Futura, 1974, p. xiii.

至于谈到动物遭受的痛苦——可以这么说,这是左右为难的话题——简单地给予论述还是必要的。除了注意到痛苦是令人厌恶的外,这一时期的科学没有办法减轻它们的痛苦;最后,这个原因已经解释过了,即它们所选择的动物是最可能唤起人们同情心的动物——小狗。

第三点,关于那个时期其他领先的神经系统科学家进行的类似的但无定论的实验,需要颇费口舌。这方面的论述很丰富:既体现在对它们的讽刺上,也体现在这个问题的含意上——反活体解剖者的思想感情是否会因为神经系统科学的发展没有受到严重的破坏而有所释然。1811年在一本私下传阅的小册子里⑤,查尔斯·贝尔报告了关于兔子的实验结果,包括切断后根神经或前根神经的结果。这些实验的报告很粗略,结论用语啰唆且含糊不清;但是,就本质而言,贝尔的结论错误地认为,前根神经与自主行为相关,而后根神经与非自主行为相关。贝尔的结论被他的源自其解剖研究的神经系统功能理论引进了错误的方向。在随后出版的著作中,贝尔简略提及了这些结果,以及切断驴颅神经的实验等其他相关的结果;但直到1822年马让迪发表其论文前,他既没有对其含意给予任何明确的阐述,也没有对其给予重视。此后,贝尔和他的学生们立即开始了一场吵吵闹闹、毫无原则但却极为成功的运动——宣称他们领先于马让迪的正确发现。

在这场"战役"中,贝尔提出了或多或少的是自相矛盾的论断。一方面,他不断指责马让迪实验的残忍性,声称马让迪的实验是不必要且适得其反的,正确的结论只要通过解剖学的观察即可获得;另一方面,他又声称他自己早在1811年就做了这一重要实验,而且让马让迪受到启发,通过贝尔的一个学生"复制"了这一实验,这个学生至迟在1821年向马让迪演示了相关的驴颅神经实验。贝尔甚至修改并再版了他早期的著述:"改进"了其中的观点,在这些著述中,更改了的重要段落看起来是要先于马让迪的研究结论。

贝尔的指责以及声称这些实验是不必要的论断,被反活体解剖者加以利用并帮助通过了这样一项法律,这部法律使得这一时期英国的神经行为研究比起美国或欧洲大陆要困难得多。声称活体动物的实验是不必要的言论在今天的反活体解剖者那里得

---

⑤ Bell, C. *Idea of a New Anatomy of the Brain*. London: Strahan & Preston, 1811.

到了回应,他们认为不解剖活体动物而是通过计算机模拟来做神经行为的研究也是可能的。

　　这些主张很荒谬,没有什么比手头的案例能更好地揭示它们的荒唐的了。解剖观察本身只能微小地表明神经根系的功能,除此之外不可能有什么更大的进展。贝尔自己知道,来自活体实验的结果是其优先权声明的核心。没有活体动物实验,他就无法发表声明,这也就是为什么他在1822年之后反复强调他用兔子和驴做的实验。具有讽刺意味的是,贝尔从解剖观察中得出的错误结论在误导他对活体解剖实验的解释中起了不小的作用。如果说解剖观察的作用很小的话,那计算机模拟更是毫无用处。计算机要模拟的是什么呢?你可以使一台计算机的输入线和输出线分开;你也可以使它们缠绕在一起;你甚至还可以同一根线执行两种不同的功能。但是没有一种模型可以告诉你哺乳动物的后根神经和前根神经的具体情况是怎样的。

　　贝尔试图宣称优先权的拙劣故事也表明,建立委员会以事先确定,从特定的实验中获得的结果是否重要得足以超出动物遭受的痛苦,这事是不受欢迎的。贝尔也是他那个年代最重要的神经系统科学家之一。现在回想起来,他的活体解剖实验受到的启发是来自于一种非常普通甚至是含糊隐晦的理论!马让迪也是一位声望很高的科学家,但他没有系统的理论;的确,他质疑并回避了贝尔所青睐的体系构建。马让迪仅仅想知道将会发生什么。在贝尔那里,这一重要的实验仅仅得出了一个模糊的结论,在这方面贝尔本人无足轻重。而在马让迪那里,他的实验得出了一个明确的结论,在那个时代所有领先的神经系统科学家中,他的重要性是鹤立鸡群的。

　　假如贝尔和马让迪同时向某个人道一活体解剖委员会提交了实验方案,请求批准,再假定他们中只有一个能获得通过,很难叫人不相信他们将会批准贝尔的方案而否定马让迪的方案。如果马让迪在1822年向委员会提出批准的申请,而这一委员会恰巧知道1811贝尔的研究工作(假设他们是非同一般的、博学的委员会),那么,毫无疑问他们会拒绝马让迪的申请,理由是这类实验被由一流的研究者员做过了,而且实验结果没多大价值。

　　总而言之,在动物身上进行行为神经生物学研究的实验手术引起的伦理争议必须着手处理以下两个困境:

1. 这些实验会造成动物的疼痛和苦难,这是真的;而同样真实的是,没有这些实验,科学就不能取得进步。

2.大多数动物在神经行为研究过程中遭受的痛苦是毫无价值的,这是真的;而同样真实的是,无法将实验只限定在那些必定产出有价值信息的实验上。

对贝尔—马让迪案例的一番思考使我们明白,为什么说限制利用活体动物进行研究毫无疑问会限制发展我们对神经系统和行为之间关系的理解。因此,持这种限制主张的人必须说服人确信,因为这种限制而流失的这一科学知识的道德价值、多数人的道德价值,以及人类的福利不会超过老鼠所遭受的痛苦。

当我听说这种论证说,动物所遭受的痛苦比起人类理解的进步及随即而来对人类痛苦的减轻在道德上具有更大的优势,我认为这是对我的道德情感的侮辱。比如说,勒·高罗斯(Le Gallois),我很难理解他这样一种说法,即人类使用动物为我们的身体提供食物是对的,但使用动物为我们的思想提供"食物"却是错的。当然,我对人类理解的进步赋予了高尚的道德价值。假设那些认为科学没有道德价值的人对这些会减轻人类的痛苦的观点无动于衷,那么,他们自然不会被我说服。

玛丽·米德格雷*

限制利用动物研究的问题

- 知识的价值是否高过一切？是否可以压倒数量巨大的动物的痛苦和死亡？
- 生物实验中存在着盲目性、重复性、非必要性。
- 对于科学家的"好奇心"的批判，好奇心本身也并非具有压倒一切的价值。

如同在重要的医学研究中的那样，关于我们应怎样处理为了人类的根本利益、生命及肢体而杀死动物的情况，我在这里对此不做评论。相反，我将集中探究这一问题，即我们应该怎样评价所有那些不会影响根本利益的研究。应该为此牺牲什么？更广泛地说，知识本身为了自身的利益，有什么样的理由认为牺牲包括动物在内的任何事物都是合理的？这一主题看起来是一种轻松的选择，但我认为，在我们面对那些棘手、罕见、直接的利害冲突之前，不得不加以妥善处理……

这样，问题就是，在人类价值观的层阶中，知识处于什么地位呢？我们应该为此付出的代价是有限制的吗？来自其他星球的人在领略我们的文明时，会立即明白我们为此付出了高昂的代价。我们中的大多数人也会说：当然有限制，必须确定它与其他价值观相比的应有地位。那么，这种地位是什么呢？

既然我们确实想要将知识置于较高的地位，就让我们从一个极端立场的例子入手吧，它就是乔治·斯坦纳(George Steiner)所做的名叫"真理有未来吗？"的布罗诺夫斯基(Bronowski)报告[①]。在这篇报告中，斯坦纳赞赏，彻底客观地探求理论真理是我们文化的特征之一。他把这种探求与为了方便实用而只是慎重地收集有用的知识相区分。他说，知识压根就没用，甚至还很危险，但只要我们采取真正的客观的态度，那些危险不应该阻止我们去追求知识……

目前，从某种程度上说，这种观点很正确，也很重要。知识的目的就是为了追求知

---

* 玛丽·米德格雷(Mary Midgley)以前在位于泰恩河畔的纽卡斯尔大学教授哲学。她的著作包括《动物和人类》(Harvester Press,1979)和《动物及其问题的原因》(Penguin Books,1983)。

[①] Steiner,G. (1978). "Has truth a future?", *The Listener*,99,42-46.

识本身的利益。但这不是唯一的目的,还有其他方面的目的。什么可以确保我们为了知识的那些其他目的做出无限制的牺牲呢?……

在北欧神话中,奥丁(Odin)对智慧有着正确的看法,当然这只是他个人的看法而已。牺牲了其他人算不上英勇,即使在此并非涉指动物。换个角度说,即使科学家用他们自己做实验也必须避免自杀——如果他们在自己的研究中遇到危险的话,因为皮之不存,毛将焉附?……

现在,这种知识相对论对认识者来说会对无利害知识(disinterested knowledge)的概念产生深刻的影响。当然,探索知识应该避免受到无关紧要的东西比如野心或金钱的诱惑。但它却不能不受利益的影响,从某种意义上说,这里的"利益"是反对无聊和无意义的。有的人不停地计算沙滩上的沙子,收集鹅卵石,称其重量,揣摩这些奇形怪状的鹅卵石出现的相对次数,这只是为了闹着玩,他当然是"为了知识本身的利益而追求"。这样的人能通过斯坦纳大言不惭的对学者的评估:"他的嗜好是纯理论的、不相干的、完全无用的。"然而,这种嗜好是不会让他成为一个学者的。仅有无用性是不够的。这种知识之所以值得追求,不仅仅因为它是各种各样信息的单元。真正的探求是精心选择的。对知识的着魔只会成为它的仆人而不是主人。它的目标不在于不加区别地收集所有存在的事实(即使收集了,数量也是有限制的,事实的数量从来不会因为不收集而放慢增长速度)。它旨在通过寻求对造成明显的生活混乱并成为其基础的各种结构的阐明,使生活变得更易理解。因此,显而易见,探索不能也不应该试图达到完全客观。它不得不直接面对某些问题,而不是其他的东西,而且它应该选择的是那种对人类物种极其重要的问题,这些问题需要理解的东西正是我们迫切需要理解的。我们必须找到那些核心问题,并使之与无关紧要的问题区别开来。

我首先要讨论的是那种知识所具有的价值,因为在我们能够为此要放弃哪些其他有价值的东西之前,这样做是必要的。也许,极少人会愿意支持斯坦纳那极端而浪漫的观点,即关于知识的终极胜利,以及关于在基因工程或比较性智力测试中整个人类将无法解决的某些问题。但是,在支持或反对斯坦纳的两种争论中,我听到人们这样的辩解:正是由于科学家追求的是极端的权力——完全不受干涉和不计后果,因此,人们要专心致志于任何可能遇到的探索。人们发现这种立场是合情合理的,因为他们不假思索地接纳了引导斯坦纳得出疯狂结论的观点——即所有的真理都是平等的且具有不可比拟的价值。当人们思考研究的代价时，不管它是资金、动物的痛苦还是任何其他的资源，人们都倾向于抽象地谈论研究的目标。大家会说，证明这种牺牲的合理性的是科学、发现、研究及知识的进步。人们会反对具体计算必须为这些宏大而抽象的目标而直接付出的代价。人和如此崇高的目标相比，几只老鼠的福利——甚至少数人死于传染病又怎样？但是，我们必须问一问：实际上这有限的探索，其重要性如何？要研究的这个具体问题是核心的问题吗？这个实验是不是最好的或唯一的阐述真理的方式呢？令人恐慌的是，对这些问题的判断取决于习惯，取决于当前研究的流行方法，取决于各种期刊的传统！

如果某一项具体的研究事实上根本不重要，我们应持什么样的态度呢？

不是科学家的民众会对这一问题感到吃惊。他们可能会说，不管人文科学怎么样，难道真正的科学研究不都是很重要的吗？科学家则对此处之泰然。任何一位严谨的科学家都知道，总有大量无关痛痒的研究在进行，不仅是他自己的，也包括其他科学家的。这一点也不惊奇。如果设计的实验被用于证明本身就不重要的假说，或者这些假说虽然很重要但它们的真与假已被充分确证，再或者如果他们实验设计的是无法证明其合理性的基本假定，那么这些实验并不重要。如果实验设计得很糟糕，或者它们证明不了它们想要证明的东西，亦或它们想要证明的东西本身就模糊不清，一种思想不能被它的"生产者"恰当地表述出来，那么这些实验也没什么重要的。要想避免这些祸患很难，并且所需要的技巧也不被科学家的教育所重视。

不幸的是，没有一个单一的、统一实体能称为科学，科学不可避免地要由各种研究工作来进行，并且其成就总是应运于人类。在这里，我们存在一个实实在在的困境。我们要犹豫不决地削减实验。我们发现思考这个问题的本质是，如同密尔在他的《论自由》中所强调的，应当尽可能广泛而频繁地允许扩大每一个重要的、促进生命的活动。当然，这也需要一些限制。此外，关于实验研究的各类活动并不总是蓬勃发展的。例如，美国的癌症研究项目几乎不受资金限制，但并不是全部受到鼓励的。这里存在着大量的浪费和腐败；自然而然地，花费也不仅仅是用金钱的字眼来表达：

> 总审计局也发现，员工、设备和动物的费用由国家癌症研究所买单，但却用于私人活动。结果，埃普利（Eppley）饲养了很多动物，在 1976 年期间大约有 84,300

头,其中50,015头被杀,但并没有一头用于任何研究。然而,直到总审计局介入时,国家癌症研究所还准备对埃普利的饲养设备大幅度地增加拨款。除此之外,总审计局还发现,国家癌症研究所几乎不检查埃普利的饲养情况。

有人可能还会提到互相竞争的公司对药物的复制,提到对毒药的法定测试。任何从事实验研究的科学家在其脑海里都会浮现出他自身领域的这方面的各种案例。所有的研究都会产出知识,但大多数的知识看起来都不值得产出……

我们都赞成的某些问题,比起另一些我们不关心的问题更为重要。大多数人都会这么认为,为了一个完全不重要的问题而导致痛苦是错误的。例如,在美国癌症项目的事例中,当你对授权用动物做实验的结果几乎漠不关心,以至于你对它不屑一顾的时候,它就是不道德的,这似乎是无可争议的。因此,合理性必须依赖于重要性。但是,一个问题的重要性却是由普遍的实验来确定的。这并不是一个孤立的事件,而是会出现许多相关情境中,这是具有长远、广泛影响的某种事情。果真如此,那就可以通过多种方法来测试它的。因此,有关使动物遭受痛苦的方法是唯一的,而且是最好的,由此就可以确定一个问题的重要性,这是不可能的。

这方面的一个明显的例子是利用幼猴所进行的一系列关于孤独的实验,这个实验是由哈利·S.哈洛(Harry S. Harlow)和他的同事从1961年开始的,实验确定在这些幼猴身上存在着强烈而独特的社会倾向性,并且表明在离群索居中这些社会倾向性所遭受的挫折会怎样扭曲猴子的人性,摧毁它们的神智。这些实验起初具有很大的益处,因为它们在打破非现实的行为主义理论的统治中起到了很大部分作用,该理论的影响曾遍及社会科学领域,它把在人类和高等动物身上的社会发展完全归结为外在条件——这曾经是一个很重要的观点。而哈利·S.哈洛揭露出它的一系列错误,它们不仅在理论上而且在实践上都是有害的。这就能自然而然地证明对猴子所做的一切都是合理的吗?要对此做出说明,单有这个研究证明其观点还不够。我们还需要表明,它是证明其观点的最好的或唯一可行的方法。但是,由于这一观点的普遍性和重要性都已得到确证,它不是唯一的方法。粗俗行为主义是一种糟糕的理论,与实践完全格格不入,驳斥它可以有无数的方法。首先需要的似乎是一种在理解方面的进步,一种清楚明了、富有逻辑的论证,以表明这一理论的内在矛盾,并对其基本概念进行批判。

乔姆斯基在指出语言表达的能力是与生俱来之时为此做了印证。除此之外，还需要表明粗浅的行为主义是如何与生活中通常可观察到的事实相抵触。孩童和其他小动物的经历都表明了这一点。但社会科学主义者置此不顾。对自发行为的深入、系统的研究强化了常见的观察，而非暴力实验（这些实验是实际需要的）又丰富了它。许多孩童实验观察家事实上也这么做了，如艾贝尔-艾伯费尔德（Eibl-Eibesfeldt）、波尔比（Bowlby）、布鲁顿-琼斯（Blurton-Jones）。科拉德·劳伦兹（Konrad Lorenz）及其追随者在方法论上解决了观察自发行为所需要的技巧；把这种观察仅仅看做是"奇闻轶事"的观念破灭了，并且行为学家已经充分了解了幼小动物的行为，在这个方面，哈洛及其合作者做出了贡献。不管是对野生动物的深入研究，还是对饲养动物不太严格地的研究，从这些方面得到的信息，都很容易得到增补（这是必要的）。

　　毕竟，某种好奇心是科学研究的合理动机。那么，区分令人憎恶的好奇心的是什么呢？简洁而自然的回答是：总是局限在某些对象，以及对戏剧性情节的偏好。对痛苦和出于私利（这种利益不是作为某些更大利益的一个方面）产生破坏性的好奇心与残忍没什么两样。儿童将飞虫撕个粉碎是名副其实的好奇心，他们这么做的确想知道接下来会发生什么，而且从某种程度上说他们完全是一种客观的态度。使人的好奇心变得不合理是一个值得谈论的话题，而且这方面的例子很多。比如，我可能对你的私生活非常好奇；我可能十分渴望窥读你的私信，窥听你的谈话，测试你的忍痛力，看看你听到伪造的坏消息时的反应，而这一切只是为好奇而好奇，并不希望从中得到任何好处。但是，我有责任控制这种情感。好奇心本身没有给行为开具普遍有效的许可证，寻求刺激的心理只会使事情变得更糟糕，而不是更好。

　　今天，不管是科学家还是普通高校的科研人员对这种观点可能还是感到很吃惊，因为大多数公众在这一问题上的争论目标是要区分应用研究与纯理论研究，并突出纯理论研究。知识分子极力反对商业压力和政治压力，持之以恒地坚持认为知识具有导向性价值、目的性价值，而不仅仅是手段性价值。所以，他们也倾向于认为我们应该追求每一种知识……快乐、宁静、满足和知识一样，都具有自身的目的性价值。但是，那些找到快乐、宁静和满足的人，或者在没完没了地数着鹅卵石，或者在像虐待狂一样工作，这都是很糟糕的选择。除了具有政治风险的探索之外，大量的探索都是毫无意义、毫无价值的，但更为值得注意的是那些仅从主题来看本身就是邪恶的探索。比如，专业的拷问者或许就是受到单纯非利害的好奇心的驱使(尽管其雇主通常不是)。他也许实际上了解生理学和心理学关于压力和忍耐力方面的大量知识,而且在这些方面的知识兴趣才真正是其职业满足感的主要动力。不过,既然这里的好奇心抵制我们认可的任何价值观,我们就要极力谴责他的生活方式。而且,这种谴责不仅仅是针对他的实践上的危险性,还要公开反对他的这种好奇心,反对他专注的方向……

我提到(绝不是空穴来风地提到)这个"邪恶知识"的极端事例只是要彻底澄清对于无意义性、无价值性的讨论(在这个问题上还有很多司空见惯的歪曲)。研究人员通常会受到这种派生争论的某些形式的指责,要公正地指出的是,真正有实践价值和理论价值的各种发现常常是来自各种本身看起来并不重要的偶然探索。这方面的情况很多,但事实证明,问题也多。如果我们所大谈特谈的不是一大堆真正的、具体的、可应用的探索,而是纯粹的、朴素的、盲目侥幸的探索,那么,在不管怎样的任何探索过程中,我们似乎就不应该拒绝或取消任何研究项目。凡事须调查。我们可以简单地抽签决定实验室的空间,或者专注于数鹅卵石,再或者从中选择其相关概念得到充分仔细讨论的项目。如果我们真的是在投机,我们的期望在任何情况下都是一样的。不过,我们不仅仅是在投机。项目中有激烈的竞争,这就必须有优先选择的系统和标准。我们目前正在讨论的就是这方面的原则。

那些派生的争论不能为没有任何意义的研究寻找借口。科学家有时候喜欢过分谦虚地说他们的研究是无用的,当然,如果他们说的只是没有实践上的应用性,这倒是很正常的;但如果说的是缺乏理论上的应用性,这是不可能的。长篇大论地说是正规的,随意表态则不足为信。科学论文的开头和结尾都要讨论这一研究的重要性,它们应该经过极其严密的思考和极其严格的批判。这听起来无可厚非。但实际上,其标准之低令人惊奇。一个显著而非孤立的例子是索密(Suomi)和哈洛的论文"小猴子在耸立房间受到禁闭的消极行为"。[②] 它描述了幼猴在作者称之为"绝望井"中的孤独——那是一个耸立的不锈钢制的房间,小猴被单独关在里面整整45天。可是实验者设计这一特别装置所需要解决的理论问题一直没有清晰地呈现出来。他们最初提及"这些

---

② Suomi, S. and Harlow, H. S. (1972). "Depressive behavior in young monkeys subjected to vertical chamber confinement", *Journal of Comparative and Physiological Psychology*, 80, 11-18.

实验旨在对猴子的抑郁行为的产生和研究",但自始至终他们都把生产而非研究作为他们的中心任务,好像他们是些技师,设计装置来产生某些已被早就意定的事情:

> 这些(早期)的实验表明,耸立房间的装置对类似抑郁的产生具有潜在性,随后进行的研究是进一步研究绝望井在精神病理上产生的影响。

不足为奇的是,这种研究使猴子陷入了不可改变的社交障碍状态,这甚至比我们看到的只是孤独地关在铁笼中受到控制的情况更糟。一旦这些猴子被放出来,它们便出现多种症状,诸如:"独自蜷缩成一团的情形增多,减少了户外运动和寻觅活动,很少与同伴一起活动"——这些症状在单亲婴儿或代理父母的婴儿身上也存在。这在某种程度上也让实验者感到惊奇,他们评论道:"令人困惑的是,某种非社群性控制能明显地产生行为的各种要素,这与某种在自然中显然是社群性控制形成的情形极其相似。"由于这些情况都是被隔离的小灵长目动物对痛苦的典型、普遍的反应及退化的一般症状,人们就会想知道是什么造成这些症状。不过,这些症状既不能完全解释制造了这些症状的假设,也无法修正其他假设。他们根本不清楚动物的社群性本能和其他天性之间的关系。如果实验旨在区分社群性本能和其他本能的退化,就肯定应该把一组猴子放在某种完全的自然环境中——在树林中——而且是单个的,没有同伴;而其他猴子则放在单调乏味的禁闭环境中,有同伴。现在,猴子还是被禁闭(尽管不是之前的禁闭),你可以希望实验者这么来做实验,但他们的结论相当简单——几乎雷同。我把他们的最后一段话引用如下:

> 显然,在生命的早期进行幽室禁闭会在幼猴那里快速有效地产生深刻而持久的抑郁性特征的缺陷。这种特征是否会随具体的情况变化而变化,如房间的大小,禁闭持续的时间,禁闭时的年龄,早期的或是后来的社群环境……仍是需要进一步研究的课题。

任何试图不受人指导,而以自发的好奇心作为最佳指导的人来选择一个研究课题,都可能会落入课题研究的窠臼,惯性运作,就像前述的情况那样……

R.G. 弗雷、希尔·威廉姆·帕顿*

一个关于活体解剖、道德与医学的对话

R.G. 弗雷

我不是反活体解剖者,并且我的理由与绝大多数人的理由基本相同,易言之,活体解剖带来的利益可以证明其合理性。不过,对于那些因此而有志于此的人来说,我不认为活体解剖可以获得广泛的理解。既然医学界许多人也采用这一理由证明动物实验是合理的,我认为讨论这些最重要问题是正常的。医疗行业的人几乎都肯定会认为,这种令人反感的极端行为足以让他们意识到活体解剖的问题,并意识到他们为什么需要采取回避它的某些方法(为了突出这种支持,我将简述一些问题,而避免另一些问题——这些问题在更为深入地讨论活体解剖时是必须加以探究的。我的论述是非专业性的,这对那些了解最近各种论战情况的人来说是再熟悉不过的了,这些论战涉及到功利主义、对待生命,以及彼得·辛格的关于活体解剖的著述——他是卷入这场论战中的功利主义者之一)。

I

我想,大多数人都不是反活体解剖者,因为他们认为某些利益或利益的大小可以证明实验,包括会使动物遭受痛苦的实验都是合理的。但人们并不认同这样一些事情:(1)如把用动物试验某种地板蜡、某种眼影而遭受痛苦当作利益;(2)任何实验不管怎样利用动物,都要以神圣研究的名义;(3)对实验的批评置之不理,把它们都看做是无关紧要、可有可无的意见,或者不过是哲学博士在耍耍嘴皮子而已;(4)不去寻找替代利用动物实验的方案,或者不对那些科学家提出批评——他们在开始实验之前,充其量只是敷衍了事地寻找这样的替代方案;(5)挥霍浪费,只需要用五只兔子就可以

---

* R.G. 弗雷在 Bowling Green State University 教授哲学。他的著述包括《利益和权利:反对利用动物的问题》(Oxford University,1980)。

 希尔·威廉姆·帕顿(Sir William Paton)在药理学领域做出了主要贡献。他的著作《人和老鼠:医学研究中的动物》(Oxford University Press,1984)对这一话题有更深入的探讨。

做的实验却用了二十只;(6)在一些令动物遭受痛苦的实验情形中,根本不长远考虑这种实验预期的利益是否真重要,也不考虑给动物所带来的那种程度的痛苦。

谁受益?有时候是动物,有时候是人和动物都受益;然而这种情况并不多。其实,也许通常都是以动物为实验对象,但却着眼于人类的利益。

一些反活体解剖者似乎拒绝接受这种利益诉求。我想,特别是那些好像是持两种立场的人,他们开始只是反对令动物痛苦的实验,最后却走向了反对动物实验本身。在这种转变的原因中,有两点值得注意:第一,活体解剖者很可能试图减少或消除动物在实验中的痛苦,比如,重新设计实验;放弃部分实验;采取不同的方法进行实验;使用药物和止痛剂(促进新药、止痛剂及遗传基因工程学的发展);在动物产生术后疼痛前进行无痛处理,等等。当然,这一点不是说活体解剖者必须或一定要彻底消除动物的疼痛,而是说如果他已经这么做了,或者某种程度上这么做了,关于动物痛苦的争论将会而且也确实会戛然而止。因而,放弃会产生痛苦的实验很可能不是唯一的或唯一有效的解决动物痛苦的方式。如此一来,就会诱导人们转而谴责动物实验本身,而这样做就立即使得活体解剖者在缓解动物痛苦上所做的努力化为乌有。第二,对于许多反活体解剖者而言可能更重要的是,无数无痛或相对无痛的动物实验每年都在世界各地进行,对此,那些有痛实验的主张已无话可说;而且这些无痛实验(我应该想到过的实验),在数量上远远超过了有痛实验。这样一来,当把这些实验包容在反活体解剖主义之中的话,它又一次诱导人们转而谴责动物实验本身。

当然,上面的论述决不是要否认,反活体解剖者也许想在转向关注其他实验之前首先解决有痛实验的问题;但如果我所谈论的东西是有代表性的,他将会转向其他实验。因为,说到底反活体解剖者所要反对的不止是在把动物当作有痛实验对象,而是把动物当作所有实验的对象。

对于活体解剖者而言,反活体解剖者好像认为没有十分重要的真正利益足以证明无痛实验的合理性,说到底,甚至也没有真正的十分重要的利益足以证明动物实验的合理性。活体解剖者则认为,这种主张不可能受到多数人的欢迎。理由很明显:如果有人揭露说,萨尔克(Salk)疫苗是用猴子做实验的,甚至那些猴子在实验过程中还遭受了痛苦(可能还是剧烈的痛苦),疫苗是通过在猴子的组织里培育的各种病毒而制成的,那么,你对萨尔克疫苗的看法会突然间感到头疼吗?

如果声称所有的动物实验都十分重大、极其重要,那是很愚蠢的;然而,同样愚蠢的是,认为动物实验不会给我们(有时候是给动物)带来任何利益(通常,问题在于一系列的实验——在不同阶段,由不同的人实施——仍能给另外一些人依靠这些实验产生某种利益;正因此,要说出一项具体实验的最终意义总是不容易)。我们知道,有关的人不希望鉴于动物的福利毫无原则地进行动物实验研究——因为动物不完全是另一种设备,可以任意支配,也不希望我们的实验室被关闭——可是除非所有的实验都能利用细菌,或者更普遍地利用非动物对象来进行,否则,实验室就不能关闭。

II

　　我相信,我所描述的这种活体解剖者符合大多数人和反活体解剖主义对动物实验的看法。可以肯定,它代表的只是他们所认为的活体解剖者的最一般的看法;但实际上,它更多显示的是利益诉求在他们思想中所起的核心作用。

　　尽管这一诉求具有非常易懂的特征,但还没有被普遍的接受,不过,这一特征却对医疗行业具有影响。迈克尔·W. 福克斯(Michael W. Fox),这位长期致力于动物福利运动的成员公开表示反对反活体解剖主义①:"某些反活体解剖者没有用动物做过研究。这是狭隘的也是不现实的看法,因为在许多情况中用动物做研究是测试新疫苗或新药物的唯一途径,这些新疫苗和新药物可能挽救许多生命,包括人的和动物的。通常,这些经测试的药物能够治疗或缓解人和动物的疾病。"如果福克斯举了这样一个例子——疫苗只对人有益处,但却在动物身上实验,而且实验只会对动物造成痛苦,那么,他就对自己和广大活体解剖者提出了一个更苛刻的考验,而他对此只是一带而过。重要的是,福克斯完全错误地假定:要实验疫苗而又获得益处,唯一不可替代的是在动物身上进行实验;当然,它也可以在人身上进行。除了利益诉求可排除这一点,绝对没有任何东西可以做到了;就这种诉求而言,如果保证了利益,就许可了在动物身上进行有痛实验,同样,也可以在人身上进行,因为两种方式都能保证利益。此外,我们不应该忘记我们已有强有力的理由进行人体实验:通常我们在动物身上的实验目的在于使

---

① Fox, M. *Returning to Eden: animal rights and human obligations*. New York: Viking Press. 1980:116

人受益；如果我们想发现某些物质对人的影响，我们就应该在人身上实验，这才是完全合理的。人体实验不容易出错，也不容易受人与动物差别的影响，可这种推断是否正确日益受到怀疑（发生在糖精上的争议就是这方面的案例）。在某些情况下，这样的推断是非常危险的；我能说出很多案例：某种物质在动物那里远没有在人那里更有显著效果（我曾听说反应停，而且也用它做过实验，是这方面的例证）。

我说的是，如果有人要阻止以利益诉求来证明在人身上进行有痛实验的合理性，那么，他依靠利益诉求以证明在动物身上进行有痛实验的合理性，还需要拿出更多的论据。具体来说，他需要一些理由来区分人和动物，以表明为什么我们在实验室里对动物所做的一切做在人身上就不合理。

在这个方面，会有很多东西要说（动物不会感到疼痛的论断不能算是其中之一，因为我们说的实验是无疼痛的实验），但我对此无话可说。因此，我提议把话题转换到我所认为的依靠反思而广泛坚信的理由上来，即允许利益诉求应用于动物，而不允许应用于人类的情况。很简单，人们会说：人的生命比动物的生命更有价值。这方面的主张，不仅已经得到广泛的思考，而且甚至像哲学家彼得·辛格这样的动物解放论的虔诚守护者也接受了。②

这种更高价值的根源是什么呢？对某些人来说，它可能来自于他们的宗教信仰；但对不断增长的非信教者来说（我姑且认定这包括某些医疗工作者及其他人在内），这种宗教诉求是无法获得的。我自己也没有宗教信仰，我不能诚心诚意地相信：人类有灵魂而动物没有；人类被授权统治地球上的动物；人类的生命是神圣的、圣洁的，而动物的生命则没有类似的神圣性，或者只有逊色的神圣性，等等。那么，还能剩下什么呢？也许有人试图求助建立在非宗教基础上的尊重生命的原则；但是，显而易见，这样一种原则不是把人类生命所具有的更高价值转让给动物生命，而是要求我们尊重生命或尊重生物本身。因此，一个采纳利益诉求、接受尊重生命观点的人仍然没有理由认为，利益只能通过动物实验，而不能通过人的实验来获得。

最后，尽管各种各样的论据必须首先加以处理，但我想，那些认为人的生命比动物的生命更有价值的非信教者会发现自己不得不回到我们纷繁复杂的生活构成上去寻

---

② Singer, *Animal Liberation*. London: Jonathan Cape, 1976.

找那种价值的根源。我所说的意思是这样的:如果我们反问自己,是什么使得我们的生活有价值? 我想,我们都会以各种各样的快乐来回答,如友谊、饮食、欣赏音乐、参加运动、获得工作满足、阅读书籍、享受美丽的夏日、结婚、分享经验、性、照看孩子并帮助他们成长、在追求我们高度肯定的目标中解决了复杂的实际问题及理论问题,等等。在这些拉拉杂杂的事情中,有些活动是我们和动物都有的,然而我们的生活构成是纷繁复杂的,而且具有动物所没有的多维性。当我们在这方面思考动物所没有的多维性时,我们自然而然就会因为我们的生命中所包含的丰富性的诸多可能性而把我们生命的价值放得更高。

这种思考方式很常见;我相信,诸多非信教者就是这么认为人的生命具有更高价值的。然而,应该很明显的是,那些以这种方式思考的人最后必须面对一个不可否认的事实:并不是所有人的生活都具有同样的丰富性或获得丰富性的机会(当然也包括婴儿,但大多数人似乎都愿意把婴儿看做是正在过着日子的生命,是具有与丰富性相关潜质的生命)。一些人过着我们甚至都不希望我们最仇恨的敌人过着的某种生活质量,其中一些人不能获得普通人生活的丰富性的机会。如果我们把无法恢复的痴呆患者看做是活着的人的最低生活质量,我们就必须面对这样一个事实:许多人过着一种比普通人质量更为低下的生活。我们能够想象无数这样的情况——生活没有丰富性,获得丰富性的范围和丰富性的潜质匮乏短缺,如那些脊裂儿童、非常非常严重的智障者。

如果我们面对的事实是,并不是所有人的生命都具有相同的质量,也并不是所有人的生命都具有相同的丰富性或获得丰富性的相同机会。如果我们从这些方面去思考生命的价值,看来我们不得不做出的结论是:并不是所有的生命都有相同的价值。因而,使用这个结论的话,有待重新修改福克斯疫苗案例的思路就是这样的,我们应该在动物身上试验疫苗也不是那么理所当然的。因为相对于在普通、健康而又具有合理的、高质量生命的动物身上试验疫苗,也可以做出另外一种选择——在那些生活质量极其低下甚至不如健康动物的人身上进行实验。对于前一个选择,在思想观念中我们能够接受大量的试验在健壮的动物身上进行的做法,我们应该就有某种理由在我们所说的人身上试验疫苗;对于后一个选择,我们会再次发现我们还需要某种理由来证明在动物身上试验疫苗而不该在人身上试验的合理性。

III

那么，我们何去何从？如果我们不在人身上试验疫苗，那么我们需要怎样合理地证明在动物身上而非人身上进行试验？如果我们声称找到了人类生命具有更高价值的理由，那么我们就必须掂量这样的情况：人类的生命价值与其质量联系在一起，并随其变化而变化；而这也适合于动物，一些动物拥有高质量的生命胜过了一些人，而一些人具有低下的生活质量几近于一些动物。不管是哪个方面，都使我们应该在动物身上实验疫苗的理由变得模糊不清了。

因此，为了使之清晰起来，实际上我们所需要思考以下问题的某些理由——一个人的生命，不管他是多么地缺乏获得丰富性(enrichment)的机会，不管他的生活质量是多么地低下，他的价值都比动物的生命更高，而不管这只动物的丰富性有多少，它的生命质量有多高(请记住，那些非信教者无论如何都想要弄清楚这个问题)。我自己感到没有什么可以满足这一需要；也没有什么能使我说：一个人的生命质量——不管它多么低，都比一只动物的生命质量(不管它多么高)，都更有价值。也许有些读者认为他们可以解释这个问题，当然，我愿洗耳恭听。

在缺乏满足上述需要的情况下，我们如果采用利益诉求，既无法证明有痛人体实验的合理性，也不能证明有痛动物实验是合理的。我们似乎还有两条退路。其一，我们如不能证明人体实验是合理性的，也不能证明动物实验是合理的，我们正好据此重新审视所有的有痛动物实验。不过我认为，反活体解剖主义比大多数人要求的更强悍：依我看，如果你完全认可利益诉求，又不是宗教信徒，你避开它唯一方式，要么是你的言下之意认可了不管什么质量的人类生命都比任何生命质量的动物生命具有更高的价值，要么是宽允在生命质量低于或近于动物的人身上进行的实验。如果你的看法和我一样，并且你又没有找到满足上述需要的方法，那么摆在你面前的选择要么就是活体解剖主义，要么就是宽恕人体实验。另一条退路，如果我们无法证明有痛人体实验的不合理而有痛动物实验合理的，那我们就同意某些人体实验。换句话说，如果摆在我们面前的选择是反活体解剖主义还是同意人体实验，我们可能说服自己欣然接受反活体解剖主义吗？细想一下，我们会发现，我们关注这方面的全部问题是因为我们强烈地相信某些利益或利益的大小能够证明有痛动物实验的合理性。如果我们选择反活体解剖主义,我们很可能失去通过活体解剖可获得的许多利益,即使我们有时承认(而且必须承认)不是每一次实验都会产生一个萨尔科疫苗,但这确实还是一个严重的损失。当然,如果我们过去不得不放弃了通过活体解剖可获得的利益(这些利益正是目前我们享有的活体解剖的成果),那么,也许我们在过去就已经造成了严重损失。科学研究和技术变革已经完全改变了人类的境况,这偶尔也会以相当骇人的方式来完成,但主要是以令大多数人欣慰的、典型的方式来完成的,然而,却极少有人会真正积极地看待这些利益,特别是医学研究给予我们的利益,而在总体上这些利益都极其可能涉及到活体解剖。因此,如果我们倾向于利益诉求的取向,特别是,如果利益诉求指的是许多在健康等严肃问题上进行的严肃研究要么必须暂时中止(直到为全部的实验找到合适的、可选择的实验对象),要么必须完全中止(如果找不到这样的实验对象的话),我们会发现我们不可能选择反活体解剖主义。

这样,我们剩下的就只有人体实验了。我想,这是我将怎么选择都不会兴高采烈并极不情愿的事,但是,如果这是我们拥有利益诉求、享用这种诉求带来的利益所必须付出的代价,那么,我认为这是必须的。

我完全能意识到,大多数人,包括大多数医疗工作者都会认为我的选择令人深恶痛绝,不难看出在他们眼中我看起来是怎样一个恶魔。但是,我还是我,不会始为恶魔终于丑恶,而是因为我根本不可能相信,任何事情都可以强行赋予人的任何质量的生命都比动物的任何质量的生命具有更高价值。有些人由此可能会认为:这表明我需要某些宗教信仰——假如这些宗教信仰或其他的东西能让我声称任何人的生命都比动物具有更高的价值。除了赞成宗教信仰看起来是个相当奇怪的理由的情况之外(比如,相信上帝的存在,相信上帝对我们的恩宠是为了避免用人做实验),其他的有关这些信仰的问题,比如它们的正确性、真实性的依据及传播的依据,我都会认为我无法说服我自己需要我们所说的信仰。

然而,即使我们都接受我们会允许人体实验的看法,那么目前是否真的没有什么可资引证以阻止这种实验呢?我想,我所能列举的就是这种实验的可能的意外后果:大多数人受到伤害,社会陷入骚乱,医院和研究中心受到猛烈攻击,医患关系可能受到无可挽回的影响,等等(随便一个人都可以轻而易举罗列这样一串例子)。在做出是否真的要进行这种实验的决定上,像这样的考虑是非常有力量的,而且这些意外后果必须加以认真权衡。也许这些意外后果确实很有分量,以至于我们不能进行这种实验;当然,这是可能的。

但是,我所说的人体实验的严重的意外后果是"我所能列举的",在目前的语境中,它的含意是:它是一种完全意外的事件,不管其是否真的会发生,而且通过各种努力,如教育、不厌其烦地阐述这种实验为什么必须得到保证、贯彻、当然还可以声称我们无力表明人的生命总是比动物的生命具有更高价值,等等,最终可以防止它们的发生,消除其影响。诸如侮辱、伤害医患关系之类的事情可能受到了教育、信息、慎重解释等方面的影响,正是因为这些措施,那些想通过呼吁意外后果来反对人体实验的人失去了说辞。因此,在做出是否真正进行人体实验的决定上,我没有淡化意外后果的严重性,我只是提醒一点:意外后果不可能彻底阻止这种实验,除非在为缓解或消除这些意外后果付出任何一种或全部努力之后,它们能还残存下来。

希尔·威廉姆·帕顿:对弗雷的一个回应

为了对此做出评论,我最好先总结弗雷博士那耐人寻味且新颖的论证的要点:(1)证明普遍接受的动物实验是合理的一个主要理由是利益即成果。(2)有些人拒绝这个正当理由,最初是因为这一利益取向没有证明动物遭受的痛苦是合理的;但当注意到那些实验可能是无痛的或采取了各种步骤减轻痛苦之后,拒绝动物实验的真正理由便暴露出来,于是这些人转而声称利用动物实验以达到那些目的是绝对错误的。(3)在这方面争辩的那些人将甘愿承认利益的损失。(4)但是,有必要损失这些利益吗?为了保住这些利益,为什么不愿意拿人去做那些实验呢?(5)如果说要反对人比动物具有更高价值的观点,从什么方面说是这样的?(6)弗雷博士既不相信"灵魂"也不接受人的"统治",并且他只能把"获取丰富性的能力"作为人格特征的恰当定义。(7)他认为这个标准并不能把人和动物区别开来;举例来说,他总结道,某些动物会比某些人(比如,非常非常严重的智障者或脊椎裂儿童)具有更多这面的能力。(8)因而他认可(极不情愿地认可)在适当的预防措施下,人体实验应被允许,以保留相关的利益。(9)承认这类实验的意外后果(社会公愤,伤害医患关系等)可能会阻止这类实验,但它们的发生是"完全意外"的事件,并且不会否定人体实验的一般原则。

弗雷博士究竟是自己坚持这些被表达出来的主张,还是只不过把它们拿出来以供讨论,这一点总是不明确。在后一种意义上,以下的任何观点都谈到了弗雷博士碰巧所表达的东西,不过可能不是他真实的观点。

在进入讨论人体实验的具体问题之前,先把两个基本方面提出来。第一个是有关论证的方法。这是个陈旧的做法:他先是回顾了一些遭遇(包括其他人的看法的遭遇,调查报告,令人遗憾的传闻,有关实验的成果——反应停、糖精,动物的生命遭遇及有生理缺陷人的生命遭遇);然后从中概括出具体的观点,这些观点随后成为讨论的主旨。有时候,一个很简单的例子(如,院里的树木,或红灯路口的视觉体验)就足以提炼出这一类的主张。这是一个不值置辞、平淡无奇的论证方式。随着重新进入经验领域,问题就出现了。这一主张也许会与其他方面相结合得出更多的主张。这里有一个这样的结论:"不可能说,一个人的生命质量(不管它多么低),都比一只动物的生命质量(不管它多么高),都更有价值。"(弗雷博士没有说得这么直率,而只是讲没有什么能够使他这样说。然而,我相信他不仅仅是希望阐述他自己的心态,而且希望这一主张得到普遍思考。)这一主张的作用何在?我不了解。它明确假定,人和动物的生命都是有标准的,并且明确把一方更低的一端与另一方更高的一端做出比较;不过它并没有给出这个标准适用的范围(是否存在范围)。即使给出了尺度,但却将一个无脑畸形的胎儿和一只讨人喜欢的牧羊犬做出比较(人们对此做出自己的决定),所讨论都是一些极端的情形。接下来是什么呢?很少人会接受因为某个特定动物的生命比某个特定人的生命更有价值,所以动物的生命比人的生命更有价值。在对这一类特殊情形(这是其普遍性主张的由来之处)刻板的重复中,这个普遍性的主张就这样论证结束了。

这与另一个基本观点有关,连贯性造成的常见的哲学混乱。在通篇论证中,弗雷博士没有找到一个区分人和动物的"维度"——如果能分辨人不同于动物之处也就能分辨明与暗、酸与甜、运动与静止。然而,这并不妨碍(比如说)明确指出明亮的工厂和高效的暗室、出色的食谱以及测量速度。在"生物的标准"中,连贯性的观念由来已久且很有说服力。确实,各个物种都代表着不相关联的阶段,但在每一个物种内,就在相邻的两个物种之间任选的特征而言,渐变就这样使得这种绝对界限模糊不清了。弗雷博士本可以说得更远些,并继续补充道:在这个标准的任何一点上——从无生命的细菌、原生动物、蔬菜、昆虫、动物到有生命的人——还没有人总结出任何具有逻辑性、严格性的区分原则——不管是否考虑到了繁殖、复杂性、敏感性、合目的性的依据和感觉力。甚至吗啡也能使蚂蚁产生反应。但是,对连贯性的认识并没有妨碍他做出"可操作"区分的结论。

　　这就将我们带进了一个具体问题的讨论：这种可操作的区分能否在人和动物之间推断出来，特别是这种区分能与哪一种"价值"联系起来。弗雷博士提供的最有力的选项是"自我丰富性"（self-enrichment）——这主要被解释为获得丰富性经历的能力。但他不得不拒绝把它作为人与动物的差别，因为他认为一个非常非常严重的智障者或脊椎裂儿童获得丰富性的能力比一只健康动物的还差。当前的道德哲学认为"获得丰富性的能力"应当作为人类活动中最有力的价值指标加以发展。在这样的情景中，人们不能期望其他的指标比如获得善良、利他、责任或宽容等能力得到许可。但人们不需要求助于它们。有一个方面是人类在不断增长且使之与动物远离开来——通过口头表达、特别是书面表达和文字印制积累自身经验的能力。这意味着后代的发展是建立在前辈的成就之上的，不是越来越相似（而水晶、蚁冢或珊瑚礁却总是一样的），而是不断地改造前辈所取得的成果。拉斯科岩洞的遗迹成就了文艺复兴，毕达哥拉斯的乐音学最后发展为巴赫的赋格曲，阿基米得方法的衰弱在17世纪变形为微积分，成了今天中学生的普通数学考试内容。人类对自然的驾驭力，最初只能维持生存，而现在是如此之大以至引发了其深沉的责任感和对意义及目的的深刻思考。人类的这种能力并不是只能与完全健康的"正常人"联系在一起。人类的很多成就也要归功于畸形的、不健康的人，归功于癫痫病患者和精神失常的人；然而，也许只有那些熟悉有生理缺陷的人才知道，成就不限于天资聪慧，也能渗透到个人与社会关系的方方面面（这也是医学上的观点，即人们不能认为一个残疾人就是永久的残疾；白痴常常是严重残疾的突出例子，据说在1890年还无法康复，但到1900年却可以治愈了。苯丙酮酸尿症［一种先天性代谢异常病——译者］提供了更多的最新例证）。

　　如果我们认为人类能够积累其经验（不仅是积累其他人的经验，而且可以积累动物的经验），那么，对这一争论会有怎样的影响呢？我们没有必要去争辩是否已经找到区分人与动物的绝对界限。确实，某些遗迹显示（尽管还没有定论），高等灵长目动物具有建构语言和形成抽象思维的能力，尽管很难看到它们使用这些能力取得进步性累积的证据，但我们所需要的是，先要认识到人和动物之间的定性差别十分重大，这样就可以接受它们在实际上的定量差别。对我来说，不管这里的原因是否阐述清楚了，这个观点就是普遍共识。不管是回顾过去还是展望未来，积累的能力都是一种品质，是一种与价值联系在一起的品质，也是一种看起来超越于个人以满足他人需要的价值。这是我对开篇总结的弗雷博士的第(5)问题的回答和对第(6)、第(7)问题的驳斥，而第(8)、第(9)问题随即不攻自破。

有的人可能会就此打住，但弗雷博士的论文可没有到此为止——不知情的读者或许会认为，从他的论文来看迄今为止人体实验还没有进行过。现在，人们能够通过三种方法辨认此类实验：(1)一个就是上面所说的，我们对人赋予了比动物更高的价值；这不能阻止人体实验，而只是给出另一个有效的方案供人选择。(2)与之相反的一个就是认为人和动物具有同等价值。同样，这也不能阻止人体实验。这个问题反而变成了是选择动物还是选择人进行实验的问题，想必只能通过实际的标准，比如科学的适应性(像人这么大的动物会需要更大的实验装置)、花费和可用性等来作出选择。可用性是个耐人寻味的问题；它必然会使"用部分人做实验对象"的提议获得同意。但人们怎样才能征得动物的同意呢？人不可能代替动物说话，因为那样的话就否定了"人—动物价值同等"的假设。这一问题表明，人们对于人与动物关系的看法具有核心地位。(3)介于上述二者之间的看法，这一点看起来也是弗雷博士的立场——好像认为人和动物间有不同的价值标准，但它们也有重合的地方。因而，贝多芬比老鼠更有价值，但是一只健康的"高级"动物比严重残疾的人更有价值。这个问题的含意没有得到解决；然而，如此算计，好像就是要使专门利用有病的、有缺陷的人作为实验对象的做法合法化一样。我怀疑这就是他的目的所在。

也许，更重要的是搞清楚有多少人体实验已经实施了或正在实施。我不相信，如果弗雷博士充分查阅了早期的医疗文献，咨询过医学科学家，还会写出那样的东西。尽管还没有成文的历史记录，但人体实验已有悠久的、"荣耀的"历史，有的非常特别：对人体的加速效应实验催生了弹射座椅，而氧气中毒、高压、二氧化碳中毒、潜函病(减压病)的实验使得潜水更安全；有的则用于帮助提高对疾病的理解：心脏病学家首先在自己身上实验心脏导管，在自己身上做箭毒处理，通过局部麻醉或神经切割或血管阻塞从而加快治疗神经系统的问题。这样的例子很多发生在药物学的研究中：早期代谢的实验，预备试验(pilot study)对剂量标准的研究，行为机制的分析。不像动物实验那样需要许可证，人体实验没有年度数量反馈，而且没有政府部门去做统计。所以要估计其数目并不容易。但是，《英国临床药物学杂志》(*the British Journal of Clinical*

Pharmacology）月刊一期的有一个单元问题给出过一些标示，其中包括 20 篇论文，涵盖了以正常人为对象（包括年轻人和老年人）的 124 项实验和 99 项以病人为对象的实验。这个数字还可以相应增加，有人很可能就会怀疑，比起现在已经进行的实验，人体实验的范围是否会更大。

然而，弗雷博士的论证还引起了其他问题。人们很有可能认为，如果在人和动物之间不能确定差别，那么也不能在动物世界和植物世界确定差别。因此，当一个人轻蔑地看着食虫植物茅膏菜对太阳、雨水和土壤营养素的积极反应以及对化学物质的强烈敏感，注视着它悠闲地卷起一片叶子然后把抓在它茸毛上的虫子吃掉时，有人会问："有谁能说这一植物通过其经历所获得的丰富性会少于一头正在吞食雄鹿的狮子，或少于正在享受晚餐的人？"不过，我在这里只是再一次强调人们对于人和其他生物关系的观点所具有的重要性。然而，这些不是动物实验争论的中心问题。实际上，我认为最重要的问题是：要对实验的科学价值、所获得的知识或利益、涉及到的（如果有的话）痛苦做出评估，以及如何来平衡这些方面。这完全是一个道德难题，也是科学家和社会其他人员在面对消除无知、减轻痛苦这个人类的崇高任务时与生俱来的责任问题。

R.G. 弗雷的回答

帕顿教授要让我们相信，人的能力是通过口头表达、书面表达和文字印制来积累其经验，以赋予他的生命具有更高的价值；不过，这一概括不会有助于解决我所提出的问题。

医学家从事重要研究需要做视网膜实验，这一实验最终会导致视力丧失，而且这还不是以偶然的方式导致的；他也许会使用完全健康的兔子的视网膜或严重智障的人的视网膜进行研究。把这个问题换成不那么遮遮掩掩的话来说，科学家会把兔子或人弄瞎。在这种情况下，如何做出选择呢？想必帕顿教授会指向人，并指出人是一种通过积累经验，从而有能力在许多活动领域获得重大进步的物种。然而，这一现实究竟如何才能帮助摆在我们面前的情况？这些智障人中同样有可能培育出贝多芬、莫扎特和舒伯特等一类人，但却没有办法使他们成为作曲家或给他们的生命赋予任何价值。因此，我们这一物种已经有能力创造想象中的伟大奇迹，这一情况又究竟怎么才能帮助解决那些智障人不能创造任何这种奇迹的问题呢？帕顿教授写道："很少人会接受因为某个特定动物的生命比某个特定人的生命更有价值，所以动物的生命比人的生命更有价值。"当然不会接受,我也不会提出如此荒唐的事情。然而,被科学家所使用的人,不是完全健全的人,而是有严重缺陷的人,是这种适合做研究对象的人(当然,他们得有眼球)。显然,帕顿教授对我们所讨论的不能在人身上进行实验的问题没有给出任何理由;因为(在此再次重复一下)只凭我的同类可以培养出一个贝多芬的事实本身不能使我的生命比那样一只老鼠更有价值。

帕顿教授有一个观点认为:我们必须获得人体实验的对象的同意,但无法获得动物的同意;我本来就认为他在这一点上喋喋不休是不明智的。动物也许不会同意,但这似乎不会妨碍帕顿教授使用它们作为实验对象;同时,尽管谈论获得严重智障人的同意没有任何意义,但我想他也许会因为把他们作为实验对象导致他们的失明而退却吧。为什么呢?是什么使得帕顿教授在使用严重智障人的情况下犹豫不决而在使用兔子的情形下却勇往直前呢?我抖胆猜测:他在直觉上认可人的生命比动物的更有价值,即使是在夸夸其谈我们的能力和成就是不相称的时候,了解一下他如何证明这一直觉的合理性的还是很耐人寻味的。

帕顿教授谈到了我听信传闻,我没有参考医学报告,我使得人们以为好像以前没有以做过人体实验;不错,这是他指责我的一个漏洞。但我能够指出大量的例子——眼睛健全的兔子却在实验的过程中被故意弄瞎了;我倒要问问他,是否可以指出一个以人为实验对象的例子——这个人视力完好却被医学实验人员故意弄瞎了。如果可以,就请他说出这个人的名字来;如果不能,他反过来就应受到未能理解我的观点的指责。读者将会明鉴,这个观点是:我们不会用有缺陷的人进行实验,眼下我们在实验室所做的这类实验使用的都是十分健康的动物。我所关心的是我们不会这么做的原因在哪里。如果其原因是人的生命比动物的生命具有更高的价值,那么,我们必须准备面对现实,至少是在这个基础上我认为:(1)不是所有人的生命都具有相同的价值,(2)某些人的生命价值是如此之低,以至于还不如某些动物的生命价值。

第八部分
对待野生动物

保罗和安·埃尔利希[*]

灭绝

  旅鸽(Passenger Pigeon)(善于长距离飞行,由于人类猎取食用已遭灭绝,19 世纪初曾有亿万只旅鸽栖息于北美东部——译者注)是一种令人着迷的生物。一只背部暗蓝灰色、胸部深粉色的可爱的、体态优美的鸽子,不会像鸽子那样"咕咕"叫,但是却能够发出"尖叫、啁啾声和咯咯的叫声"[①]。旅鸽久负盛名的是它的数量庞大,它可能是曾经存在过的数量最多的鸟。奥杜邦(Audubon)曾观察到一群正在头顶飞过的旅鸽足足飞了三天。他估计旅鸽有时以每小时 3 亿只飞过。大群飞过时,六英里以外都能听见翅膀的拍打声[②]。和奥杜邦一起创立美国鸟类学的亚历山大·威尔逊(Alexander Wilson)估计另一群每小时有 2 亿只飞过。鸽子在大约 40 英里长、几英里宽的狭长地方筑巢。它们降落在自己喜欢的栖息地,堆起几英尺高,吃掉了当地所有的草和灌木丛,最终吃掉了所有的树。

  这些鸟在整个北美洲的东部都可以看到。它们在那儿吃森林中树木的果实,特别是橡树果和山毛榉坚果。它们成群行动的原因还不确定。或许,这可能会帮助它们寻觅食物,也可能是防御天敌。

  尽管如此,美国早期的定居者把旅鸽作为他们的食物并不难。它们筑巢的地方实在太拥挤,以致于成年旅鸽总是受伤或死亡,而稚嫩的雏鸟则被挤出鸟巢。这就迫使它们离开群体自己去觅食。然而,随着人口的增加,有两件事情开始发生:一是铁路铺向荒野,为市场捕猎者把旅鸽运输到像纽约这样的中心城市进行交易开辟了道路;二是旅鸽筑巢的大橡树和山毛榉树开始被砍伐殆尽。

  市场捕猎者设计了大量猎杀旅鸽的各种天才方法:在旅鸽栖息地下面烧草或硫磺

---

[*] 保罗(Paul)和安·埃尔利希(Anne Ehrlich)两人都是驯养方面的生物学家。在他们的许多合著中,有一本是《生态科学:人口·资源·环境》(W. H. W. H. Freeman,1997 年)。

[①] W. Craig, "The expression of emotion in the pigeons. III. The Passenger Pigeon (*Ectopistes migratirius* Linn)," Aug 28:408,1911.

[②] I. L. Brisbin, "The Passenger Pigeon:A Study in Extinction," *Modern Game Breeding* 4:3-20,1968.

使它们窒息;给它们吃酒精浸泡过的谷物,把它们醉晕死了再捡拾;用长棍劈打;用鸟枪击毙;用网捕捉(再用钳子把它们的头夹碎)。一个有独创性的捕猎装置就是把一两只引诱的旅鸽,缝上眼睛,使之紧闭,绑在一根栖木上,美其名曰"诱捕野鸟"。"诱捕"(stool pigeon)因此而进入了我们的语言。

于是,旅鸽以惊人的速度在死亡。美国内战以后,千百万只旅鸽从中西部运抵纽约——数量多得只好把活旅鸽用作许多射击场的活靶子。不过,那时还有大群的旅鸽从沿海各州被带走,到了 19 世纪 80 年代,各地都有了旅鸽。1878 年,一个捕猎者从密歇根州——这个旅鸽的最后一个大本营运走了三百多万只旅鸽。11 年后,在密歇根州只剩下最后一只旅鸽,而这只被捕获的、名叫玛西雅(Martha)的旅鸽 1914 年死于辛辛那提动物园③。

经济价值的消失是生态灭绝的先兆。最后一批在荒野中的旅鸽不是被猎杀的,而是大群的同伴被运走之后,它们便变得毫无商业价值了。即使美国东部仍然有大面积的可供旅鸽栖息的森林,然而,旅鸽要存活,很明显有必要形成庞大种群的能力。当旅鸽的种群规模太小时,就不能维持足够大的繁殖群体、无法筑巢、无法同系交配,并且由掠夺行为导致的死亡率一定会加剧,这就会把这个物种推向灭绝。④

旅鸽的命运非常清晰地揭示了庞大的数量并不能保证一个物种的安全。在适当的条件下,物种会以惊人的速度由超级庞大走向灭绝。另一个例子是美洲野牛(不准确地被叫做野牛)的命运。美洲野牛大都生活在美国东部,在中世纪有时被认为是一个独立的种群,俄勒冈州的一个种群,19 世纪 30 年代早期因狩猎而灭绝。而北方的森林野牛仍然相对大量地生活于阿尔伯达和加拿大西北部的森林中。

草原上野牛的数量多得令人难以置信。大量的野牛使各个平原变得黑乎乎的,估计有 3 亿到 4 亿头。它们清楚地表明,面对技术娴熟的猎人,庞大的动物群中至少有一部分还能够生存繁衍。美洲土著人直到从西班牙人那里得到马以后才开始利用野牛。越往后,一些部落开始靠毛发浓密而粗糙的野兽来支撑它们的经济——以肉为

---

③ 关于旅鸽,主要参考了 Brisbin, op. cit., and Tim Halliday, *Vanishing Birds: Their Natural and Consercation*, Holt, Rinehart, and Winston, New York, 1978. Halliday 写得很美,阐述得很清楚,而且是很好的文献。

④ T. Halliday, "The Extinction of the Passenger Pigeon *Ectopistes migratorius* and its relevance to contemporary conservation," *Biological Conservation* 17:157-162, 1980.

食,多样化利用兽皮。但是,他们没有使野牛明显减少,看起来他们每年利用的野牛的数量没有超过它们每年的繁殖量。⑤

19世纪60年代,欧洲殖民者的到来,特别是铁路的修通标志着野牛被屠戮的开始。职业猎人捕杀野牛主要是要它们的舌头和毛皮,留下畜体自己去腐烂。后来,一些人把平原都变白了的牛骨收集起来,运到东部作肥料。1870年到1875年之间,每年可能有250万头野牛被白人猎人捕杀;1883年,最后一个重要的野牛群遭到杀戮,可能有10000头。到20世纪初,大约只剩下500头平原野牛,最终它们受到了法律的保护。

野牛比旅鸽幸运得多——它们从灭绝的边缘被挽救回来了。如今,在北美大概有25000头野牛,散布在各大公园里以及私人牧场里,而在荒野中已经没有草原野牛存在了。人类可能也是幸运的。现在,加利福尼亚的一个牧场主已经在饲养黄牛和北美野牛之间做了大量杂交。这些杂种被叫做"皮弗娄牛"(beefalo)(一种由肉用黄牛与北美野牛杂交而成的肉用牛——译者注),据报道这种牛肉吃起来味道很好,比黄牛肉更瘦,产量更大。皮弗娄牛比黄牛更容易喂养,长得更快,不需要谷物饲养。如果皮弗娄牛能够被人们所接受的话,最好是它能够使牛肉变得更便宜、更健康、脂肪含量更少;但至少,它能够丰富人们盘中餐的种类。⑥

与食俱来的危险

如今,陆地上的各种野生动物仍然被人们猎杀用作食物,就像海里的鲸和鱼被人们捕杀一样。宾夕法尼亚州的猎人捕鹿、纳米比亚的丛林居民追寻瞪羚、中国西部猎杀中国巨型火蜥蜴都只是在延续一个古老的传统。遍布于世界各地的许多狩猎,其水平很低,对捕杀的种群几乎没有甚至根本没有什么影响。但是在一些情况下,例如,如果猎物很少(像火蜥蜴一样)或者猎杀转变成杀戮的话,猎物的数量和种类就会急剧下降。

野生动物有时会由于不寻常的政治原因或经济原因遭到过度猎杀。1979年,坦桑尼亚部队大规模地杀戮曾是非洲最大的游乐保护区——乌干达的鲁文佐里山国家公园(Ruwenzori National Park)里的野生动物,不受指挥官控制的部队屠杀野生动物,把肉卖给乌干达的生意人,美国生物学家卡尔·范·奥斯达尔(Karl Van Orsdal)亲眼看

---

⑤ F. G. Roe, *The North American Buffalo:A Critical Study of the Species in the Wild State*, Unviersity of Toronto Press,Toronto,1951.

⑥ *San France Examiner and Chronicle*, October 5,1975.

到了爱德华湖边的那些谋杀犯:"当另一个士兵,躺在地上,朝水里的一大群河马扔炸弹时,两个士兵站在那儿笑……七八个乌干达人正在沿岸以下几百英尺的地方用斧子和弯刀宰割一头死河马。"⑦

河马可以赚很多钱。一头死河马可以产 1875 磅肉,每磅超过一美元。三个半月以后,当范·奥斯达尔离开的时候,他估计公园里 46500 头大型动物中约 30% 被杀掉了,包括 6000 头河马,5000 只乌干达水羚羊,2000 头野牛,400 头转角牛羚,100 头大象和 70 头狮子。如果猎杀者此后停止杀戮的话,大多数物种还可能恢复,尽管有人已经对非洲水羚羊进行过关注。

随着伊朗建立共和国,一些与乌干达类似的对待动物的事情发生了。野生动物不加区分地遭到了灭绝。偷猎者骑着摩托车用机关枪扫射曾被保护的瞪羚,里海里的鲟鱼被炸死,成千上万亩阔叶林因为要变成牧场和农场而被砍光。以前一直被严格保护的许多动物现在是如此温顺地受到手持自动武器的猎人的迅速捕杀。世界上一些受到最严重威胁的哺乳动物,如里海虎、野驴和波斯扁角鹿正在面临更大的危险。⑧

这样的杀戮对于动乱中的发展中国家来说是不受限制的。在苏联,肉类供应严重短缺,以致于野生动物遭到前所未有程度的侵害。1976 年春天,在西伯利亚一个湖边,三百多只小野鸭被带子绑扎起来,不过之后这些有标记环的鸭子又被送回到各个鸟类学家那里。猎人们曾用袋子把每一只鸭子都包裹起来。在苏联的保护区,偷猎活动很猖獗。位于里海边上的凯芝尔—阿迦切(Kyzyl-Agach)保护区的动物遭到一群群军官的定期袭击,他们动用直升机、全地域可行驶的车辆甚至坦克。毫不奇怪,那儿的野生动物所剩无几。而更令人难以置信的是,有报道说一只驻守在贝加尔湖附近的苏联小分队多年来一直在使用热感式(heat-seeking)导弹猎鹿。⑨

或许,近来在地球上的最令人反感、最没有同情心的猎杀行为还不是发生在非洲的荒野或俄罗斯的大草原,而是在澳大利亚。澳大利亚的放牧者长期以来尽其所能地杀掉每一头袋鼠,因为袋鼠和他们的羊争草吃。早在 1863 年,伟大的自然主义者、艺

---

⑦ "I witnessed a massacre," *International Wildlife*, January-February 1980, p. 29.

⑧ Michael Weisskopf, "Iran's Wild Casualties," *Defenders*, April 1980.

⑨ "Creatures," *Audubon*, May 1980. Based on the book by an anonymous Russian bureaucrat(writing under the pseudonym Boris Komarov), *The Destruction of Nature in the Soviet Union* (N. F. Sharpe, White Plains, N. Y.).

术家约翰·古尔德(John Gould)曾担心,红袋鼠和有袋目动物中的其他一些"良种"将会被畜牧工们灭绝。⑩ 其实,他错了,即使是在羊群不能繁殖生存的更干燥的地区,红袋鼠照样也曾存在。

之后,在19世纪50年代晚期,人们发现了一个袋鼠肉市场——用袋鼠肉做宠物的食物,不合规格的香肠以及袋鼠尾汤。其结果造成了惊人的猎杀袋鼠。猎杀的常规手法是,晚上用小汽车的灯光聚焦在袋鼠身上,袋鼠在强光中会瑟瑟发抖,于是就用莱福枪射杀它们。有些袋鼠会被立即杀死,而有些猎人也会刻意射伤袋鼠,让这些袋鼠遭受数小时或数天的疼痛以使它们保持肉质新鲜,直到有人来收购。夜间狩猎被看做是"竞技比赛"(sporting events),尽管这对于部分猎人来说既不需要勇气也不需要技巧。1980年,一项新的猎杀方法开始流行:两个人骑着摩托车追赶袋鼠,其中一人掌握方向盘,另一人则举枪射杀正在四处逃逸的袋鼠。

自建国以来,澳大利亚每年大约有一百万只袋鼠被屠杀。这种杀戮如今还在继续,尽管所幸的是那些要被猎杀的大袋鼠似乎还能逃脱一些,但与之相反,一些更小的袋鼠则正死于栖息地的破坏之中。

人们借口种种理由杀害袋鼠,特别是放牧者,这些借口与他们关于袋鼠对草原的影响的错误观念有关,这些草原往往是畜牧工人自己过度放牧而毁坏的。但更主要的原因是夹杂着缺乏同情心的贪婪造成的。澳大利亚的环保主义者担心的是,由于美国已经取消了进口袋鼠皮制品的禁令,这种杀戮将会加剧并开始危及袋鼠的数量。⑪

显然,乌干达、伊朗、俄罗斯、澳大利亚的野生动物杀戮者是当今无控制性狩猎的极端典型。也许,这些事件最令人沮丧的一面是,这些狩猎者活生生地表明,在庞大的人口中,他们对待动物是多么地缺乏同情之心!(类似的事件,如加拿大每年都有许多对小海豹的公开杀戮,但却受到了控制)。人们可能出于经济的必需或运动的考虑而猎杀动物,但每一种猎杀活动都可能伴随着对被捕杀动物的某种同情。确实,猎人和

---

⑩ Cited in Marshall, ed., *The Great Extermination: A Guide to Anglo-Australian Cupidity, Wickedness and Waste*, Heinemann, London, 1966, p. 19.

⑪ A. A. Burbidge, *The State of Kangaroos and Wallabies in Australia*, Australian Government Publishing Service, Canberra, 1977; "New count method could determine kangaroos' future," *The Bulletin* March 25, 1980; "Will U. S. encourage kangaroo slaughter?" *The Australian*, May 12, 1980. The ban was lifted in late 1980.

垂钓者常常也是热心的环保主义者——对此,那些认为要从道德上谴责狩猎行为的人们也应该看到。但是,很明显,许多人依然是在毫无顾忌地蓄意伤害其他物种。

野生动物贸易

除了供人之食的原因之外,许多动物还由于其他原因遭到人们的直接侵害。尽管特别是在发达国家,已经大大提高了对濒危物种的公众意识,保护法律也频频出台,但事实上这些物种濒临灭绝的压力还在继续,而且在许多情况下甚至在加剧。例如,野生动物的国家贸易已经上升到一个不为多数人所质疑的水平。仅仅是为了科学研究和医学研究的目的,就有大量的动物被收集起来运输到世界各地;而为了在动物园和植物园展览,为了私人收集者的乐趣,或为了用它们制成的产品,动物和植物也被收集起来。

举一个为了动物研究而蔓延开来的动物贸易方面的例子。几年前,我们收到一个来自尼日利亚的、完全是主动提供的清单,告知我们许多动物以作"研究之用"。附随的清单包括鸵鸟、两种雌鹅、秃鹳、狐狸、冠鹤、两种猴子、狒狒和黑猩猩。

特别是灵长目动物经常在研究的名义下遭受蹂躏。为动物园和实验室收集大猩猩,助推着大猩猩走向灭绝,特别是,在它们用于观赏和实验之前,大量的动物就在捕捉过程中被杀掉或死于囚笼之中。[12]

最近在一个法国石油公司的帮助下于加蓬法国城成立的国际医学研究中心(the International Center Medical Research)是这个极为荒谬和悲惨的事例之一。成立这个中心是为了研究和帮助治愈不育症,不育症在加蓬被认为是一个严重的问题,当地普遍流行的看法是人口不足。但1979年加蓬的自然人口增长率是每年1.1%,如果按照这个比率持续下去的话,63年后加蓬的人口将增加一倍。根据这个人口过剩的国家标准,加蓬的人口密度是很低的,但是人们根本不明白人口的再增长除了会相对降低其高水准的生活之外,不能带来任何好处。由于具有铁、锰、铀和石油等丰富资源,加蓬的平均资本收益几乎和英国一样高。[13]

为了解决世界上许多国家都期望解决的和加蓬一样的"不育"问题,这个新的研究

---

[12] D. Cousins, "Man's exploitation of the Gorilla," *Biological Conservation* 13:287-296, 1978.

[13] Gabon ataistics from Poulation Reference Bureau, *World Population Data Sheet*, 1979.

中心已经建了一个巨大的灵长目动物设施。该中心将研究大猩猩和黑猩猩以找到问题的答案,虽然加蓬的总统本(Bong)已经在报告中承认当地人的"不育"是由于一种流行病——淋病。人们认为,对于其母已被加蓬人射杀食用之后的幼猩猩来说,"被利用"起来作为这个研究中心的对象是一条出路。一个观察者说,1979年末六个年幼的猩猩进入这个设施,其中五个死于毫无工作经验的职员之手。

国际灵长目动物保护同盟(International Primate Protection League [IPPL])的希利·麦克瑞尔(Shirley McGreal)博士恰当地指出:"……兔子一定会成为研究不育症的更好的'动物模板',因为大猩猩和和黑猩猩饲养起来非常艰难,它们正在濒临灭绝,而且不可能通过繁殖抵消人类的猎捕之用。"⑭这种形势特别严峻,因为正是人口不断膨胀的压力使得大猩猩到处都受到威胁。IPPL的亨利·海曼恩(Henry Heymann)指出,在加蓬:"……大猩猩正在被迫把它们的生活、健康、自由和理智贡献给对它们自己的死亡的探究。这与集中营的囚犯被迫在被杀之前挖好它们自己的坟墓有某种相似性。"⑮

因此,在加蓬,大猩猩一直都有濒临灭绝的直接压力。在一个相对比较富裕的国家,大猩猩是被公开猎杀以作食用,而且某种不切实际的"科学"计划还推动、唆使着这种猎杀。

因为大猩猩与人类有着密切的相似性,各地的医学研究对它们的需求很高,不过,只有在最严格的控制下对它们的利用才可能是正当的。不幸的是,许多医学研究的质量很低,灵长目动物为之囚禁、牺牲的许多研究项目是乏善可陈的。加蓬的研究项目在这个方面也站不住脚。令人悲伤的是一部分科学共同体对濒危物种的困境仍然不敏感,甚至更为悲伤的是他们对人类最为亲近的物种明显没有同情心。

"科学"带给濒危物种的压力,在动物园也存在,所有的动物园都也常常从肆无忌惮的动物贩子那里购买动物。动物被捕获和运输的条件通常是骇人听闻的。例如,在1978年8月,三只马来貘、三只豹猫、五十只秃尾猕猴、一只羽冠长臂猿、一头白冠长臂猿和三十八头白臂长臂猿被装在六个拥挤的笼子里运到曼谷机场,它们在"闷热、无法

---

⑭ Letter to us, February 6, 1980.
⑮ Letter to Russell Train, January 21, 1980.

忍受的拥挤的条件"下呆了几天后,才被运到比利时。国际自然和自然资源保护协会（the International Union for the Conservation of Nature and Natural Resources, IUCN）估计,由于这些动物被捕捉的方式,40只被捕获的年幼的长臂猿,代表了至少有100个种群遭到了破坏。⑯ 这样的运输一定是不可宽恕的,也可能是非法的,而且这些动物几乎注定是卖给动物园的。

不用于动物园的收集野生动物也有一个基本的分布。大量淡水鱼和珊瑚礁鱼类被收集是为了卖给观赏用的水族馆。其确切的数量不为人所知,但是流动的量可以从几个数据猜测出来。1970年,近8400万条活鱼被进口到美国,到1979年,数量可能已经增加到2.5亿条。⑰

1970年,200多万只爬行动物被合法进口到美国,到1979年,数量已经增加了一倍。其中一些爬行动物必定是为了私人收养的,但是动物园可能还是占了贸易的绝大部分。此外,还存在着少为人知的非法进口,特别是稀有蛇类的走私。1977年八个国家顶级动物园被确认为购买了非法进口的爬行动物。在商贩的清单目录中,被保护的物种也在交易,偷猎并交易像亚利桑那州带鼻梁的响尾蛇这样的稀有蛇,正在成为美国西南部的一种乡村产业。⑱

意大利也存在爬行动物和两栖动物的广泛商业贸易和收集。在意大利和巴尔干半岛,每年春天都有许多树蛙、乌龟、蜥蜴和蛇被收集起来,运输到中欧的动物园供人观赏或者作为宠物被关起来。宠物贸易的收集使得野生欧洲龟的数量已经陷入了严重的危机之中,而且一些欧洲蜥蜴和蛇的数量也可能处在困境之中。英国的滑蛇已经处境危急,但是它仍然被收集,提供给宠物店去销售。英国每年进口1万多只海龟和乌龟在宠物贸易中反复销售。1967—1972年期间,英国收到120多万只全部来自摩洛哥的生命脆弱的地中海欧洲陆龟的样品,而且数量差不多的乌龟也运到了欧洲大陆。

---

⑯ *International Union for Conservation of Nature and Natural Resources (ICUN) Bulletin*, September 1978, p. 52.

⑰ 1970 statistics are from *Biological Conservation*, vol. 4, no. 1, October 1971. The estimate for 1979 was obtained by extrapolation from the figure of over 300 million total wildlife imports in that year; *Defenders*, February 1980. The figures in the following paragrapha are from the same sources.

⑱ A. S. Johnson, "The snaker's game," *Defnders*, February 1980; IUCN Red Data Book, 1975.

据推测,其中有80%死于第一年的樊笼中。⑲

流入美国和欧洲被关在笼子里作为宠物的鸟多达几百万只,毫无疑问,这大大减少了物种的数量,构成了一个严峻的枯竭问题。大多数野生鸟在樊笼中关起来都不会繁殖,而且无数只鸟死在了捕捉和运输的过程中。例如,贸易中最有价值的一种鸟是红色的岩鸡,生活在安第斯山脉北部。据说,有一只岩鸡在动物园风风光光地展示,背后就有50只岩鸡被杀。⑳

毛皮生意

或许,对陆地哺乳动物的猎杀是为了谋取它们身上所具有的哺乳类的基本特征之一——它们的毛发,这给它们带来了广为人知的直接威胁。动物毛皮的贸易是一个比仙人掌属植物更大的生意,而且事实已经证明更难禁止——无怪乎,许多毛皮原料都是来自那些生活在贫穷国家的物种,在那里它们被利用的压力增大,这是可以理解的。

当然,利用毛皮制作布料、毛毯、帐篷和类似的东西,其传统可能与人类本身一样悠久。人类从他们的直接生存环境中,获得了一种依靠多数物种而生活的发展史,而物种的任何一种有用特征都使得另一种物种成了十分公平的狩猎对象。但是,那种只为获取兽皮而不加区别地对大量哺乳动物的杀戮是最近以来的时代才发展起来的——主要是近一、两个世纪,当时的经济条件需要支撑广泛发展起来的毛皮贸易。

实际上,没有哪一种其兽皮具有可利用性的寻常哺乳动物能够躲过残忍的开发,在此过程中,寻常的哺乳动物经常变得不寻常。一想到那令人忍俊不禁要去拥抱的澳大利亚考拉熊——看上去像泰迪熊,许多美国人认为它应该叫做"坎塔斯"(Qantas)——这就要归功于澳大利亚国际航班的各种广告攻势。

在澳大利亚度过的二年里,我们从来没有在一个动物园或一个保护区的外面看到过一只树袋熊。而过去的情况并非如此:在动物园或保护区的外面到处是树袋熊。它们的皮很有价值,因而,从欧洲人入侵伊始,它们就遭到无情的猎杀。到1900年,在昆士兰州东北部野外的任何地方树袋熊的数量已经锐减,尽管1908年这一年仍然有可

---

⑲ I. F. Spellerberg, "The amphibian and reptile trade with particular reference to collecting in Europe," *Biological Conservation* 10:221-232, 1976; IUCN Red Data Book, 1975.

⑳ Tim Halliday, *Vanishing Birds: Their Natural History and Conservation* (New York: Holt, Rhinehart, and Winston, 1978), p.44.

能将近 60000 张树袋熊的毛皮到悉尼的各大市场。在澳大利亚的中南部,树袋熊在第一次世界大战结束后不久就灭绝了。而在那之前,每年有 100 到 200 万张树袋熊皮被运出去,通常贴上"海狸"、"臭鼬"、"银灰色袋貂"或"阿德莱德丝毛兔"的标签来做掩饰。

昆士兰是澳大利亚边境上的一个州。它以其欢乐而独立的人民,悲惨的澳大利亚土著居民、保守而狭隘的政客而出名——是澳洲的德克萨斯。这个州拒绝夏时制,飞行员们有一句标准的俏皮话揶揄他们:"我们刚刚穿过昆士兰的边界——把你的表调回十年零一小时。"

到 1927 年,昆士兰是树袋熊的最后一个大本营了。那年,尽管这个物种的珍贵地位是众所周知的,但还是发生了澳大利亚生物学家 A. J. 马歇尔(A. J. Marshal)称之为这个州历史上最可耻的一件事——昆士兰宣布开放对树袋熊的捕猎季节。[21] 州政府给不少于一万个围捕者发放捕猎执照,这使得它本身就成为 50 多万头树袋熊在几个月时间里遭到捕杀的帮凶。昆士兰政府为什么要这样做呢?政客们经常允许这样的暴行发生都是基于同样的理由:选举和金钱。正如马歇尔所言:"小地主和农场工人想要钱,而政府想要他们的选票。农村的选票通常是很重要的。如果内阁会议不宣布一个个乡村组织如此渴望得到的开放季节,这些选票一定会远离他们。"

树袋熊是不寻常的,因为它的数量由直接侵害而减少的比由栖息地被破坏而减少的多得多(大量的栖息地已被破坏,但适合树袋熊的桉树林还是有很多)。

许多毛海狸的有两种遭遇:一是因它们的皮而遭到猎杀,二是它们的栖息地被破坏。而一些最漂亮的毛海狸、巨型猫,还由于它们自己的食肉习性而遭到另外的袭击。

例如,雪豹,过去常常在中亚高地一带活动。虽然人们对雪豹的栖息地的破坏(包括对熊、鹿、瞪羚、野山羊和其他猎物的栖息地的破坏)毫无疑问已经导致负面的影响,但它的主要威胁还是来自谋取其华丽毛皮的猎人:它的毛皮是一种带有奶油色斑的灰白底色,还有黑色的玫瑰状花纹。当雪豹以家养动物为盘中餐时,对它们的保护就不是那么容易的了。

气宇轩昂的老虎因为同样的种种混合原因陷入在严重的困境之中。而且,像非洲

---

[21] "On the disdvantages of wearing fur," in A. J. Marshall, ed., *The Great Extermination*, op. cit.

狮一样,老虎一遇到它自身的伟大的灭绝者——人类就无畏地扑向他们,以补食用。在印度及其毗邻的地区可能有几千头孟加拉虎生活在它们以前游动的范围内,在那里,由于栖息地被破坏,它们的生存受到严重的威胁,尚存的老虎便聚居于更小的区域,甚至更靠近于害怕它们又想杀掉它们的人类。近来,老虎还在被偷猎,像1979年,老虎毛皮被非法进口到大不列颠。

由于其栖息地——沿岸生长的植被遭到破坏,里海虎深受其害,在苏联大规模的灌溉和农业项目的发展过程中,里海虎似乎要灭绝了。老虎对人和家养动物构成了威胁,受雇来驱赶它们的灭虎部队加剧了它们的消亡。

巴厘虎也快灭绝了,爪哇虎至少已经处于灭绝的边缘。苏门答腊虎和科贝特虎稍好一些,特别是保护区里的科贝特虎。野生的西伯利亚虎可能还存在300头。它的长毛毛皮是最有价值的虎皮,中国人高度评价它身上各个部位的医疗特性。它已遭到深重的猎杀,但它的减少主要是由于广阔的森林,特别是中国东北(这里是它的家园)的森林遭到大面积破坏,并且破坏还延及它的自然猎物所在的森林。华南虎的情况尚不知晓,但是这个物种基本上已经被严重残害了,而且几乎没有了它们的自然栖息地。很可能,除了在动物园,世界上再也没有西伯利亚虎和华南虎了。[22]

猎豹和狮子都曾经广泛分布在亚洲,但现在那里都没有了。[23] 目前,狮子在非洲是相对安全的,但是猎豹的处境危险。猎豹仍然因其毛皮而被偷猎,而且在可预见的未来狩猎被完全控制似乎是不可能的。但是,即使它的毛皮是无用的,也仍然会面临危机;猎豹的生态系统将使它不可避免地面临灭绝。这个几步就能从0英里加速到每小时40英里的敏捷的"猎人",稀疏地分布于非洲的大草原,大约每40或50平方英里有一头。白天它捕杀猎物的攻击性是非常出色的,但它在更强大的食肉动物如斑鬣狗、豹和狮子等面前,就守不住自己捕获的猎物了。

幼小的猎豹更容易受到攻击。它们跟随母猎豹跨地区、漫长地艰苦跋涉,在其过程中往往会落入其他食肉动物之口。小猎豹不像狮群那种可以从其他母狮的"临时保

---

[22] The information on the Snow Leopard and tigers is from Simon and Geroudet, *Last Survivors: The Natural History of Animals in Danger of Extinction*, World Publishing Company, New York, 1970, pp.114-131; and IUCN *Bulletin*, May 1979, 136-137.

[23] 例如,参见 Kai Curry-Lindanhl, *Let them Live: A worldwide Survey of Animals Threatened with Extinction*, William Morrow, New York, 1972, 对约十年前的情况做了一个很好的调查,具有丰富的历史材料。

姆"的那里得到保护。因为母猎豹捕杀猎物时通常独自行动。

当猎豹盯着家养动物时,牧人很容易发现它的猎杀习性和相对弱点,将其加以猎杀。当大草原的狩猎越来越为成群的家养动物开辟生存之路时,这种习性转换会越来越频繁地发生。作为猎食家畜的动物,猎豹对家畜的捕食行为不断增长。

同时,草原上农民也在不断地迁移,这使得广泛分散的猎豹难以生活在四分五裂的栖息地上。㉔ 甚至大型保护区一般也不能承载众多的数量以使之不灭绝,或不损失其基因的多样性。而且,允许再扩大公园之间的自然迁移或许不可能了;即使是要保留公园,也要强制人类担负其严格的管理责任。

因此,猎豹的未来取决于能否在两个方面找到办法:一是减少来自牧人对食肉动物的直接威胁;二是抑制开垦者导致大草原变得支离破碎。这是两个艰难任务。

其他制成品带来的危险

除了有毛皮的动物之外,许多动物已经遭遇了并将继续遭遇人类为了那些迷信讹传的产品的猎杀。在东方和南美,蝴蝶被用来制作装饰物。许多鳄鱼、短吻鳄和蛇被杀是因为它的皮可制成鞋子和手提包。像其亲缘物种被杀是为了谋取其皮一样,加蓬鳄鱼被猎杀得只能躲进两小块沼泽地生存。㉕ 数种巨型大海龟也陷入了困境,这是由于猎杀它们可用其壳来制作龟壳产品。从鸵鸟到天堂鸟,数以百万计的鸟儿把人类的生活打扮得如此绚丽多彩,妇女尽情地用它们的羽毛来装饰自己。

许多大象受到了压力,这集中来自象牙偷猎者持续不断的掠夺。扎伊尔和其他的非洲国家是象牙交易的中心,这些交易威胁着整个非洲大陆的大象。据估计,肯尼亚的大象数量在八年的时间里已经减少了 2/3。乌干达的偷猎在艾迪·爱冈(Idi Amin)政权时期越发加剧,而且持续势头不减。自 1972 年以来,鲁文佐里国家公园(Ruwenzori National Park)的大象数量已经从 3000 头下降到 150 头。㉖ 据估计,象牙贸易总计每年要杀死 5000 到 150000 头大象,相当于整个非洲大象数量的 12%。每月 C-130 运输机都要把象牙运到南非,或者通过布隆迪、刚果和中非共和国,运离非洲贩卖到世界各地。但是,当贩卖一对长象牙抵得上差不多十年的收入时,人们去指责非洲村民都

㉔ Norman Mayers,"The Cheeetah in Africa under threat,"*Environmental Affairs* 5:617-647,1976.
㉕ IUCN Red Data Book,1975.
㉖ IUCN Bulletin,April 1980.

变成了猖獗的偷猎者,又有什么用呢?[27]

近些年来,为了某种制成品而遭遇到最严重猎杀的动物是黑犀牛——非洲撒哈拉以南的大型食草动物。近年来的犀牛贸易,特别是谋取犀牛角的贸易导致偷猎犀牛达到灾难性程度。1970 年左右,约 20000 头黑犀牛生活在肯尼亚;到 1980 年,数量不到当时的 10%,可能只有 1000 头。在塞伦盖堤(Serngeti)平原上的黑犀牛,威风凛凛地漫步着,身上满是食虱鸟,像头大肥猪在泥潭里打滚,这种场景已经成为非洲最吸引游客的景色之一。但不久之后,旅行者的记忆和照片可能是野生犀牛唯一存在的地方,真正的犀牛将会被消灭以"治疗"那些虚弱而无知的富豪们。

控制食肉动物

令人忧虑的大量物种的直接危险与控制食肉动物有关。无论哪儿的人或他们的家畜,如果成为了食肉动物的猎物,这都意味,智人们的反击都将是合情合理的。在早期的经历中,人类使用棍棒、长矛、弓箭、巨石,甚至纯粹的勇气面对洞熊、狮子和老虎等动物。在很长久时间里,这样的战斗或多或少都要发生,但是火枪的发明改变了这个局势。

不管在哪里,只要人类端起了火枪以及后来的来复枪,巨大的食肉动物都会被吓跑。灰熊在美国许多地方已经被消灭了,包括在加利福尼亚州,而具有讽刺意味的是——或许具有象征意义的是——灰熊正是加利福尼亚的州动物。狼——这个在所有受到压迫的动物中受到最不公正待遇的受害者,在欧洲和北美的许多地方已经给消灭了。这种聪明的动物既不邪恶,也不狂躁——对此,菲尔雷·莫瓦特(Farley Mowat)的经典著作《从不哭泣的狼》,已经把狼的这一品性刻画得淋漓尽致了。[28] 在塔斯马尼亚,有袋动物中和狼同名的是袋狼,也遭到类似的侵害并由于相似的原因被赶回到无法接近的边缘地带。

无论是官方的还是非官方的控制食肉动物项目,均造成诸多物种的危机。秃鹫虽然受到严格的保护,但在美国仍然受到猎人的枪杀,甚至有人驾驶直升机追赶和射杀它们,现已几近殆尽。

---

[27] Sunday Nation, Nairobi, Kenya, April 16, 1980; IUCN Bulletin, January/February 1980.
[28] Available as a Dell paperback, New York, 1965.

在美国,人们付出艰巨努力试图控制丛林狼——一个不管怎么都没有灭绝危险的物种。事实上,在当前人类的情况下,丛林狼繁殖兴旺,不断在增加其栖息地和数量。在人类试图控制它的选择性压力下,它似乎已经进化成一个更粗壮、更横蛮、更精明的动物。丛林狼这种动物,具有一种愈有压力愈能提高繁殖率和死亡得愈多愈能顽强地生存的能力。

在一些地区,丛林狼可能会导致绵羊和小羚羊的重大损失,但还没有达到在西方国家普遍流行的粘在汽车保险杠上的小标语所说的那种程度。要给绵羊提供草地的压力而产生的利益需求一度催生了广泛利用化学药物毒死丛林狼的项目,而这个项目又导致了各种各样的其他野生动物的大范围死亡,直到1972年执行总统令该项目才得以叫停。然而,这些反丛林狼的控制项目的效果也是有问题的。它们经常使得丛林狼的数量得到更大增长。它们所谓的成功不过是促成了地面松鼠的控制项目(有时候,这也是必要的),防备啮齿目动物不要把绵羊的草吃得太多而已!地面松鼠倒是由于——你猜到了是它——丛林狼而先得到了控制。

一个敏锐的控制项目应该包括控制那些具有攻击性、掠夺性的丛林狼个体,而不是试图弹压所有野外的丛林狼整体。这个项目也要包括教育牧羊人和其他人,特别是那些在公有草地上豢养家畜的人,在公有草地上保护野狼也是该项目所设想的"多种用途"之一,羊被狼叼走的侵害在一定程度上也是做好该项事业的合理成本。当然,还存在其他许多方法保护羊群免受侵害,但不要寻求把侵害者全部灭绝的努力。在每个羊群中放上一、二只牧羊狗是一种简便而又有明显有效的方法。从目前的情况来看,放上几只这样的牧羊狗似乎足以吓唬丛林狼袭击羊群。可是,现在许多牧羊人却认为,他们应该自由放牧,而不要采取任何方法加以保护。[29]

人们也努力去消灭那些有害于庄稼的食草动物,减少其数量,灭绝其物种。这是导致非洲大象死亡的一个主要原因,现在已经实施非洲大象的控制项目,就是要防止它们去妨碍农场。在实施这些项目的过程中,全部大象快灭绝尽了。锡兰(即斯里兰卡——译者)大象这种大型动物在这个南亚岛屿上曾经数量过多,现在也被列为濒危

---

[29] 关于丛林狼的一些信息来自一个研究班专题讨论会, R. Cassin, Department of Biological Science, Stanford University, June 5, 1980.

动物目录，这是由于为了运动而猎杀和为了控制食肉动物项目而猎杀导致的。1831年，由于大象会破坏种植园，这使得政府成立了一个悬赏猎杀大象的机构。当时，一个叫罗杰斯的军人作为猎人受到了表彰，因为他杀死了1400头大象，被杀大象的数量超过了政府的悬赏线，以至于政府不得不把奖金从每头10先令降低到7先令以节省开支。今天，在斯里兰卡还有2000头大象，它们需要依靠并不充裕的保护区来生存，面对人口的急剧增加和农业开发，这几乎是不可能的事。㉚

总之，人类直接攻击其他物种的历史很长，一些物种在此攻击下已经灭绝。人们猎杀动物充当食物或者制作商品已有千年时间，也许，在农业革命之前，人类的进步至少要归功于许多大型哺乳动物的灭绝。人们也已经猎杀了并仍在猎杀许许多多的动物，以防止它们对自己、对饲养动物和庄稼的各种真真假假的威胁。

尽管和其他物种竞争的直接压力明显是物种灭绝的一个重要因素。然而，在许多情况下，对动物生存的生态系统，即它的栖息地的损害或破坏使得对大型猫科动物、大象、犀牛等的直接狩猎机会已然增大。实际上，对栖息地破坏的非直接方式是目前导致动物死亡的最致命的方式，通过这种方式，人类已经把许多其他生物组织推向了灭绝。而且，正是这种非直接攻击才是系关其他生命形式的最大潜在威胁。

㉚　关于锡兰（斯里兰卡）大象的信息来自 Simon and Geroudet, *Last Survivors*, op. cit., pp. 132-139.

霍尔姆斯·罗尔斯顿 Ⅲ *

物种的价值

- 物种的利益与个体的利益不同,我们对物种负有维护生命种系的义务。物种的价值不是物种内所有个体价值的总和。
- 繁殖说明了物种具有不同于个体的利益,是物种利益再现自身的方式。
- 物种是一个自组织的系统,尽管它没有"自我"。所以我们的动物伦理学不能停留在个体的层次。

个体和物种

我们要对一个群体负有义务,许多人对此主张感到不舒服。芬伯格写道:"一个群体不可能有信仰、期盼、需求或欲望……个体大象能够有利益,但大象这个物种却不可能有利益。"[1]辛格断言:"物种是没有意识的实体,因此,没有超越于个体动物(作为物种成员)利益之外的利益。"[2]雷根坚持说:"权利观(即雷根自己所主张的动物权利观——译者)是关于个体的道德权利的观点。物种不是个体,因而权利观不认可物种道德权利对任何东西,包括对生存有任何权利。"[3]蕾切尔(Rescher)说:"道德责任总是定向于利益的。但只有个体才能说得上有利益;人们只对具体的个体或个体在其中的特定群体负有道德责任。相应地,挽救物种的义务不是一种指向于物种的道德义务,因为道德义务只能定向于个体。把道德义务指向于一个物种是一个错误的目标。"[4]

---

* 霍尔姆斯·罗尔斯顿 Ⅲ(Holmes Rolston Ⅲ)在科罗拉多州立大学教授哲学。他的新著是《环境伦理学》(Temple University Press,1988)。本文选自霍尔姆斯·罗尔斯顿 Ⅲ《哲学走向荒野》(Prometheus Books,1986)和"对濒危物种的义务",BioScience 35(1985):718-726. ⓒ1985 American Institute of Biological Science.

[1] Joel Feinberg, "The Rights of Animals and Unborn Generations," in W. T. Blackstone, ed., *Pilosophy and Environmental Crisis* (Athens:University of Georgia Press,1974), pp/55-56.

[2] Peter Singer, "Not for Human Only," in K. E. Goodpaster and K. M. Sayre, eds., *Ethics and Problems of the* 21st *Century*(Notre Dame,Ind.:University of Notre Dame Press,1983), p. 203.

[3] Tom Regan, *The Case for Animal Rights* (Berkeley:University of California Press,1983), p. 359.

[4] Nicholas Rescher, *Unpopular Essays on Technological Progress* (Pittsburgh:University of Pittsburgh Press,1980), p. 83.

即使是那些认识到生物体(无论是有感觉的还是没有感觉的生物体)能够获得利益或受到伤害的人,也可能会把物种的利益看做是个体利益的总和,或者把它归结到个体利益那里。只有当(或因为)它的个体成员是繁荣昌盛的,这个物种才是繁荣昌盛的;物种的福祉不过是个体的福祉之和。"物种的利益"只是一个便利的工具,就像物理学中的"引力"这个中心概念一样,是用来说明由许多个体成员单位所构成的一个加总的聚合。

但是,对物种的义务不是一种对种类或科目的义务,不是一种对各种有感觉生物的利益集合的义务,而是一种对生命种系的义务。一种关于物种的伦理学需要明白,一个物种究竟是如何比个体利益或个体感受更为重大的事件。把这一点弄得更清楚就能树立这样一种信念:物种应该持续生存下去。

如果从集体的意义上来考虑,尽管某些事件分散到个体那里是有害的,但它们却对物种的福祉有好处。这是对通常所说的遗传"负荷"的一种解释方法,基因会在某种程度上降低多数个体的健康、效能和繁盛,但却足以引导物种的变异从而有助于不断改善物种的形式。⑤ 在繁殖中,少量变异,和更佳的复制通常会使更多个体在下一代受益,因为个体的"负荷"就会很少。但从长远来看,变异能够在多变的环境中给物种带来稳定性。从此视角来说,对个体进行更多的实验尽管通常会使个体的适应性减少,有害于它们,但在每一代中所选择的幸运个体则会受益,从而有利于物种的改善。每一代的大多数个体都会携带一些有害(通常是轻微有害)的基因,但这样的变异对物种是有利的。要注意的是,这不意味着物种选择;自然选择可能只对个体有作用。但这的确意味着,我们能在个体利益和更大的物种利益之间作出区分。

一头驼鹿被捕食了,却保护和改善了鹿科物种。一场林火伤害了个体的颤杨树,但却有利于颤杨整个物种,因为大火使森林重新开始演替,而如果没有演替的话,颤杨这个物种就将走向灭绝。即使个体没有死于非命,也会老死,它们的死亡对于个体本身总是不利的,但对物种却是必需的。个体的有限生命会为那些替代者腾出空间,而正是替代者能够促进生命的发展,这就会提高种群的适应性或使之对环境变化作出调

---

⑤ G. R. Fraser, "Our Genetical 'Load.' A Review of Some Aspects of Genetical Variation," *Annuals of Human Genetics* 25 (1962), pp. 387-415.

适。如果一个物种没有这种"有瑕疵的"繁殖所允许的变异,没有多于能存活下来的幼小个体,没有捕猎或死亡等有害于个体的事情,那么,这个物种就很快会在环境变化中灭绝,因为所有的环境最终都会变化。个体如同物种这种形式的单个容器,单个容器被打破了,物种的形式才能生存;否则的话,形式不可能存活。

当一个生物学家评论道,一个稀有物种的繁殖数量少到很危险的程度时,这种危险是对什么来说的?是指其个体成员吗?应该说,这个评论所说的危险是指一种危险的具体程度、无法回头的临界点——当达到这个临界点时,这个物种的生命形式就有无法延续下去的威胁。没有个体能跨越这种灭绝阈限;但物种可以做到。

人们通常认为繁殖是个体的一种需要,但是,即使任何个体不生殖,也能保持其躯体的健壮,而且生殖本身可能会经受胁迫,发生风险,耗尽体能;我们用另一种逻辑来解释,繁殖就是物种通过个体一次又一次地,一个接一个地再现物种自身的方式,保存了自己的这个种类。在这个意义上,正如一个妇女没有自己的孩子也很健康一样,一头雌灰熊不生育幼熊也能使自己健康。但是,雌灰熊的幼熊是属于熊亚目这一物种,在不受到任何威胁的情况下,她们能不断地生育下去再造自己。一个物种在繁殖时会保护自己及其后代不受其他物种的侵害,这似乎就是某种形式的"关爱"。

生物学家往往关注个体,这是可以理解的;但近来的趋势是,他们从基因的角度来解释生物过程。对物种的思考提醒我们,许多事件也可以在物种这个层次上进行解释。一个生物体是通过环境运演了一段定向的过程——吸收物质,利用物质资源,排泄废物。但是这一定向的过程是一个更大的图景的一部分,这个图景就是物种通过个体维持其过程来使自己更长久地存在。思考一下这个方面:个体所具有的生命是流经个体自身的某种东西,同时也是个体内在地拥有的某种东西。个体从属于物种,而不是倒过来。很明显,编码了"目的"的基因组既为个体所有,也是物种的一种"特征"。

生物学家和语言学家已经慢慢地接受了基因组含有信息,而不是会说话或会理解的任何主体的观念。伦理学家是否也能学着接受这样一种观念,即一个集中了个体、没有感觉能力的信息携带的过程也有价值,我们对它负有义务呢?在此,某些事件在临界点的具体程度上具有什么意义,它们是否只对个体有利,这是需要另外思考的。

处于环境中的物种是一个相互作用的复合体,是一个具有选择性的系统,在这里,个体只是棋盘上的一个棋子。当人的行为危及到这些物种的生命游戏的时候,关于人的义务问题就可能呈现出来了。

物种没有自我。它不是一个被确定边界的单一体。每个生物体都有它自己的中心,但物种却没有类似于构成生物体特征的那种神经通路或体液循环。但是,就像经济学里的市场一样,一个有组织的系统并不必须要有一个控制中心来显示自己的特性。无论是个体还是物种均具有一种由基因历经长久确认的生物特性。个体的特征忽来忽去,而在集合体意义上的物种所具有的特征却历久弥坚。

对物种的思考超越了任何只关注个体的伦理学之所及,更不用说那些只关注感觉和人的伦理学了。这种思考的结果可能会产生一个在生物学上更完好的伦理学,当然,它要修订以前那些被认为在逻辑上是可能的或在伦理学上被禁止的东西。物种体系是很基础性的,保护物种的完整性比保护个体更重要。捍卫一种生命形式,抵抗死亡,长久地维持一种常态特性的再生性——所有这些特性,既普遍适用于个体,也普遍适用于物种。那么,是什么妨碍了我们在物种层次上产生义务呢?我们关注到的生存单位的层次恰好正反映了我们目前的道德关怀的层次。

马迪·肯伊尔*

自然与女性主义者的敏感性

- 现代伦理学中对理性的强调和对情感的轻视。
- 要建立情感和理性统一的伦理学,方法就是直接体验道德决定的全面影响和后果。
- 女性主义对情感和特殊性的重视,对理性和普遍性的质疑。
- "权利"观本身就包含了一种"二元"思想,是现代竞争社会挫败了人的本能之后引发的一种自保的妥协结果。
- 所有"理性"原则其实都建立在情感的基础上,情感是所有"理性"的内核。

理性原则

在环境伦理学领域里,大多数文献可被看做试图理性地建构价值级系和基于此种价值的普遍的行为准则。这样的文献大多都假定,唯有理性才能告诉我们哪一个物种是最具有价值的,由此,哪种行为准则应该指导我们与它们之间的交往活动。辛格也提到这个观点,他说:"伦理学要求我们超越'我'和'你',达至普遍法则、可普遍化的判断、不偏不倚的旁观者的立场(或理想观察者的立场)。"[1]

有趣的是,环境伦理学领域是由两种被称为高度情感性的运动——动物权利运动和环境运动发展而来的。重要的是,早期动物权利运动的成员(大多数是女性)[2]经常被冠以"动物爱好者"或"情感主义者"的标签来贬低她们的关怀。但是,正如詹姆斯·特纳(James Turner)指出的,"动物爱好者并不羞于承认他们保护动物不被滥用的

---

* 马迪·肯伊尔(Marti Kheel)是倡导动物权利的女性主义的奠基人之一,是道德哲学、政治哲学和社会哲学等专业期刊的撰稿人。
本文选自马迪·肯伊尔"The liberation of nature: A circular affair." *Environment Ethics* 7(1985), pp. 141-149.

[1] Peter Singer, *Practical Ethics* (Cambridge: University of Cambridge, 1979), p. 11
[2] 动物权利运动是从英国和美国的仁慈运动(humane movements)发展而来的。根据 Sydney Coleman 的观点,仁慈运动中的绝大部分成员是妇女,以致于"如果美洲妇女的支持突然下降的话,阻止虐待孩子和动物的大多数社会团体将不复存在。"Sydney Coleman, *Humane Society Leaders in America* (Albany, N.Y.: American Humane Association, 1924), p. 178.
[3] James Turner, *Reckoning With the Beast* (Baltimore: Johns Hopkins University Press, 1980), p. 33.

运动是出于情感而不是出于理性。"③

随着彼得·辛格的《动物解放》一书的出版,动物的解放运动找到了一个新的方向。人们认为早期动物权利运动失败的原因之一是它诉诸于情感,而不是过硬的、逻辑的、富于理性的论证。新的动物权利运动(以及环境伦理学)自豪地宣称自己的基础是理性。正如彼得·辛格所指出的:"然而,我没有在这本书中任何**不受理性支持**的地方试图引发读者的情感。"④辛格在其他地方详细地说道:"伦理学不要求我们排除个人之间的关系和有失公允的情感,但是它要求,当我们行动时,我们得**不受情感的支配**去评价那些受我们行为影响的道德要求。"⑤迪尔特·波恩巴彻(Dieter Birnbacher)重复了这个相同的观点:"一种规范要被归类为道德方面的,并不必定表达与一定个人或一定组织密切相关的偶然偏好,但必须出于人与人之间的、对每一个人都是**在理性上可证明为合理的、无偏无私的**观点和主张。"⑥与之相似,保罗·W. 泰勒(Paul W. Taylor)也说:"我认为,调整人类对待自然世界的一套道德规范(角色标准和行为准则)是**有理性基础的**,当且仅当,第一,承认那些规范是把尊重自然的态度作为一种终极道德态度的实践要求;第二,站在所有**理性主体**的立场上,采取那种态度是**可证明为合理的**。"⑦

在伦理学中,理性诉求是一个长期的哲学传统。其中最著名的支持者之一是康德,他认为,一个行为是道德的,只有当它出自一种基于理性的正确观念或者在道德上正确的行为过程。因此,康德坚持认为,任何出于某种自然倾向的行为都不可能具有道德价值。虽然大多数现代哲学家不会把理性提升到如此高度,但是大多数人仍然认为,诉诸于情感就等于根本没有做出任何论证。

理性的局限

虽然环境伦理学的文献主要是依靠运用理性论证,但是理性的局限性仍然不知不觉地在它们中存在。通常提到的"直觉的"、"反直觉的"或"合理的"等观念,至少是道德决定对直觉或非理性思想的意义的部分认识。在阿拉斯泰尔·S. 刚恩(Alistair S.

---

④ Peter Singer, *Animal Liberation* (New York: Avon Books, 1975), p. xi. Italics added.
⑤ Peter Singer, *Practical Ethics*, p. 11.
⑥ Dieter Birnbacher, "A Priority Rule for Environmental Ethics," *Environmental Ethics* 4(1980):14.
⑦ Paul W. Taylor, "The Ethics of Respect for Nature," *Environmental Ethics* 3(1981):197.

Gunn)的陈述中,直接提及理性的局限性不多:"环境伦理或许是在回归某种直觉主义,甚至是在回归某种准宗教式的哲学理想主义。"⑧无独有偶,汤姆·雷根也说:"那么,我们如何解决这些问题。我希望我知道。我甚至不确定它们是否能够用一种理性的连贯方法得到解决,因此,我暂时不做评论。"⑨

虽然人们通常还没有对此清楚地加以阐述,但事实上文献的一个重要方面的确是依靠诉诸于直觉或情感。从"边缘性情形"⑩(例如,有缺陷的人)来论证或许是这种情况的最典型的例子。从"边缘性情形"来论证得出的结论是:如果我们不希望以一种特殊的方式对待一个边缘人,那么,至少我们也没有坚固的道德理由以一种相似的方式对待某些动物。这种论证的支持者依靠的是我们的直觉或情感,即这样对待人的行为是错误的。因此,雷根说道:"让我们承认,确实存在着对待边缘人的某些非道德方式;例如,也许我们都会同意,引起他们无端[原文如此]的痛苦或任意地限制他们随其意愿地移动的能力,这在道德上都是错误的。"⑪我们为什么应该和"边缘人"、甚至"非边缘人"保持一致,这样的权利从未被制定过。事实上,理性论证的局限性不可能从理性上证明**任何人或任何物**应该拥有权利的理由。另外,我们回过来再谈谈有必要认识和证实情感在我们道德选择中的意义。

理性论证常常以情感选择的方式在文献中加以使用。因而,当出现这种反直觉的时候,许多作者不能按照他们的论证得出"理性的"结论。举例来说,人们可能会争辩道,环境伦理学两大主要阵营的论证的理性扩展或逻辑扩展都鼓吹人类将最终灭绝。例如,科里考特(Callicott)坚持说,应该通过确定某种生物对于稳定生物共同体的重要性来确立价值差异。然而,人类是以什么积极的方式有助于这种稳定性的却一点都不清楚,而且大量的证据表明人类在破坏这种稳定性。詹姆斯·D.海夫曼(James D. Hefferman)说道:"如果生物共同体的完整、稳定和美丽是尽善尽美的,那么,我们能做的最好的事情就是要在生态上找到一些对付人类物种的合理方法或尽量迅速地减少人口。"⑫同样,人们也可能会争辩道,如果人类灭绝的话,功利主义的使磨难和痛苦最

---

⑧ Alistair S. Gunn,"Why Should We Care about Rare Species?" *Environmental Ethics* 2(1980):203.
⑨ Tom Regan, *All That Dwell Therein*, (Berkeley:University of California Press,1982), pp. 202-203.
⑩ 例如,参见 Peter Singer, *Practical Ethics*, and Tom Regan, *All That Dwell Therein*.
⑪ Tom Regan, *All That Dwell Therein*, p.119.
⑫ James D. Hefferman,"The Land Ethic:A Critical Appraisal," *Environmental Ethics* 4(1982):243.

小化的目标就能够实现。

倡导理性也被其他作者用作在大自然中体会我们的"自然之处"(natural place)的一种方式。这样的作者认为,通过在大自然中理解我们的"自然之处",我们能够明白我们的道德行为应该"是"什么。但是,有人可能会问,为什么"是"包含了"应该"呢?在大自然中,我们的自然之处为什么就指明了什么是"应该"的呢?就我所知,到目前为止,还没有一个哲学家用令人信服的理性论证回答了这个问题,而且我怀疑将来也没有人能回答这个问题。除非我们在大自然中我们找到了我们的"自然之处",否则,关于我们将如何毁灭地球上的所有生命的论证困惑就不可能说服那些还没有开始去尊重生命的人。只有那些**感觉**到他们与自然界的一切事物有着与生俱来的联系的人才会对自然的延续发生兴趣。自然的解放不是一件只能诉诸一条道路的事情。

消解情理二分

环境伦理学(甚至是一般的伦理学)的大多数文献没有公开承认,除非我们关心(或感觉到)某些事情,否则从一开始我们就不会谈论这些道德问题。正是在这里,许多女性主义者强调,在重新梳理我们的传统伦理观念方面,个人的体验和情绪要会起到很大作用。虽然这可能会首先支持了我们的社会把男人与理性、女人与情感连在一起的陈腐划分,但是强调情感和情绪并非意味着排斥理性。而且,许多女性主义者也期待一种理性和情感的统一。⑬ 正如卡洛·麦克米兰(Carol McMillan)指出的,"……通过认为在所有的认知中都不存在情感而把思想和情感对立起来,使得它缺失了一个重要特征。"⑭ 同样,玛丽·米德格雷(Mary Midgley)认为,"情感和行动是道德的基本要素,关注思想常常使哲学家忽视了情感……总的来说,情感,必定对思想施加影响才是有效的,而思想必定受到适当情感的掌控才是有效的。"⑮ 塞拉·茹迪克(Sarah Ruddick)说道,"智力活动是有所区别的,但没有脱离情感原则。反思、判断和情感是统一

---

⑬ 东方宗教的一些观点也提到了理性和情感的虚假划分。正如 Fritjpf Capra 指出 (*The Tao of Physics*, New York: Bantam Books, 1984),"悟"(意识到"所有事务之间的统一性和相互联系")的观念"不仅是一个智力行为,而且是一种涉及整个人的体验,它的本质是宗教的。"女性主义者关于"统一的敏感性"的观念可能主要不同于悟的观念,因为女性主义者更少地强调从这个世界退却(就像在调解的内部活动中一样),而更多地强调完全地参与这个世界。

⑭ Carol McMillan, *Women, Reason and Nature* (Princeton: Princeton University Press, 1982), p. 28.

⑮ Mary Midgley, *Heart and Mind* (New York: St. Martin's Press, 1981), pp. 12, 4.

的。"⑯罗宾·摩根(Robin Morgan)已经用"统一的敏感性"(unified sensibility)这个术语来描绘情感与思想的混合。她说:

> 在我们反对智力与情绪的古老二分的战斗中,女性主义者是多么经常地称之为"情感与推理的奇妙混合"! 她们坚持二者的联系性,要求综合性,拒绝在任何事情上贬低情欲——这就形成了形而上的诗歌和形而上的女性主义的诸多形式。因此,要使敏感性统一起来。⑰

那么,我们要怎样才能达到这样一个"统一的敏感性"呢?这里的困难在于要把某些东西构想为相异于我们所提出来的级系和规则的惯常观念。当我们本身从人之外的大自然中被攥出来的时候,要把我们的本性统一起来的问题就进一步变得更复杂。在我们与我们的道德决定的直接影响相分离时,情感也很容易与理性相分离。因此,在使这些区分相融合的努力中,可能的一步就是直接体验我们的道德决定的全面影响。例如,如果我们**认为**,吃肉在道德上没有什么过错的话,或许我们应该去参观一个养殖场或屠宰房,看看我们是否还会这么感觉。如果我们自己不想去证实(更不用说参与了)我们食用的动物被屠杀的情况,或许我们应该去质疑间接出钱雇佣其他人代表我们去宰杀是否道德。当我们在身体上与我们的道德决定的直接影响相分离的时候,例如,当我们不能目睹、嗅闻或聆听这些过程的时候,我们就剥夺了自己的重要的敏感刺激,这种刺激在引导我们做出道德选择可能是很重要的。

女性主义者经常强调个人经历在政治和其他看似非个人的事务中的重要性。其重要性对道德决定而言是同等重要的。也许,这是女性主义道德的最有效的启示:我们必须尽可能地直接把我们自己纳入到我们的道德决定的**整个**过程之中。我们必须使我们的道德选择成为一件循环往复的事情。

伊丽莎白·道森·格瑞(Elizabeth Dodson Gray)也重视在道德决定中直接体验的

---

⑯ Sara Ruddick, "Maternal Thinking," *Feminist Studies* 6, no. 2 (1980):348.
⑰ Robin Morgan, "Metaphysical Feminism," in Charlene Spretnak, ed., *The Politics of Women's Spirituality* (Garden City, N. Y.: Anchor Press, 1982), p.387.

重要性,就类似于父母在做出关于孩子的决定时面临的情境。她说:

> 关键就是我们父母要不断地找到一些做出决定的根据,而不是找到把我们的孩子们容纳其中的价值级系。我们反而要察觉的是我们的孩子具有不同的需要、不同的勇气、不同的弱点。而且,情况也会不同。我们正是根据所有这些汇集的因素来做出决定的。保护他们当中每一个人的利益和整个家庭的利益始终是我们做决定时至上的命令。[18]

卡洛·麦克米兰强调了这个观念:

> 哲学寻求普遍、物质、本质的全部过程是全神贯注于科学方法的一种象征,是渴求一般性而蔑视特殊性的一种象征……拒绝承认基于自然倾向的行动有时候可能是反映了一个道德难题的一种正常方式,这不仅会模糊这个道德难题的本质,而且会模糊善的本质。[19]

卡洛·吉利根(Carol Gilligan)在她的《一种不同的声音》这本书里争辩道,强调特殊性和情感是女性的道德思维的主要方式。正如她所言:

> 在与女性接触中反复出现的道德命令就是一种关怀的命令、一种察觉、缓和这个世界真实而又可知的麻烦的责任……在其相情境化的特殊性中重构两难困境要求我们理解各种因果关系,它们展现了女性道德判断的特征:被反复提到的同情和忍耐的作用。[20]

她说,另一方面,男性发展了一种道德感,在那里,"社会关系受制于规则(阶段

---

[18] Elizabeth D. Gray, *Green Paradise Lost*, (Wellesley, Mass.:Roundtable Press,1979), p.148.
[19] Carol McMillan, *Women,Reason and Nature*, p.28.
[20] Carol Gilligan, *In A Difference Voice* (Cambridge, Mass.:Harvard University Press,1982), p.100.

四),而规则受制于公正的普遍原则(阶段五、六)。"㉑根据吉利根的说法,"道德的正确观念形成劳伦斯·科尔伯格的原则水平(阶段五、六),就要准备达到一种客观公正或者所有理性人都同意的解决道德两难困境的方法……"㉒

在父权制社会,使用女性道德思维方式所担负的难题是显而易见的。在男人建造庞大而厉害的炸弹、迅速消耗我们的自然资源、在实验室里豢养数百万头动物的情况下,有人担心的恰恰是一个特殊的个体的自然倾向可能是什么。正如萨拉·埃本瑞克(Sara Ebenreck)所言,"如果如何对待一棵树、一块地的答案要依靠这个人从树和土地那儿'直觉听到'的东西的话,那么,就像约翰·库尔特根(John Kultgen)指出的,我们一定会听到'践踏我们吧!破坏我们吧!征服我们吧!'"㉓

在这种上下文中有必要说到,男性也可以通过不同方式回应在实际体验中奠定我们伦理学基础的要求。很明显,男人有更强的暴力倾向,正如人们所看到的,他们极力参与这样的暴力活动——战争、暴力犯罪、猎杀、围捕等。这种倾向是生物性的,还是环境性的,抑或是两者的结合?这仍然是一个悬而未决的问题。然而,无论我们可以从这种差别中推断出什么,都很难摆脱这个结论:在我们处理与自然的问题上,男人从女人那里学到了很多东西。事实上,布克明斯特·福勒(Buckminster Fuller)、来尼尔·泰格(Lionel Tiger)、赖尔·沃特森(Lyall Watson)都已论断(他们都是男人):"唯一的希望可能就是把这个世界交给女人。"㉔

大多数非人动物似乎本能地从环境中完全获得它们所需要的东西以存活下来。人类也有过这种能力,如今我们似乎已经丧失了。㉕ 人类脱离这种非人动物具有的本能或敏感性越远,我们就越要求理性替代它们。有趣的是,奥尔多·利奥波德(Aldo Leopold)认为,"道德可能是一种共同体决断的本能。"㉖然而,或许我们会为人类同时

㉑ Carol Gilligan, *In A Difference Voice* (Cambridge, Mass.: Harvard University Press, 1982), p.18. 根据劳伦斯·科尔伯格(Lawrence Kohlberg)的观点,儿童的道德发展经历了六个阶段,第六个阶段代表儿童发展成为一个完全成熟的道德人。遗憾的是,科尔伯格的研究只是基于和男孩之间的接触和交流,忽视了女性道德发展的不同方面的价值和意义。

㉒ Carol Gilligan, *In A Difference Voice* (Cambridge, Mass.: Harvard University Press, 1982), P.21-22.

㉓ Sara Ebenreck, "A Partnership Farmland Ethic," *Environmental Ethics* 5(1983):40.

㉔ Laurel Holliday, *The Violent Sex* (Guerneville, Calif.: Bule Stocking Books, 1978), p.171.

㉕ 除了这种概括之外,还可能在某些部落民族如北美印第安人那里发现。

㉖ Aldo Leopold, *A Sand County Almanac* (Oxford: University Press, 1966), p.36.

具有破坏生命、毁坏地球、制造我们周围世界灾难的能力与另外一种能力——质疑我们是否有权利这样做的能力而感到高兴。

只有当我们的本能使我们失败的时候,我们才会转向权利这样的概念。因而,毫不奇怪,个人的权利观念和自然法则出现在英国内战期间——一个巨大的社会激变的年代。[27] 事实上,权利观念只能在一个敌对的或竞争的环境中才能被构想出来。而竞争观念内在于权利的合理定义之中。正如乔·芬伯格(Joel Feinberg)所说的,"拥有某种权利就是声称拥有而不让别人拥有。"[28] 因此,权利概念本身就是二元的。然而,不幸的是,我们生活在一个充满真实竞争的二元社会。把权利概念扩展到包括自然界所有事物,可能是我们当今社会一个必要的机巧设计。

结 论

女性主义精神已经昭示我们:把天上的上帝视为男性权威形象的父权制传统观念是如何告诫我们应该怎样思考或怎样感觉,却没有提及那些感觉到这些精神性的东西从内心流淌而出的人的需要。值得指出的是,与之相似,作为一套被施加在个体身上的等级规则的道德观念并没有表达那些人们的那种需要:即他们(或许其中大部分是女人)对自然的道德或倾向就本然内在自己心中。

为了这些人,伊丽莎白·道森·格瑞的文字可能描述了一种环境伦理:

> 或许,某一天,我们将会认同,地球是我们的朋友、养育者和家园。当这一天来临的时候,我们将会明白:伤害了地球,也就伤害了我们。那么,环境伦理将不只是在我们的头脑中,而且在我们的心里——在我们敏感的神经末梢里。[29]

只要具有这样一种敏感性,或许我们就能够摒弃过去那种严格的等级规则。如果的确存在行动纲领的话,它们可能只要求使人类对自然界其他事物的干预最小化。

---

[27] 参见 Raymoud Polin, "The Rights of Man in Hobbes and Locke," in *Political Theory and the Rights of Man*, ed. D. D. Raphael(Bloomington:Indiana University Press,1967) and S. F. Sapontzis, "The Value of Human Rights," *Journal of Value Inquiry* 12(1978):210-224.

[28] Joel Feinberg, "The Rights of Animal and Unborn Generations," in *Responsibilities to Furture Generations*, ed. Ernest Partridge(Buffalo, N.Y.:Prometheus Books,1980), p.139.

[29] Elizabeth D. Gray, *Green Paradise Lost*, p.85.

或许这种敏感性的最高级形式仅仅是爱,因为统一我们的敏感性,把我们和所有的生命联系起来的就是爱。正如斯塔豪克(Starhawk)所说:

> 爱是一种联系;爱也是一种改变。爱这个世界,因为它在我们的视野里可能是什么,它就是什么,爱这个世界上的生物(包括我们自己),关爱河流,捡起我们脚下的垃圾,我们就能够改变这个世界。我们有力量能够重塑我们自己,重塑我们周围的世界。㉚

然而,这种敏感性——这种"统一的敏感性"不可能只是在抽象的、理性的谋划中发展起来,就像让我学着去爱我从来都没有见过的某个人一样。某种敏感性一定是源自我们对自然世界的直接参与、行动以及我们的回应。如果这种直接参与对我们许多人来说不是经常可能的话,这并不意味我们应该放弃努力获得这种敏感性。虽然在我们这个复杂的现代社会中,我们从来都不能充分体验我们的道德决定所造成的影响(例如,我们没能直接体验吃肉对世界上饥饿的人所造成的影响)㉛,然而,我们能够尽可能地在情感上体验这种现实的知识。

对于作为一个研究领域的环境伦理学来说,所有这些意味着什么呢?环境伦理学领域如何才能通过认识到情感、情绪和个人体验在道德决定过程中的重要性而有所改变呢?举例来说,环境伦理学的作者只要花上不多的时间就能确切地阐述普遍原则并划分界线,而要花上不少的时间来运用理性以表明环境伦理思想的局限性。例如,他们可能会证明,表面上是多么"理性"的原则和观念事实上都是以本能的情感为基础的。再如,我们中几乎没有人会放弃这个观点——作为人类的我们比一块石头更重要。然而,通过表明这样一种思想实际上是基于一种情感,而不可能仅仅通过理性思想证明其合理性,我们可能暂时放下"自我"(ego)以便明白,我们事实上是一个整体中的各个部分,没有哪一个部分在理性上比另一个部分更重要。当前,我们社会中的那

㉚ Starhawk, *Dreaming the Dark* (Boston: Beacon Press, 1982), p. 44.
㉛ 许多作者已经暗示,吃肉对世界上的饥饿造成了很大的影响。据估计,在美洲种植的所有谷物中的80%—90%是用来喂养动物的,是需要种植大豆等谷物所需的土地的17倍,并且"如果我们的食肉量减少一半,我们就能够节省足够的食物以供养整个'发展中世界。'"见 Barbara Parham, *What's Wrong with Eating Meat?* (Denver, Colo.: Ananda Marga Publication, 1979), p. 38.

些当权者把理性作为强加他们自己的道德的一种方式。如果我们能够表明这样的理性事实上也来源于某种特殊的情感,那么,我们就能够开始真正地评价那些情感和由它们而生的道德。

环境理论工作者可能也开始更公开地谈论他们的体验和情感及其与他们的观念和行动的关联。他们不是花时间试图在自然界找到一条道德分界线,而是会检查他们自己内在的划分(例如理性和情感之间的划分)。为了在他们身上统一这些二分,他们会尽可能地在实践中去体验他们自己的道德理论的全部影响。同样,他们会认为,在关于道德素食主义的论证中诉诸于读者的情感和同情心比诉诸于理性更加贴切。

最后,环境伦理学可能逐渐愿意承认,关于自然和宇宙的最根本的问题最终不可能在理性上得到回答。这样一种承认,可能不会给我们带来我们当中很多人渴望的那种解决和控制的意义,但另一方面,它可能会引领我们更加接近对宇宙之神奇的情感并且由此更加欣赏所有生命。

莉丽-马琳·鲁索*

物种为什么重要?

- 目前捍卫物种价值的三种主流观点:人类是看护人、外在价值论、内在价值论等等,都是有缺陷的。
- 不过内在价值中的"个体价值"是具有合理性的,尤其是审美价值体现了一种正确的理论直觉。和珍稀生物的"偶遇"以及将来还能"偶遇"的渴望,说明了濒危动物的价值。

某些传统的回答

对"物种为什么重要?"的问题,或者更具体的,对"为什么我们至少有一种不导致物种灭绝的显见义务,而且在一些情况下有一种积极保护物种的义务?"的问题,当然有一些通常的回答。宽泛地看,这些回答一般可以分成三类:(1)诉诸于我们充当"管家"或"看护人"的角色;(2)主张物种具有某些外在价值(我就属于这一组,认为物种作为生态系统的一部分或作为万物进化序列的一个结点是有价值的);(3)诉诸于内在价值、固有价值,因而认为一个物种值得保护。在本文中,我将指出这些回答的每一种都存在一些严重的纰漏。

第一类观点是在乔·芬伯格的哲学著作中提出来的,他认为,我们保护整个物种的义务比个体动物所拥有的权利可能更重要。[①]他论证道:首先,这种义务并不是从作为一个整体的物种某种权利或诉求而产生的;其次,虽然我们有对未出生一代保护的义务,并因而指引我们保护物种,但是那种义务比我们必须保护物种的现实义务要小得多。我们对于作为一个整体的世界具有"守护人"义务的主张诠释了把我们现实的义务延伸到对未来后代的义务这个事实。因此,芬伯格指出,他的"倾向就是对我们作

---

* 莉丽-马琳·鲁索(Lily-Marlene Russow)在普度(Purdue)大学教授哲学。她是道德哲学、政治哲学和社会哲学等专业杂志的撰稿人。

重印经莉丽-马琳·鲁索允许,"Why do species matter?" *Environmental Ethics* 3(1981), pp.106-112.

① Jole Feinberg, "Human Duties and Animal Rights," in *On the Fifth Day:Animal Rights and Human Ethics*, Richard Knowles Morris and Michael W. Fox, eds. (Washington:Acropolis Books,1978), p.67.

② *Ibid*, p.68.

为地球暂时的理性看护人之独特地位的一种解释。"②

对诉诸于我们充当"管家"或"看护人"角色持反对意见的人主要是认为,它是以未经证明的假定作为论据的。看管者的工作是要保护那些值得保护的、具有某些价值的或意义的东西。③ 但是,现在摆在我们面前的问题明确地说是物种**是否**有价值、为什么有价值的问题。如果我们通过所看护的事物的价值来证明我们作为看护者的义务,那么,我们就不可能通过求助于看护人的职责来解释这种价值。

第二类观点是通过确定某一物种在"万物的更大序列"中的位置来确立它的价值。也就是说,人们可能试图论证说,物种之所以重要是因为它们有助于某些其他的善,或是形成了某些其他的善的一个基本部分。其辩护的思路有好几种变体。

第一种说法完全是人类中心主义的。它认为,正在消逝的物种之所以是我们要关心的,是因为它们面临的困境可以作为一个警示:我们已经以某种对我们来说有潜在危险的或是不意愿的方式污染了或者改变了环境。例如,由于吸收了DDT,加利福尼亚的秃鹰的蛋壳变软了,这就表明出现某些问题了:假定我们正在一些细微方面遭受着吸收DDT的影响,那对我们来说是不利的。另外,狩猎动物正在大量减少可能表明狩猎过度了,如果对此仍然不加以监督的话,运动员将无猎可狩。而且,当我们进一步意识到可以从稀有动植物的种类中获得各种利益(如药、其他自然资源的替代品、用作研究的工具)的时候,我们就会拒绝做出冒险:让一个未来可能对我们有实用价值的物种消失。

这个论证的思路还没有让我们摸不着头脑。首先,就某个亚物种而言,大多数利益可能都来源于同一物种的其他变种。更重要的是,当我们面对一个独一无二的变种或物种消失的时候,我们可能会简单地判定(即使考虑到这种判定可能是错误的),没有足够的理由认为这个物种将会是有用的;我们经过权衡这一风险后,决定保护这一物种是不值得做的。最后,利用某个物种作为一个危险信号来发现环境的某些细微或不可预见的变化,但是,这不会证明像修建大坝这种众所周知的、可以预见的事情会威胁到物种。

---

③ Cf. Feinberg's discussion of custodial duties in "The Rights of Animals and Future Generations," *Philosophy and Environmental Crisis*, pp. 49-50.

把外在价值归属于一个物种的其他论证尝试并没有把他们自己限定在未来人和实际的好处。因此,他们经常认为,每个物种都在一个丰富而复杂的,但又微妙平衡的生态系统中占据了一个独特的生态地位。破坏了单个物种,我们就会对整个系统的平衡感到不安。假设系统作为一个整体应该受到保护,那么,一个物种的价值至少在部分上是由它对这个整体的贡献来决定的。④

在评价这一论证的过程中,重要的是要认识到这样一个论证:(1)会导致某些检验情况下的奇怪结论;(2)会允许某一物种灭绝但不影响系统的变化,甚至会导致一个更加丰富、更加复杂的系统代替原先那个更原始、进化程度更低的系统。

关于第一点。只在动物园里存活的物种似乎没有什么特别的价值。这恰可以作为上面(1)的例证,戴维鹿(David deer)不是一个生态系统的组成部分,而完全处于分离的状态。相似地,阿帕路萨马(Appaloosa horse)——一个和其他任何一种马一样既不会更适合饲养也不会更不适合饲养的品种,也没有什么特别的价值。作为一个反例,蚊子的整个循环圈——疾病组织适应于这些宿主,而其他生物又易于受到那些疾病的感染——倒是一个非常复杂而又有点神奇的适应性系统。因此,消灭滋生脑炎的蚊子似乎是错误的。

关于第二点,我们会想到以前白人定居在像新西兰、澳大利亚这样的孤立地区所带来的变化。引进新物种已经产生了一个新的完整的生态系统,许多以前土生土长的物种正在被引进的物种所代替。只要新的系统开始发生作用,似乎没有什么反对理由了。

第三种说法诉诸于一种外在价值有时会使用达尔文式的术语来表达:作为进化链条中的结点,物种是重要的。然而,这会使我们有些摸不着头脑,因为一个物种的灭绝,一个物种被另一个物种的取代,与一个新物种的发展一样都是进化的一部分。

关于这种论证的所有这些说法,人们也应该思考一个更为一般的问题,即关注物种在万物的自然秩序中的作用:所有这些论证都预设了"万物的自然秩序"本身就是好的。正如威廉姆·布莱克斯通(William Blackstone)所言,这绝不是显而易见的:"除非一个人教条般地信守'敬畏所有生命'的立场,否则,一些物种或生命形式的灭绝就会被认为是值得的(这类似于哲学家常常提出的观点,即并非所有'习惯的'或'自然的'

---

④ A similar view has been defended by Tom Auxter, "The Rights Not to Be Eaten," *Inquiry* 22(1979):222-23.

行为都一定是好的）。"⑤除非我们有一些其他的方式把价值归属于一个系统,或者归属于在那个系统中确实发挥了一定作用的动物（而且其作用是不可能替代的）,否则,这个论证就没有作用。

最后,我们要看看这个论证,即物种被假定具有**内在价值**。如果物种具有内在价值的观念能够成立的话,将要求我们更加强烈地捍卫关于人类对受到威胁的物种具有义务的主张。因此,如果一个物种具有内在价值的话,我们就应该试图保护它,甚至当它在自然生态系统中不再占有位置,或者当另一个占据相同生态位置的物种取代它的时候,也应该试图保护它。最重要的是,我们不应该仅仅因为一个物种没有"用处"就忽视它。

毫不奇怪,这种内在价值就是植根于这里的绊脚石。不对它做出某种解释,我们就不能不无武断地判定,亚物种和物种是否具有内在价值,或者一个物种会具有多少内在价值。最后的这个问题意味着引出了在利益冲突的情况下将会出现的各种问题：蚊子这个物种的内在价值足以超过根除其传播像脑炎所带来的利益吗？行动缓慢的镖鲈的内在价值足以超过修建一个大坝会减轻的经济困难吗？简而言之,说某种东西有内在价值并不是告诉我们它有**多少**价值,也不是要求我们在思考一个濒危物种的命运中经常做出类似的各种判断。

把价值属性拓展到亚物种来逃避由亚物种带来的困难,这种企图反而打开了整个潘多拉魔盒。这意味,在一个物种里产生明显特征的任何一个基因变体都需要分别加以保护。我们还不清楚,在通过选择性培育发展起来的生命形式中,我们是否具有一种与自然界的亚物种相类似的境况,不同的培育是否没什么特别的价值。

为了谈及其中任何一个问题,为了对整个问题增添合理性,似乎有必要首先思考把价值归属于任何一个具有这种价值的组织的合理性。如果内在价值并不源自任何事物,如果它仅仅是我们应该保护一些物种的另一种说法,那么,我们就在原地打转,没有解释任何东西。⑥ 但我们需要更进一步的解释。

---

⑤ William Blackstone, "Ethics and Ecology," *Philosophy and Environmental Crisis*, (Athens, Georgia: University of Georgia Press, 1974), p. 25.

⑥ 这个方面类似于雷根的攻击,他没有诉诸于人的生命的内在价值,这种内在价值是作为一种试图建立人的生活权利的方式。Cf. Tom Regan, "Do Animals Have a Right to Life?" *Animal Rights and Human Obligations*, p. 199.

一些对内在价值的诉求植根于那种直觉:即认为多样性本身是一种价值。如果这样的话,在任何可能的地方创造新的物种,甚至创造那种除了差异就没有别的目的的荒诞怪异的物种,对我们来说似乎都将是责无旁贷的。因此,除了多样性之外内在价值一定还包含其他某种东西。

在物种与自然奇观、壮丽风景甚至与艺术作品之间所做的通常比较表明,物种可能有某种美感价值。这似乎比较符合我们天生的直觉,假设把美感价值解释得很宽泛的话;大多数人都认为,世界变得更糟糕了,因为秃鹰减少了,同样,世界变得更糟糕了,因为著名大峡谷或一件伟大的艺术作品减少了。在各种情形中,目睹这些事情的经历都是一种有着内在价值的经历。而且,既然多样性在某些情况中是审美的一个成分,那么,先前的直觉都将受到保护。这就有了选择程度和表面的变化的余地了:如那种被要求消灭的老鼠可能没有什么特别的美感价值;还有当我们改变一种鸟的名字时,它既不会增加也不会减少美的好感。

这种论证的思路存在一些缺陷:不难想象,还有一些物种具有美感上的意义。而美感价值会掩盖事物的令人惊奇的差别:老虎只是漂亮而已;蓝鲸令人惊叹;鸟儿徒有外表;阿帕路萨马由于非凡的经历而有价值;而一株淡褐色的小植物因为其适应了特殊环境的神奇方式而令人艳羡。即使这样,还是有一些物种,如行动缓慢的镖鲈,完全没有美感价值。在这些情形中,如果没有任何可补偿或挽回的,我们就会不得不得出这些物种不值得保护的结论。

如果从其他的角度来看,对物种美感价值的诉求又变得澄明起来。在一些情况下可以对具有美感价值的事物进行比较、定级,对资源的行为也有了依据。我们相信,只是为了经济利益而消除某物的美感价值是不道德的。然而,美感价值也不是绝对的——某物具有美感价值的事实仍然难以抵抗伤害它、破坏它会带来更大好处的事实。也就是说,如果某人承认为了个人利益而破坏了一片希腊湿地,他会被人指责做了某些不道德的事;但是,当某人面临一个抉择——是挽救他的孩子,还是挽救一幅"无价"的绘画,如果他做出了挽救这幅画的选择,他会受到曲解了价值的指责。将这些观察应用到物种上,我们会明白,诉诸于美感价值将证明保护一个更是美感的物种而付出更多努力是合理的;事实上,就像我们认为一个未来将成为艺术家的人的涂鸦可能根本没有价值一样,我们也可能会认为一个物种的偶然的、不幸的突变并不值得保护。根据这种相似性,允许一个物种仅仅因为经济利益而灭绝会被看做是不道德的,尽管其他的好处(是人的好处吧?)可能会超过保护一个物种而获得的好处。

虽然诉诸于美感价值得到高度的肯定——甚至在我们已经考虑到它并没有确保所有物种都重要这个事实时——但似乎仍然存在一个影响其整个论证说服力的根本困惑及其应用于我们所讨论的濒危物种的特殊义务的问题,因为如果一个物种的价值是基于其美感价值的话,那么就不可能解释为什么一个濒危物种应该比一个并不濒危的物种更有价值、更值得保护。诉诸于"稀有性"也没有用,如果我们正在讨论的东西是物种的话:每一个物种都是独特的,其独特性与其他任何一个物种一样不会更多也不会更少——在每一种情况中,我们所谈到的物种有且只有一个。⑦

诉诸美感的问题似乎造成了混淆:对一个客体的审美及其美感价值,和我们观察、赞赏、评价一个物种不是一回事——我们把物种理解为一组或一系列相似的动物,或者理解为一种凭借某些分类表就知道是某类动物种类的名称。我们认为具有价值的东西是有一定特征的个体的存在。如果这是正确的,那么,通过论证**物种**具有美感价值来解释物种为什么重要的整个尝试就需要转变方向。这就是本文最后一部分试图做的工作。

赋予个体价值

我所提出的是,从美感价值出发做出的论证,其背后的直觉是正确的,但存在误导。因为赋予一个物种的价值的理由,事实上是认为物种单个个体具有价值的理由。我们不羡慕 *Panthera tigris*(孟加拉虎的学名)这个物种的优雅和美丽;然而,我们欣赏可能遇到的某一只孟加拉虎的优雅和美丽。因而,我们认为有价值的东西是那个个体的存在以及像它那样的个体当前和未来的存在。其他个体应该"像它那样"的方式将决定着我们为什么认为那种独特的个体有价值:如果我们认为斑马主要是由于它们适应一定环境的方式以及它们对一种特定生活的独特适应性而有价值的话,斑马的条纹就不重要了;但如果我们认为斑马有价值是因为它们的条纹在审美上令人愉悦的话,那么条纹就很重要了。

---

⑦ 有一种可避免这种困难的进一步的尝试:有人认为物种没有由于稀有性而增加价值,但是当这种有价值的物种更需要保护的时候,我们保护这一物种的义务会增加。这是解决此问题的部分方式,但还没有抓住稀有性确实在某些方面影响到价值的直觉。

强调从物种到个体的转变让我们在两个方面上对濒危物种具有更强烈的情感意识。首先,一个物种只有很少个体成员的事实,即我们很少遇到个体的事实,其本身就增加了那个我们偶遇的个体的价值。我几乎每天都能看到火鸡,我几乎每天都能吃到苹果,但是我看见一只秃鹰或者我吃到野生草莓却是不寻常的、更让人高兴的经历,这只是因为它们的稀有性、出乎意料。如果我们每天都能遇到行动缓慢的镖鲈也会是单调乏味、枯燥无趣的,要变得有趣只能是我们没有或不可能每天都看到它们。

其次,我们对一个个体还会有兴趣,就要有一种将来还有机会再看到这些东西的愿望(这正如当我发现一个崭新的、漂亮的艺术作品时,我会希望回头再去看看它)。动物的情形当然不像艺术作品那样,我知道这个动物不会永远活着,但像它这样的其他动物也会有相似的美感价值。于是,由于我认为将来可能的偶遇者是有价值的,我也会想做一些确保这些可能的偶遇者所需要的事情,例如,确保当前大量存在的这一类个体将会繁殖并存活下来。这非常像这种义务——我们必须支持并捐助博物馆,或以其他的努力来保护艺术作品。

总的来说,个体动物具有或大或小的美感价值:它们之所以有价值,只是因为它们的美丽、它们的惊奇、它们迷人的适应性、它们的稀有性,以及许多其他的理由。我们具有保护有美感价值的事物的道德责任,并且确保(在某种奇特的意义上)它们的持续存在;这样,我们就有一种保护个体动物的义务(这种义务的或强或弱取决于个体的价值),并且要确保这种动物将持续存在(同样,这种义务的或强或弱取决于价值)。

第九部分
结　语

德斯蒙德·斯图尔特[*]

图哥哈福特(Trooghaft)的局限

● 这篇科幻小说用征服地球的外星入侵者影射了今天主宰地球的人类,而用那时处境悲惨的人类比拟今天的动物。从中我们可以清楚地看到食人的外星生物对待人类的残暴,正如今天人类对待其他动物的方式一样。

图哥们(Troogs)用一个世纪征服了地球,接下来的三个世纪图哥们在地球上重新培育人类,人类曾经是地球的统治者,但如今却成为受奴役的物种。图哥们禀有等级观念,将人科动物(homo insipiens)分成四个等级,这些等级之间除了杀戮外没有其他的交流。这四个等级的划分,源自于图哥对人类的经验。

第一个人类等级是孩子。地球的新主人有一种间歇性的荒诞感;图哥的笑声可以震撼整个森林。小图哥们先捕获一些幸存的孩子,然后把他们驯化成"仆人"(housemen),尽管在图哥的新宠物看来,四面漏风的图哥建筑似乎远不像房子。饲养宠物流行起来。整个动物园的孩子们都是用大豆来饲养的。图哥们更喜爱棕色或黄色皮肤的宠物儿童,认为他们比其他肤色的孩子更整洁更干净;这种偏好很快就发展成一种主观武断的习俗。图哥们自身是雌雄同体的物种,因此他们着迷于夫妻交配的场景。一旦他们的宠物成年了,就被放进笼子里,那种装有玻璃墙的宿眠盒子。图哥们每到这个时间就紧盯着看。囚禁并没有妨碍小生命的繁殖,也没有使其受到惊吓,或者因受到监视而使得哺育之中的雌性变得暴力起来——这是一个很重要的发现。同类相食的事情更罕见。通过选择配偶,产仔动物可以很快培育出具有一定滑稽特征的后代,比如锥形状乳房或坐垫形屁股的生物。

年长的图哥们反对饲养宠物的行为。讲究的图哥们认为大豆喂养长大的人路过身旁时所散发的那股难闻的气味是令人作呕的,因此保守派不赞成这种发明创造。当

---

[*] 德斯蒙德·斯图尔特(Desmond Stewart)是小说家和短篇故事作家。他的小说包括三部曲《系列角色》(Champ and Hall. 1965)。

重印自 Encounter(London, February 1972),经德斯蒙德·斯图尔特的代理 Anthony Sheil Associates 同意。

这种行为蔚然成风,无法压制之后,图哥元老们便用法规来限制这种行为。如果宠物生病了,他就不应该受到照顾而活下去,而且由于支气管炎是一种不治之症,因此宠物的生命短暂。年轻的图哥们因为讨厌咳嗽的声音,从而认识到了这一法规的智慧。但是在某些情况下,他们又从掌握生杀大权的立法机关那里尽力去挽救一个病弱的爱宠,或者只有在保证他们的病宠是安乐地死去之后才善罢甘休。

第二个人类等级是阉人。适应性使得图哥们能够跨越时空地活着,也使他们有一种广泛的方法去获得地球提供的食物,这与他们先前的食物是不同的。图哥们在两代之内就变成了必须食肉的族类。这种现实源于囚禁中的宠物能够繁殖,建立了一系列的阉割雄性的制度,阉人是成了第二等级,人数也最多。阉人小时候很讨喜欢,因为他们骨头柔软;这个时候,他们"全身可通吃"(eat-alls),拿来买卖,而且重量越轻价格越高。那些孩童期后还活着的阉人存放在22度恒温的小笼子里;笼子的地板由滚木铺成,污物通过这些横木流入水闸。阉人看不见天空也呼吸不到新鲜空气。经验表明:柔和的粉色光线可让他们变得驯服,而且有助于增加其体重。雌性通常比雄性更受欢迎,但要割其舌头(舌头可作为一种独特的精美佳肴出卖),使层架式宿笼安静下来。

第三个人类等级是猎人(hound-men)。图哥们要小心对付的是这一类——凶猛的猎人,关押他们的木棚尽可能建造在远离层架式笼子的地方,以免这些可恶的食肉动物逃出来、闯进笼子大开杀戒。喂养他们是为了训练他们的速度、忠顺和无情,因此给他们的食物很少。一旦他们被放出来,就动如脱兔,快如赛犬。他们那不可靠的秉性注定了极少对他们暗下功夫,养如宠物。晚上,他们在自己的宿棚彻夜笙歌;第二天,他们萎靡不振,黄眼中布满怨气,互相冲撞猛刺,甚至冲撞饲养员的触须。他们没有一个能活过30岁。在追捕中受伤的当场宰杀,剁碎做菜。

第四个人类等级是猎物人(quarrymen)。身手敏捷的猎人们靠捕杀这种他们不屑一顾的猎物为生——这有点诡异,而这个等级大多受到法律的保护。

由于游牧偏僻山谷洞穴的幸存人类(即猎物人)长期坚持反抗,图哥们很长一段时间被此困扰着。后来图哥们赢得了优势,摆脱了困境。人类在挫败中表现的才智和毅力充分证明,图哥们征服的是一些气势蓬勃的族类。这是一次赞礼!就像寓言中的诸神一样,图哥们尽情享受着这种自豪。他们立即决定,保留一种开放的等级制度。这第四等级人类,即猎物人或野味,在一定范围和一定季节,受到保护。例如,禁止猎杀未成年的猎物人和有孕在身的雌性。这个等级的所有成员每年享有八个月的假期。只有在每五年一次的新星节(Nova Feast)(纪念图哥史上最伟大的逃亡的狂欢节)里，才会取消所有的法规:开怀畅饮,饕餮天物。

猎物人的统治者对他们充满好奇,远胜于对其他三个等级的兴趣总和。一方面,嗜食如命的图哥们觉得猎物人的肉鲜美可口,强于阉人。另一方面,钻营学术的图哥们认真研究猎物人的行为模式。从事道德教育的图哥们颂扬猎物人,面对把持权力,洋洋自得的图哥人,勇于面对绝望逆境,敢于反抗。一万多年来,人类创造了许许多多的初级文明,从第一次耕种谷物、第一次饲养动物,一直到最终的文明成果——创造了一个没有植物(除了在显微镜下看到的植物之外),只有合成蛋白质的世界,这一切的毁灭证据,已经牢牢钉在了地球上。图哥们能够心灵感应,而人类却从未达到这种程度。然而,鄙视他们,理不当此。起初,图哥们也是击鼓传声,以此交流;他们在漫长的历史长河中,保留了一种象形文字的系统;事实上,他们最后抛弃了人类所谓的"书写"(图哥们称之为"雕刻"),这为人类做出了间接贡献:因为心灵感应波比符号更难破译(此外作者暗示图哥族的文字与人类文字起源的关系)。这使得从事文物工作的图哥们看见一些人仍经常去那个毁坏了的图书馆;人类从未修缮过这些古代图书馆,然而,这并不意味着他们已经失去了祖先建造摩天大楼和金字塔的建筑才能。这是他们狡诈意识的体现。因为修缮古老的建筑或建造一个新的建筑就会吸引猎人的到来。安全在于分散。图书馆是猎物人的危险之地,他们被猎人蔑视为"书虫"。林林总总的书籍浓缩了伟人的智慧,猎物人对这些小册子表现出义无反顾的激情,这让图哥们羡慕不已。猎物人临终弥留之际,常常还牢牢拽住这些护身符。

通过图书馆,两个不同的物种——统治者与被统治者之间第一次进行交流是在图元五世纪(图哥纪元)。

好奇心是这两个物种共有的特性。猎物人仍然在争论:图哥们是何方神圣？当地球,这个人类的星球仍然是标准中心的时候,第一代猎物人把图哥们当作外星人。中美洲的土著居民曾经像欢迎神一样欢迎西班牙人,直到这些"神"一样的人显露出狰狞的撒旦面目。与此相似,成百上千万人曾认为图哥们是天使。但是,世界末日只是图哥们的节日。地球在不停地旋转,太阳在散发出光芒,空阔的海洋在翻滚着拍打海岸。猎物人生活在一个不再属于他们的土地上,凝视着艳丽夺目的激光束和闪闪发亮的图哥大厅,揣摩着他们的占领者。传说第一艘太空飞船光芒四射,光线形成的图形怪异。据正确推断,图哥们最初的交流是通过类似于语言的方式,但却缄口不语,显得晦涩神秘,潜藏不发。这却催生了一些人意图不轨,伺机反叛。他们小心翼翼察看端倪,并且不露丁点痕迹。这一天总会到来,他们运用科学(或魔技)大肆反扑。一些犬儒者伪称,图哥们是福音。他们标举一位早已做古的作家的口号——与其老死,不如死于路上!如今,这却成了人类的共同命运。猎物人极少活过三十岁,而且过去的恶疾,如心力衰竭和肿瘤,几乎无法破解。但是大多数人都梦想天长地久,安逸舒适。

图哥们接触的第一个人是一个矮墩墩、胖乎乎不过十多岁的年轻人,凭着强健的双腿,匀长的呼吸,他发现了一个世界上最大的图书馆的地下室。他十分崇拜一个名叫布莱克的诗人,这个书虫便以"布莱克"的名字在其同伴中出名。他也研究了其他的理想主义者,如埃及的阿克那腾(Akhenaten)和俄国的托尔斯泰(Tolstoy)。这些人鼓舞着他沿着最危险的路径去直接思索接近灾难性的问题:例如,难道图哥们不能具有一些类似于人类的意识甚或良心的东西吗?如果有的话,或许人类就能与其统治者对话吗?相对于无声无息宇宙的倒退,一种意识应该接受另一种意识。他的朋友、妻子都嘲笑这种观念。他们看够了图哥们的所作所为。他们把一些人培育成凸眼睛或长脖子;把一些人关在狗窝,让他们饥肠辘辘,并且在新星节或每年的狩猎开放节,突然释放他们穿过城镇的残垣断壁或附近的稀树草原,紧随其后的是猎人——他们在血缘和经历上与布莱克及其同伴其实本是同类。他的妻弟说:"我从不相信任何一个图哥,即使他给我一块金牌安全通行证。"

就像布莱克顶多算是其物种中的一个异己一样,其中一个图哥也是这样,他揣摩着这个充满希望的聪明人。当时还是禁猎期,离每五年一次的新星节还有四个月。猎物人仍在安详度日;猎人仍在时而高歌,时而动怒;图哥们还在为热闹欢腾的庆祝准备音响和灯光。每天早晨,布莱克都摸索着去图书馆。那是一个又长又脏、走廊上堆满了书籍的地方,这些书籍以前是按科目排列的,但在地震中被震落下来,或在狩猎中散落一地,杂乱无章,布满尘埃,破旧不堪。每个走廊都张贴着半身塑像——柏拉图、莎士比亚、达尔文、马克思,他们见证了一个令人扼腕的时代,那时的人们是按照国籍、阶级、肤色加以区分的,遭受着同类的迫害。

布莱克端坐在一个角落阅读,正对着莎士比亚。他重新整理了书架,抹掉了桌子上的灰尘。这个五月的早晨,一个图哥散发出的微弱气味令他不寒而栗。桌上出现了一件新物什——一台庞大而生锈了的旧式打字机,里面有一张纸。

布莱克弯腰拿起来读到:

"你准备好了交流看法吗?"

布莱克只打了一个字:"是的。"

他没有徘徊,脑子却一片混乱,就好象塞进了一团棉花。他真担心自己要疯了,或者会弄巧成拙。但是他的同伴几乎无人识字,也没人能够模仿图哥的怪味。

随后的日子,每天就是他和"他的"图哥不断"会晤"。他在对话中说话的机会不多。他的图哥需要的似乎是一个听众,而对这个听众的思想却毫无兴趣。布莱克就是一个带着耳朵的听众,一个令人赞赏的忏悔者。他曾经试图唤起他妻子和孩子的兴趣,而他们毫无反应。

看不见的交流者写道,"你是对的。图哥哈福特,你曾是高贵的。"他的气味不再令人恐惧了。布莱克本来也没有这么认为。于是,对方又写道:"要成为一个图哥,就要像空间那样没有阻力,要像时间那样持久。"

到第二天早上,又写道:"沿袭低等生物的习性就会沉沦其下。对食肉动物自然而然的东西对我们未必是自然的。在新星节以前,我们从不吃肉;在我们的来地球的旅程中也不吃。我们解读了低等生物的思想,之后再效仿它们。新的疾病显现了我们的腐败;我们比过去老一代的图哥们更早开始腐败。这也体现在我们的性格中。我们互相争吵,就像我们的猎物人一样。我们的结构不适合摄入这么多的蛋白质。人类离不开蛋白质就像离不开酒一样。它令人发狂,使人堕落。是蛋白质,而不是地球的气候,在影响着我们的……"。

交流中断了一天,次日早晨,打出的字是"脸色",之后是"隐喻"。布莱克知道,古代图哥的象形文字的理解是造象征意义的,诸如,"统治"(rule)的概念是意味着专制还意味着命令等等。"脸色"只能比喻地用于没有面部的液状生物。

布莱克直接问了一个问题,得到了直接的回答,他问道:"你最初是如何转而反对吃我们的?"

"在我们上次的新星节上,我的第一次有了这种感觉。像其他每一个图哥一样,我也被训练成了饮酒作乐之徒。肉的恶臭遍布每一个图哥大厅。在弥漫的音乐声中,我们仍然尊奉着古代的礼节,我经过一个灯光闪烁的肉铺。左瞧瞧,右看看。铁钩下面悬挂着二十只雌性阉人,就是你们所说的女人,每一个都是刺穿脚掌倒挂着。每个人的脖子上都系着褶饰来掩盖刀痕,每个人的肛门都用土豆堵着。我突然浑身打颤。旁边的一块大理石上,放着一排面带微笑的头颅。有人还梳着你们罗马女皇风格的发型:'弗拉维安头'(Flavian Heads)。一大簇头发用卷发钳高高盘起于额前,发髻后面盘绕着糖花边儿。我俯身低看,好像是第一次用不偏不倚的眼光去看待这些大脑袋。店主得意地说:'爆炸肝脑'。他们把那个女人按到在地,然后用 V 形漏斗塞满食物。看到我如此发愣,店主很兴奋,展示了他的"吸吮阉人"(Sucking Capons)和"小妖精"(Little Loves)——他们叫做阳具,就是你们这种两条腿的人有一半都长在身体外面的那个生殖器。"

我突然厌恶地问道,"难道这就是图哥哈福特?"

由于发现了人类有灵魂,这吸引了图哥的注意。布莱克从书架上各种各样的书籍中,从他喜欢的作家各种引述和描述中——诸如苏格拉底之死、耶稣钉在十字架上、切·格瓦拉(Che Guevara)的谋杀。如今,他总是在早晨发现一些书籍和百科全书在桌子上翻开着,同时还有一些打印好的纸张。有时候,布莱克惊喜地发现不止一个图哥的气味;或许,他的那个图哥正在感化其他图哥。

每天晚上,布莱克都会把他的探险活动告诉他的伴侣简奈(Janine)。起初她满是狐疑,后来半信半疑。今年她还没有身孕,很可能就此遭到猎杀。她太爱她的孩子们了,因此更担心新星节的危险。只有她的女儿是布莱克的;她儿子的父亲是布莱克的朋友——一个跑得飞快的人,两年前扭伤了踝关节,轻易落入猎人之口。随着新星节的临近,大多数城镇猎物人开始逃往山里。并不是说山谷和洞穴就很安全,而是山峦辽阔,峡谷遥远。猎人喜欢在城镇狩猎;密集的人口,更容易抓捕猎物。

布莱克拒绝逃离。出于忠诚,简奈也留了下来。

那个图哥写到:"我将为图哥哈福特与人类之间搭起一座桥梁。宇宙呼唤我复归为真正的图哥哈福特。我的图哥大厅要成为的是一座圣殿,而不是一间屠夫棚。"

布莱克问:"你有那么大的影响力吗?你能使其他图哥们都效仿你吗?"

图哥回答说:"至少我能像你们的阿克那腾做到的那样。"

一提到这个英雄,布莱克就感到很激动。他补充道:"但是,阿克那腾的经历很短暂。人类故态复萌。难道图哥们会不重蹈覆辙吗？"他渴望得到保证：他的图哥不只是一个半吊子的道德践履者。

这个图哥回答如下：

"我们和人科动物从来就不平等。但是我们能够接受我们这两个物种是宇宙不平等的产物。人类是渺小的，但这不意味着他们不能感受痛苦。面对刺向喉咙的刀子，没有哪个被割了舌头的妇女不躲避，颤抖地跌坐在地。我已经亲眼目睹过这种场景。我感到遗憾。我们年轻的图哥们认为，恐惧会使肉在颤抖中变得鲜嫩。我不赞成这种说法。一个复杂生命（即使是低等的）——从出生，到成长，再到具有意识——为什么就应该为了成为盘中餐而被牺牲掉呢？"

布莱克知道，他的图哥不过是在自言自语，但这些话语还是让布莱克感到很高兴。布莱克确信，这些话是真挚的，于是，决定相信他的图哥，继续留在那儿，不像以前那样到处躲避或逃跑了。有一个下水道通往他的避难所，他清楚地记得，他的避难所恶臭难闻。他只能呆在地下室。新星节的第一天，他像往常一样爬到图书馆的那个角落。然而，今天打字机没有出纸。而书籍和百科全书却从书架上全部掀下来，翻开着，没有关于诗歌和哲学家的东西，而且那股臭气也不是他的图哥留下的。蓦地，一种不祥的预感涌上心头。简奈是一个人和孩子们呆在一起，她的兄弟已经离开，跟着其他人进山去了。他返回地下室，他所担心的事情应验了，孩子们独自呆在一个角落里恸哭。大一点的男孩讲述了令人悲伤的事情经过：两个猎人破门而入，他们的母亲逃进了废弃的下水道。

布莱克去下水道搜寻。里面空空如也。就像以前那样，他的唯一希望是，等待他的图哥的介入。他偷偷地溜进图书馆，注视着每一个哪怕是猎人的影子，然而，头一天、第二天，他没有得到任何消息。第三天，沉默终于被打破。

"如果我们仍然有文字，我会出版一本忏悔录。"这个信息太迂远，与布莱克的焦虑几乎毫不相干。纸张上继续说道："几股浓烟取消了一个决定。正是在新星节开始的那个夜晚开始的。三个图哥朋友（借用一下你们人类的用词说）来到我的大厅，我在那里没有烤肉，而是在琢磨着那些我们给他们带来痛苦的弱小生物。'你不能鹤立鸡群，图哥哈福特就是要与图哥们共进共退。'我讨厌这样的甜言蜜语。新星节的音响已经震耳欲聋，灯光已经眩目夺彩。我不渴求蛋白质。他们的笑声使激光束摇晃起来，灯光也在颤抖。这时进来了四个黑色的猎人,他们正拖着一个女猎物人,满脸悲愤,双手反绑。我正襟危坐。仆人们支起大锅,取来木头,把锅放在三脚架上,加满水,然后把木头放到锅底下。"

读着读着,布莱克不禁浑身战栗。这是他的图哥彰显怜悯,拯救他妻子的时刻。

"他们马上解开了那个女猎物人的手,剥光了她的衣服,把她扔进水里。水很冷,浸没了她满身,泛起阵阵水泡。"

"又是一阵笑声,灯光和激光束再次颤动。"

"兄弟,我们也一直都在学习。我们研究了他们的一种烹煮方法。把一种已经绝迹很久的海洋生物龙虾放在温水里,用温火将水煮开。龙虾会放松地睡觉,而不知将要被煮死。大多数专家都认为这是杀死龙虾的人道方式。"

"锅底下的木头发出劈劈啪啪的声响,散发出一种惬意的芳香。那个女人不像龙虾那样放松,她试图爬出来(这也可能是本能反应使然)。猎人把一个铁网盖在了锅上。"

布莱克目不忍睹,耳不忍闻。图哥的忏悔是谦卑的。

"那香气是如此具有诱惑力。他们回味着说,'试试这片,很嫩的,它会让你处之泰然。'我迟疑着。外面传来了年轻的图哥们快乐的口哨声。新星节每五年只举办一次。我象征性地把手伸入锅里"——(即使是现在图哥们还在炫耀)——如果必须要摄入蛋白质,最好要采用文明的方式。至于摄入蛋白质的人道(借用一下人类的用词——我应该说图哥哈福特之道)——如果我们不吃阉人,谁又会费心去喂养他们呢?如果不猎杀猎物人,谁又会制定狩猎规则、饲养猎人呢?至少现在他们还活着,就像我们一样,是为了狩猎季节而活着;而且,在他们活着的时候,他们是健康的。我不说了。我的肚子(借用一下人类的用词)像压了一座山那样沉重。"

当布莱克满是恐惧地从古代打字机转过身,不禁倒吸了一口凉气:三个轻盈自如却又残酷无情的猎人疾步跑来,洋溢着他们最欢快的音乐声,白色牙齿闪闪发光。周围充斥着他们主人身上那股鱿鱼般的气味。

译后记

远去的 2008 年,是一个曾经被人热切期待,但实际来到之后却是令人酸酸楚楚的一年。无论是国际还是国内,这一年发生太多难忘的事情。如果要用一句话来形容国际 2008,那么,没有什么比"风云突变"更恰当的了,国际金融风暴让全世界进入经济的寒冬,无论是国际大鳄,还是平民百姓,似乎都在为之打着冷颤。如果要用一句话来概括中国 2008,我想,没有什么比"悲喜交加"更合适的了。喜的是我们成功召开了奥运会,填补了中国体育史,乃至中华民族史的一页空白;迎来了改革开放 30 周年,全面总结了面向未来的经验启示;在经济寒流中,中国逆势而起,保持着平稳健康协调的发展;悲的是我们遭遇了南方特大冰冻灾害,遭遇了汶川特大地震灾难……一系列的喜忧让我们的脸色在阴晴之间霎时变换。

如果要用一句话来描绘我的 2008,我想,没有什么比"忙忙碌碌"更贴切了。这一年的每个夜晚几乎就没有享受过"午夜觉",无论是炎炎夏日还是瑟瑟寒冬,偶尔甚至半夜起来润色稿子。但我似乎并不知道自己到底在干什么,每天的日子犹如白驹过隙,匆匆来匆匆去,总恨不得一天掰出两天来使。这其中就有这部书稿的因素。

2007 年底,当我在北京从王立刚先生那里接过书稿时,我满以为这样一个熟悉的主题对我来说没有多大问题,并且也应当有充足的时间来应对这事。岂料进入 2008 之后,一系列意想不到的科研任务和其他事务接踵而至,以至于赴日研究的机会也被迫中止推后,翻译的事儿便在断断续续中进行着。

对于从事环境哲学、环境伦理学研究的中国学人来说,雷根、辛格都是耳熟能详的动物保护主义者,他们联袂主编的这部《动物权利与人类义务》虽然其第二版离我们也有 10 年之久了,但其内容却依然常读常新,其思想却依然弥足珍贵。全书精心选择了观点互相对立、互相对照的文章,分为九个部分。

第一个部分回顾了动物在西方思想史中的地位和待遇。这部分精选的 10 篇短文都来自名家名言,无论是赞成仁慈地对待动物还是把动物当作机器,都能窥一斑而见全豹:如何看待动物与人的关系其实在西方思想史中也有相当久远的历史和热烈的争论。

第二部分是关于人和动物的本质问题。这部分精选了5篇文章,这些内容涉及动物的信念、欲望、理智和语言等问题,从赞成或反对的意见中让我们一睹西方哲学家或动物研究者如何看待动物的本质与人的本质究竟有什么差异,有何等程度上的差异。

第三部分是关于平等关怀动物的问题。这里虽然只有3篇文章,但都比较充分地展示了作者在赞成或反对平等关怀动物福利的主张,像辛格自己的短文其实在其名著《动物解放》中已经为学界所熟知。

第四部分是关于动物权利的问题。这里精选了5篇文章,其中,节录了著名动物权利论主张者雷根的文章。这部分的争论异常激烈。赞成者和异议者各执己见,针锋相对。读者可以在这些争论中找到维护自己立场的某些理由,也可以发现一些相反的启示。

第五部分是关于宰杀动物的问题。这里精选了3篇短文,各种主张异彩纷呈。宰杀动物或动物死亡与动物的生命究竟有何关系,是何价值?人类如何对待动物的死亡?我们在这部分可以发现这里的看法也是对立的。

第六部分是关于对待养殖场动物的问题。这里有4篇短文,有的揭露养殖场动物饲养的不人道问题,有的辩护人类饲养动物以作食物的合理问题。无论哪一类主张,似乎都能给我们一定启发:饲养动物以供人类食用即使是一个不可避免的问题,也存在如何伦理地对待饲养动物,保证动物利益的问题。

第七部分是关于动物在科学研究中的待遇问题。这里有4篇文章,有的认为人类在科学实验中不可能避免要使用动物,因此,不应当限制对动物的利用;有的认为借口为了人类的利益而用动物作痛苦的实验既没有必要也没有价值,应当限制甚至禁止动物作为实验对象。各种主张不一而足,读者自有己见。

第八部分是关于对待野生动物的问题。这里挑选出来的4篇短文均表明,野生动物的价值一度被人类所忽视,物种的价值或物种的灭绝实际上主要是指野生动物物种。如何认识这种灭绝与人类行为之间的关系是各篇文章的旨意。

第九部分是一篇短篇小说,故事情节并不精彩,但作者的想象力却极为丰富,其意涵也发人深省。如果说人类现在对待动物的理念、方式是正确的,那么,当有一天一个外来的物种也像人类一样占领了地球,成为了人类的主宰,他们也按照现在人类对待动物的方式来对待人类,人类又有什么可以申辩的呢?

徜徉在这些互质互辨、针锋相对的思想之间,或许有的人会无所适从,或许有的人会启发良多。我想,这就是这本文集不同于一般性论著(当然也不同于国内那种观点大多数一边倒、重来复去、没有对话的文集)的魅力所在。关于动物权利和人的责任关系问题,它不提供某种单纯的思想主张,而是供应各种对立观点的论证材料;它不把读者当作某种只是受教育的孤独客体,而是把读者当作可以交流的互动主体,以便让读者自己做出合理的判断:孰是孰非,或者是非间有,自然需要再思考再明辨。

本以为在我翻译结束《生态主义导论》的书稿之后,再来翻译现在的这部书稿应该是轻车熟路的,但出乎我的意料,由于书稿是由文集组成的,所选文章时间跨度大,风格大不相同,那种指望前难后易,一通百通的想法顿时落空。而时间紧迫,任务繁重。在这种情况下,我找到一个合作者,同时分配了一些任务给我的几个研究生,其中丁玲、刘群、肖先彬等付出了艰辛的劳动,他们完成了部分初稿后交由我来重新翻译或校稿。合作者代峰同志与我一起经历了废寝忘食、咬文嚼字的艰苦体验。

最后要特别感谢北京大学出版社王立刚先生的厚爱和宽容,是他的信任,我们才有机会在这里认真学习并翻译这部书稿;是他的大度,我们才能从容不迫地对全书的每个词汇、每个句子字斟句酌,根据我们的水平把它们变成中文。

书稿完成之后,评论的权利就交给了读者。由于译者能力有限,翻译中难免还存在瑕疵,恳请读者批评指正。

曾建平

于南昌东方塞纳凡常斋

2009 年 1 月 11 日